hänssler

Helge Stadelmann

Der Epheserbrief

Die Reihe des EDITION C - Bibelkommentars zum Neuen Testament wird von
Dr. Gerhard Maier herausgegeben.

Die Deutsche Bibliothek — CIP-Einheitsaufnahme

Stadelmann, Helge:
Epheserbrief / Helge Stadelmann — Neuhausen-Stuttgart : Hänssler, 1993
  (Edition C : B, Bibelkommentare ; Bd. 14)
    ISBN 3-7751-1860-8
NE: Edition C / B

EDITION C - Bücher
EDITION C - Bibelkommentar, B 14
Bestell-Nr. 55.914

Meiner Mutter

und dem Andenken

meines Vaters

(† 2.2.1990)

INHALT

DANK UND WUNSCH

Danken möchte ich dem Herausgeber und dem Verlag für jahrelanges Warten auf die Fertigstellung dieser Auslegung des Epheserbriefes. Sie haben viel Geduld bewiesen mit einem Autor, der neben seinem Lehramt den Großteil seiner freien Zeit dem pastoralen Dienst widmet — und gerade dadurch ein besonderes Interesse am Zentralthema dieses Briefes gewonnen hat, der Gemeinde.

Ein herzlicher Dank gilt meinem Freund und Kollegen Prof. Dr. Lutz von Padberg von der Freien Theologischen Akademie Gießen und meinem ehemaligen Studenten und jetzigen Dozenten für Neues Testament am Cheltenham & Gloucester College in England, Herrn Dr. Thorsten Moritz. Sie haben das Manuskript gelesen und dieses Buch durch viele wertvolle Hinweise zu Form und Inhalt vor manchen Mängeln bewahrt.

Darüber hinaus weiß ich mich vielen — dem Format dieser Auslegungsreihe entsprechend nicht dokumentierten — Auslegern des Epheserbriefes dankbar verpflichtet. Von ihren Kommentaren und Abhandlungen habe ich wesentliches gelernt.

Ich wünsche mir Leser, die in diesem Kommentar nicht nur die eine oder andere Einzelheit nachschlagen, sondern sich durch den Epheserbrief zu einem tieferen Verständnis dessen leiten lassen, was Gemeinde nach dem Neuen Testament ist. Denn in diesem Brief liegt für die Kirchen, Gemeinden und Gemeinschaften auch an der Schwelle zum Dritten Jahrtausend noch ein enormes reformatorisches Potential bereit. Dieser Schatz erschließt sich aber nur am biblischen Text, wenn er in seinem Zusammenhang gelesen und verstanden wird. Es ist meine Hoffnung, daß die vorliegende Auslegung zu diesem großen Ziel einen kleinen Beitrag leistet.

Helge Stadelmann
Gießen, im September 1993

Kurze Einleitung

(1) Die Gefangenschaftsbriefe des Apostels Paulus

Das Neue Testament bezeugt uns, daß Paulus fünf Briefe in Gefangenschaft geschrieben hat: den Epheserbrief (Eph 3,1), den Kolosserbrief (Kol 4,18), den Philemonbrief (Phlm 9), den Philipperbrief (Phil 1,12ff) und den 2.Timotheusbrief (2Tim 2,9; 4,16f). Der 2.Timotheusbrief gehört zu den sogenannten »Pastoralbriefen«. Die übrigen vier Briefe nennt man »Gefangenschaftsbriefe«.

Drei dieser Gefangenschaftsbriefe gehören ganz eng zusammen, nämlich Epheser- und Kolosserbrief sowie das Schreiben an Philemon.

1. Epheser- und Kolosserbrief weisen über dreißig teils wörtlich, teils sachlich übereinstimmende Verse auf. Eine Übersicht macht uns das deutlich:

Eph	Kol	Eph	Kol	Eph	Kol
1,1ff	1,1ff	1,22f	1,17ff	5,3	3,5
1,4	1,22	2,1	2,13	5,6	3,6
1,7	1,14	2,5	2,13	5,15f	4,5
1,10	1,16	2,10	1,10	5,19ff	3,16ff
1,10	1,20	3,2	1,25	5,23	1,18
1,13	1,5	3,7ff	1,25ff	5,24f	3,18f
1,15	1,4	3,19	2,9f	5,27	1,22
1,15f	1,9	4,2ff	3,12ff	5,28	3,19
1,18	1,27	4,15f	2,19	6,1	3,20
1,19f	2,12	4,22ff	3,8	6,9	3,22ff
1,21	1,16	4,31+32	3,8+13	6,21f	4,7f

2. Beide Briefe werden aus der Gefangenschaft an Gemeinden in der Provinz Asia gesandt und durch den gleichen Boten, nämlich Tychikus (der selbst aus Asia stammte, Apg 20,4), überbracht (Eph 6,21f; Kol 4,7ff; vgl. 2.Tim 4,12). Diese Tatsache sowie die oben erwähnten vielen Übereinstimmungen zwischen beiden Briefen machen es wahrscheinlich, daß beide Briefe zur

gleichen Zeit abgefaßt und anläßlich der gleichen Reise überbracht wurden.

3. Auf dieser Reise hat Tychikus aber nicht nur den Epheser-
und Kolosserbrief bei sich. Er führt auch den entlaufenen Sklaven Onesimus mit sich und — als Begleitschreiben an dessen
Herrn — den Philemonbrief. Dafür spricht folgendes: a) Onesimus stammte aus Kolossä (Kol 4,9). b) Dorthin wird er nun mit
Tychikus zurückgesandt (vgl. Kol 4,7-9 mit Phlm 12). c) Die
Mitgrüßenden in beiden Briefen, dem Kolosser- und dem Philemonbrief, sind weithin dieselben: Aristarchus (Kol 4,10; Phlm
24), Markus (Kol 4,10; Phlm 24), Epaphras (Kol 4,12; Phlm 23)
und Lukas (Kol 4,14; Phlm 24).

(2) Der Abfassungsort des Epheserbriefes (sowie des Kolosser- und Philemonbriefes)

Meist ging man davon aus, daß der Epheser-, Kolosser- und Philemonbrief aus der Gefangenschaft des Paulus in Rom stammen.
Weil wir über diese Gefangenschaft wenig wissen — in der Apostelgeschichte wird ausführlich nur noch die Ankunft des Paulus
in Rom beschrieben —, findet man wenig, was gegen diesen Ab-
fassungsort spricht. Andere meinten, Paulus sei während der
3. Missionsreise in Ephesus gefangen gewesen und habe aus dieser Gefangenschaft die Briefe an Gemeinden in der Provinz Asia
geschrieben. Allerdings berichtet die Apostelgeschichte nichts
von einer Gefangenschaft in Ephesus; und ihre Annahme aufgrund von 1 Kor 15,32 und 2 Kor 1,8ff muß unsicher bleiben.

Vieles spricht dafür, daß Paulus die Briefe an die Epheser, Kolosser und Philemon aus der Gefangenschaft in Cäsarea geschrieben hat, über die uns die Apostelgeschichte ausführlich
berichtet:

1. Daß der Sklave Onesimus bei seiner Flucht die weite Schiff-
fahrt nach Rom unternommen haben soll, liegt weniger nahe,
als die viel kürzere Flucht über den Landweg nach Palästina —
zumal die große Handelsstraße von Ephesus nach Syrien/Palä-
stina direkt an Kolossä vorbeiführte.

2. Paulus war vor seiner Gefangennahme anläßlich einer Geld-
sammlung nach Jerusalem gereist (2 Kor 8-9). Interessant ist,
daß eben die Leute, die ihn auf dieser letzten Jerusalemreise begleitet hatten (Apg 20,4-6: Aristarchus, Timotheus, Tychikus,
Lukas = »wir«), jetzt in der Gefangenschaft bei dem Apostel
sind: Timotheus (Kol 1,1; Phlm 1), Tychikus (Eph 6,21; Kol
4,7), Aristarchus (Kol 4,10; Phlm 24) und Lukas (Kol 4,14; Phlm
24). In Cäsarea sind diese noch bei ihm. Auf der Reise nach
Rom begleiten Paulus nur noch Aristarchus und Lukas (Apg
27,2).

3. In Phlm 9 schreibt Paulus, daß er »jetzt auch Gefangener«
sei. Das weist darauf hin, daß die Gefangenschaft ein relativ
neuer Zustand ist. Dies paßt besser auf Cäsarea als auf Rom.

4. Die Haftbedingungen in Cäsarea waren mild genug, daß
Freunde und Bekannte Zugang zu Paulus hatten (Apg 24,23).
Sie waren aber nicht so gelockert wie in Rom, wo Paulus in einer
Privatwohnung lebte (Apg 28,30). Vielmehr lag der Apostel in
Festungshaft (Apg 23,35). So konnte es in Cäsarea leichter als in
Rom passieren, daß Epaphras, der Paulus von Kolossä aus be-
suchte (Kol 1,7; 4,12), selbst in Gefangenschaft geriet (Phlm
23).

5. In Palästina, wo Paulus gefangengenommen wurde, standen
ihm viele Judenchristen skeptisch oder ablehnend gegenüber
(Apg 21,20ff). Ist der Kolosserbrief aus Cäsarea geschrieben, erklärt sich daher gut, warum — wie Paulus betont — nur zwei Judenchristen mit ihm zusammenarbeiten, nämlich Aristarchus
und Jesus Justus (Kol 4,10f).

6. In Cäsarea hatte Paulus zwei Jahre lang berechtigte Hoffnung, bald freigelassen zu werden (Apg 24,26f). So konnte er
Pläne machen für eine erneute Reise nach Westen (Rom, Spa-
nien) und — da er gerne über Land durch die früheren Missions-
gebiete reiste — Philemon in Kolossä bitten, ihm ein Gastzim-
mer zu bereiten (Phlm 22). Erst nach seiner Berufung auf den
Kaiser (Apg 25,21) wäre das nicht mehr möglich gewesen, da

dann erst (gegebenenfalls noch) die lange Reise nach Rom, auf jeden Fall aber das ungewisse Datum der Verhandlung und das äußerst unsichere Ergebnis des kaiserlichen Richterspruches abzuwarten gewesen wären.

7. Eine Abfassung in Cäsarea würde manche Ausdrücke im Epheserbrief gut erklären: In Cäsarea gab es starke Spannungen zwischen Juden und Griechen, die dazu führten, daß jede Partei der anderen vom Kaiser das Bürgerrecht aberkannt haben wollte (Josephus, Ant. 20.173 f). Außerdem war Paulus ja gefangengenommen worden, weil er angeblich Heiden bis jenseits der 'Scheidewand', die von ihnen bei Todesstrafe nicht überschritten werden durfte (Josephus, Bell. 5.193 f; Ant. 15.417), in den Tempel gebracht hatte. Im Epheserbrief schreibt Paulus nun, daß die 'Scheidewand' in Christus abgetan (Eph 2,14) und die Feindschaft zwischen Juden und Heiden (Eph 2,14+16; Kol 1,21) in Christus aufgehoben sei (Eph 2,15+17). In ihm haben beide ein neues Bürgerrecht (Eph 2,19; 3,6).

(3) Die Empfänger des Epheserbriefes (sowie des Kolosser- und Philemonbriefes)

1. Die Empfänger des Kolosser- und Philemonbriefes: An der großen Handelsstraße, die von der Hafenstadt Ephesus quer durch Kleinasien nach Syrien führte, lag in der Landschaft Phrygien, im Südwesten der heutigen Türkei, die Stadt Kolossä. Direkt bei der Stadt floß der Lykus, ein Nebenfluß des Mäander. Ganz in der Nähe (etwa 15 Kilometer entfernt) lagen die Städte Laodizea und Hierapolis (vgl. Kol 4,13). In allen drei Städten gab es christliche Gemeinden, umgeben von griechischem Heidentum. Aber auch viele Juden lebten in jener Gegend, seit Antiochus III. etwa 200 v.Chr. zweitausend Juden dorthin umgesiedelt hatte (Josephus, Ant. 12.147-153). Die Gemeinde in Kolossä war Paulus persönlich nicht bekannt (Kol 2,1). Vielleicht darf Epaphras als ihr Gründer angesehen werden (Kol 1,7; 4,12 f). Allerdings kennt Paulus den Philemon aus Kolossä, der wohl durch ihn zum Glauben gekommen war (Phlm 19). In Phi-

lemons Haus kam eine christliche Hausgemeinde zusammen
(Phlm 2); und Philemons Sohn Archippus hatte ein Amt in der
Gemeinde inne (Kol 4,17; Phlm 2). Daß die Gemeinde in Kolossä vor allem aus Heidenchristen bestand, geht aus Kol 1,21+
27 und 2,13 hervor. Obwohl Irrlehrer die Gemeinde anfochten,
befand sie sich selbst noch in einer guten geistlichen Verfassung
(Kol 1,3-8; 2,5).

2. Der Empfängerkreis des Epheserbriefes: In Eph 1,1 steht im
Luthertext: »Paulus, ein Apostel Jesu Christi ..., den Heiligen
zu (in) Ephesus«. Mit den beiden Wörtchen »zu (oder: in)
Ephesus« gibt es aber Probleme:
a) Unsere ältesten griechischen Handschriften, der Papyrus 46
(ca. 200 n.Chr.), der Kodex Sinaiticus und der Kodex Vaticanus
(4. Jahrhundert n.Chr.), haben die beiden Worte »in Ephesus«
nicht. Dort heißt es vielmehr: »Paulus ..., den Heiligen, die
auch gläubig sind an Christum Jesum«.
b) Unter den Kirchenvätern hat Origenes († 254 n.Chr.) in seinem griechischen Epheserkommentar die Worte »in Ephesus«
nicht. Auch Tertullian († nach 220) und der Irrlehrer Marcion,
die im 2. Jahrhundert n.Chr. darüber stritten, ob unser Epheserbrief der verlorene »Laodizeer-Brief« (Kol 4,16) sei, scheinen
die Worte nicht im Text vorgefunden zu haben. Sonst hätte Tertullian sich darauf berufen können, was er aber nicht tut, sondern nur von der Tradition her argumentiert, nach der es sich
um den »Epheserbrief« handele. Auch Basilius der Große († 379
n.Chr.) sagt, daß die Worte »in Ephesus« nicht in den ihm bekannten alten Handschriften stünden.
c) Obwohl alle alten, uns ab dem 3. Jahrhundert erhaltenen
Übersetzungen des Neuen Testaments die beiden Worte enthalten, muß doch bedacht werden, daß diese (koptischen, gothi-
schen, lateinischen, syrischen und armenischen) Übersetzungen nicht das gleiche Gewicht haben wie die oben genannten
griechischen Handschriften.
d) Der Inhalt des Briefes macht selbst nicht den Eindruck, als sei
er an eine Gemeinde geschrieben, mit der der Apostel so lang
und eng verbunden war wie mit Ephesus. Er enthält keine persönlichen Erinnerungen, keine Anspielungen auf die örtliche

Situation, sondern Ausführungen über die Universalgemeinde, keine persönlichen Grüße an Gemeindeglieder am Schluß, kein Gefährte des Apostels läßt die Gemeinde grüßen, und der Schlußsegen (6,23 f) erfolgt nicht als direkte Anrede, sondern in allgemeiner Form. Dagegen lassen Stellen wie Eph 1,15; 3,2; 4,21 die Frage aufkommen, ob Paulus davon ausgehen kann, daß alle Empfänger ihn persönlich kennen. Jedenfalls ist der »Epheserbrief« der unpersönlichste aller Paulusbriefe.

e) Und doch galt der Brief in der Überlieferung von frühester Zeit an als »Epheserbrief«, wie sich z.B. in den oben genannten alten Übersetzungen zeigt!

Diese Tatsachen lassen sich am besten durch die Annahme erklären, daß der ›Epheserbrief‹ ein Rundschreiben war, das sich an die Gemeinden in der Provinz Asia richtete. Haupt- und Hafenstadt dieser Provinz war Ephesus. Tychikus wäre also mit dem Schiff nach Ephesus gekommen und hätte dort seine Rundreise angetreten. (Vielleicht ging er den gleichen Rundweg wie der Bote, der die Sendschreiben der Johannesoffenbarung zu den Gemeinden brachte: Ephesus, Smyrna, Pergamon, Thyatira, Sardes, Philadelphia, Laodizea). Von Laodizea aus machte er einen kleinen Abstecher ins Lykustal nach Kolossä, wo er den Kolosserbrief und den Sklaven Onesimus samt Philemonbrief ablieferte. Der Brief, den er »von Laodizea« mitbrachte (Kol 4,16), ist dann natürlich sein Rundschreiben, der »Epheserbrief«. Und weil dieser Brief keine Grüße enthält, sollen die Kolosser die Laodizeergemeinde eigens grüßen und dort auch den Kolosserbrief lesen lassen (Kol 4,15+16). Da der Rundbrief am Ende der Rundreise in Ephesus aufbewahrt wurde, bezeichnete man ihn seit frühester Zeit als »Epheserbrief«. Andererseits erklärt die Rundbrieftheorie den unpersönlichen und lehrhaften Charakter des Briefes sowie das Fehlen der beiden Worte »in Ephesus« (Eph 1,1) in den frühesten Manuskripten.

Paulus denkt bei den Lesern seines (Rund-)Briefes in erster Linie an Heidenchristen, wie aus Eph 2,11 f hervorgeht (»Denkt daran, daß ihr ... einst Heiden wart ...«). Das entspricht seiner Berufung als Heidenmissionar (3,1). Er setzt aber zugleich gute Kenntnisse des Alten Testaments bei seinen Lesern voraus,

wenn er im Eph (viel häufiger als im Kol) alttestamentliche
Schriftzitate interpretiert. Dies zeigt, daß er unter den Brief-
empfängern auch mit judenchristlichen und mit dem AT ver-
trauten Lesern rechnet. Insgesamt spielt die Frage der Einheit
von Judenchristen und Heidenchristen in der neutestamentlichen Gemeinde im Eph eine große Rolle (2,13-22; 3,4ff).

Ephesus selbst war die Hauptstadt der gesamten Provinz
Asia. Diese Stadt mit ihren etwa 300.000 Einwohnern war durch
den Hafen ein bedeutendes Handelszentrum, von dem Straßen
in die ganze Provinz führten. Zugleich war sie ein wichtiges reli-
giöses Zentrum. Der Tempel der Artemis (lat. Diana) in der
Stadt gehörte zu den sieben Weltwundern der Antike (vgl. Apg
19,24). Religion und Okkultismus gingen bei der heidnischen
Bevölkerung Hand in Hand (vgl. Apg 19,18f).

(4) Der Anlaß der Briefe

In seiner Gefangenschaft war Paulus durch Epaphras über die
Lage in Kolossä orientiert worden (Kol 1,7f). Daß dabei nicht
nur die positiven Seiten des Gemeindelebens zur Sprache kamen, sondern auch die Probleme, ist leicht vorzustellen. Irrlehrer bedrohten nämlich die Gemeinde. Als Paulus gegen Ende
der 3. Missionsreise Timotheus in Ephesus zurückgelassen hat,
gibt er ihm im 1. Timotheusbrief (den ich in diese Zeit datiere)
die Anweisung, gegen falsche Lehrer vorzugehen, die gesetzli-
che asketische Lehren vertreten (1 Tim 1,3-7; 4,1-3), die der
Apostel als eine »fälschlich sogenannte Gnosis« bezeichnet
(1 Tim 6,20). Auch in Kolossä treten jetzt Lehrer auf, die auf
Feste, Neumonde, Sabbate sowie Speisegebote großen Wert legen und die respektvolle Verehrung von Engelmächten fordern
(s. Kol 2,16-23). Gegen diese falsche »Philosophie« (Kol 2,8)
schreibt Paulus den Kolosserbrief, in dem er Christus als die
Antwort auf die Herausforderungen der falschen Lehrer darstellt.

Aber auch die übrigen Gemeinden jenes Erweckungsgebietes
der 3. Missionsreise liegen ihm am Herzen. Gegen die Ausbrei-
tung der falschen Lehre muß vorgesorgt werden. Und so verfaßt

Paulus den ›Epheserbrief‹ als ein vorbeugendes Rundschreiben an die Christen in all diesen Städten. Leser, die den ›Epheserbrief‹ verstanden haben und sich daher der heilsgeschichtlichen Stellung der Gemeinde, ihrer direkten Beziehung zu Christus als dem Haupt seines Leibes sowie der rechten Einordnung der geistlichen ›Mächte‹ bewußt sind, werden sich durch die falschen Lehren nicht beeinflussen lassen. Diesen Hintergrund wird unsere Auslegung des Eph beständig im Auge behalten müssen.

Der zur gleichen Zeit von Tychikus mitgebrachte Philemonbrief ist ein empfehlendes Begleitschreiben für die Rückkehr des entlaufenen und inzwischen zum Glauben gekommenen Sklaven Onesimus. Für ihn setzt sich Paulus bei Philemon ein und erbittet in dem kurzen Schreiben eine gnädige und brüderliche Aufnahme für Onesimus.

(5) Zur Echtheit der Briefe

Die Echtheit des Philemonbriefes ist allgemein anerkannt: Paulus hat ihn geschrieben (Phlm 1.9.19). Dagegen bezweifelt die bibelkritische Theologie fast durchgehend, daß Paulus selbst den Epheser- und den Kolosserbrief geschrieben habe. Ein treuer Paulusschüler (vielleicht sogar Timotheus) habe den Kolosserbrief verfaßt; und der Kolosserbrief habe dem unter Pseudonym schreibenden späteren Verfasser des Epheserbriefes als Vorlage gedient. Begründet wird diese bibelkritische Ansicht damit, daß beide Briefe hinsichtlich ihrer Sprache gewisse Eigenheiten aufwiesen und in ihrer Theologie nicht die Akzente setzten, die man etwa vom Römer- oder Galaterbrief her meint erwarten zu sollen.

Daß den Briefen die Echtheit abgesprochen wird, und zwar trotz ihres ausdrücklichen Selbstzeugnisses, von Paulus verfaßt zu sein (Kol 1, 1+23 f; 4, 18; Eph 1, 1; 3, 1), ist keineswegs eine belanglose Sache. Vertrauen steht hier auf dem Spiel: Kann man einer Schrift in theologischen Dingen trauen, wenn man ihr da nicht trauen kann, wo sie über die eigenen Entstehungsverhältnisse spricht? Schreiben unter dem Namen eines anderen ist

Täuschung des Lesers. Solche Praktiken gab es zwar, aber sie
waren schon bei den Griechen und Römern verpönt — und erst
recht unter Christen. Zudem eigneten sich gerade Briefe mit
ihrer Absender- und Adressatenangabe sowie ihrer Situations-
bezogenheit nicht gut zur Fälschung, weshalb sich in der Antike
Pseudepigraphie kaum bei Briefen findet.

Was den Epheser- und Kolosserbrief betrifft, sei nur soviel
gesagt:

1) Hätte den Kol ein pseudonymer Verfasser geschrieben, hätte
dieser nicht nur den Namen des Apostels benutzt (1,1), sondern
zur Täuschung des Lesers die Lebensumstände des Paulus geschildert (1,23f; 2,1ff; 4,7-17) sowie dessen eigenhändige Un-
terschrift gefälscht (4,18) — und das in einem Brief, der die Wahrheit des Evangeliums betont, und von einem Mann, der wegen
des Inhalts des Kol selbst von Kritikern für ein treuer Paulusschüler gehalten wird! Ist das vorstellbar?

2) Kolossä wurde 61 n.Chr. zerstört und kaum wieder aufgebaut. Die Abfassung eines nachpaulinischen »Kolosserbriefes«
war dann nicht mehr zu erwarten.

3) Auch der Eph ist kaum als unecht zu begreifen: Ein Fälscher, der Paulus nachahmen wollte, hätte wohl kaum einen
Rundbrief ohne persönliche Notizen verfaßt, sondern sich
mehr an paulinischen Vorbildern orientiert.

4) Beide Briefe haben einen Aufbau, der sehr dem des Römer-
und Galaterbriefes ähnelt.

5) Beide Briefe weisen Entsprechungen und Unterschiede im
Vergleich zu anderen Paulusbriefen auf, wobei im Fall des Kol
die Unterschiede nur gering sind. Es zeigt sich, daß der Wortge-
brauch der Paulusbriefe immer sehr mit der Situation zu tun
hat, in die Paulus hineinspricht. So gibt es im Eph zwar 80 Wörter, die sich sonst in den Paulusbriefen nicht finden; aber auch
im Römerbrief und in den Korintherbriefen gibt es — abhängig
von der je eigenen Situation — jeweils 100 Wörter, die nur hier
gebraucht werden. Insgesamt ist der Eph sprachlich geprägt von
einem lobpreisenden (»hymnischen«) Stil, der gewisse Eigen-
tümlichkeiten aufweist. Aber gerade diese finden sich auch in
den Gebets- und Lobpreis-Abschnitten der übrigen Paulusbriefe.

6) Auch die jeweilige theologische Betonung eines Briefes wird immer durch die Problematik bestimmt, mit der sich Paulus in dem Brief auseinandersetzen muß. Manche vermissen im Kol und Eph eine Entfaltung der Rechtfertigungslehre, wie sie Paulus im Römer- und Galaterbrief bietet. Aber es ist doch ein Unterschied, ob sich Paulus mit judaistischen Gesetzeslehrern in Galatien oder mit jüdisch-heidnischen Religionsvermischern in Kolossä auseinanderzusetzen hat! Jede dieser Herausforderungen verlangt die Betonung eines anderen Aspekts der Wahrheit. In beiden Briefen findet sich jedenfalls nichts, was Paulus so nicht gesagt haben könnte.

7) Und schließlich ist noch zu bedenken, daß sich Paulus bei der Abfassung seiner Briefe selbst in sehr unterschiedlichen Lebensumständen befand: in Freiheit oder im Gefängnis, einmal mit diesem, einmal mit jenem Sekretär — zugleich aber war er ein Mann, der sich sprachlich und sachlich auf die unterschiedlichsten Herausforderungen einstellen konnte und den man daher nicht an den Begrenzungen eines Durchschnittsmenschen messen sollte. So gibt es bis heute allen Grund, die biblischen Aussagen beim Wort zu nehmen, daß Kol und Eph von Paulus stammen.

I. Kapitel 1 – 3 (= Lehrhafter Teil):

Nach Gottes Plan wird aus geretteten Juden und Heiden die Gemeinde gebildet

A) Briefeingang (1,1 – 2)

(1) Paulus, Apostel Christi Jesu durch Gottes Willen, den dortigen Heiligen und Gläubigen in Christus Jesus:
(2) Gnade euch und Friede von Gott, unserem Vater, und vom Herrn Jesus Christus!

So, wie es in griechischen Briefen seiner Zeit üblich ist, beginnt Paulus sein Sendschreiben mit Absenderangabe, Adressatenangabe und Gruß. Die Absenderangabe ist hier nur knapp, denn die Empfänger wissen, wer er ist (vgl. dagegen Rö 1,1-6). Der Apostel nennt sich eingangs, wie in allen seinen Briefen, mit seinem lateinischen Beinamen »*Paulus*« (= der Kleine, der Geringe). Unter diesem Namen kannte man ihn als Christ. Sein jüdischer Name Saulus (Apg 7,58; 9,1; 13,1), unter dem er noch als Christenverfolger bekannt war, kam seit Beginn seiner Tätigkeit als Heidenmissionar (Apg 13) zunehmend außer Gebrauch.

Allerdings schreibt Paulus hier nicht als Privatmann, sondern als »*Apostel Christi Jesu durch Gottes Willen*«. Der Apostel (hebräisch »Schaliach«) ist der bevollmächtigte Abgesandte, der im Rahmen seines Auftrags in der Autorität seines Herrn spricht und handelt. Denn nach jüdischem Recht gilt: Der Schaliach ist wie sein Herr. Welches Maß an Autorität ein Abgesandter jeweils hatte, hing natürlich davon ab, wer ihn sandte. Paulus ist als Apostel Christi Jesu bevollmächtigter Abgesandter des Messias Jesus. Dahinter steckt die Überzeugung: Der seit Jahrhunderten verheißene und erwartete Messias ist gekommen! Er ist Jesus von Nazareth! Und dieser Messias Jesus hat nun seine autorisierten Boten ausgesandt, um in seinem Namen die ihnen geschenkte Christusoffenbarung zu verkünden (vgl. 3,3-11).

Als Apostel waren sie – und nur sie! – Stellvertreter Christi auf Erden (um es einmal zugespitzt zu formulieren). Zu diesem Dienst hat Paulus sich allerdings nicht selbst gedrängt. Er ist es durch Gottes Willen geworden. So schreibt er es hier unter Anspielung auf sein Damaskuserlebnis (Apg 9,1ff; 22,3-16; 26,9-20; vgl. Gal 1,1+13ff), in dem er einst wider eigenes Wollen von Gott ergriffen und zum Apostel berufen wurde.

Die Adressaten, an die sich der Apostel wendet, sind ganz allgemein die »dortigen Heiligen und Gläubigen in Christus Jesus«. Ältere Übersetzungen schreiben hier noch von den »Heiligen, die in Ephesus sind . . .«. Aber wie wir oben in der Kurzen Einleitung (Abs.3,2) schon näher dargelegt haben, finden sich die Worte »in Ephesus« in den ältesten Textzeugen nicht. Der ›Epheserbrief‹ ist ein Rundschreiben, das sich allgemein an die gefährdeten Christen in der Provinz Asia richtet. Das Wort, das wir hier mit »dortig« übersetzt haben (wörtl.: »den Seienden«, so auch Apg 13,1; 14,13), ist in dieser Bedeutung in manchen Papyri belegt; es wird in den Übersetzungen manchmal gar nicht wiedergegeben (so Apg 5,17). Mit diesem Wörtchen wurden an jedem neuen Ort, wo Tychikus (6,21) den Brief verlas, die dortigen Christen persönlich angesprochen. Diese Christen werden zunächst als Heilige bezeichnet. Das bedeutet ›abgesondert sein‹ von Welt und Sünde für Gott. So ist zunächst Gott selbst heilig, abgesondert von allem Bösen (Jes 6,3; Offb 4,8); und er will, daß die Seinen heilig sind, wie er heilig ist (3Mo 19,2). Eben dazu erwählt er sich seine Kinder (1,4). Die Heiligkeit der Kinder Gottes beruht aber weder auf ihrer besonderen Tugendhaftigkeit noch auf ihrer Heiligsprechung durch Menschen; sie ist vielmehr eine Heilsgabe, die uns als Glaubenden geschenkt wird durch das, was Jesus für uns getan hat. Er hat sich für uns aus Liebe geopfert, um uns durch das Evangelium zu reinigen, damit wir heilig und fleckenlos vor ihm leben (5,25b-27). So sind wir zunächst in unserer Stellung vor Gott heilig, weil das Erlösungswerk Christi beständig für uns gilt. Aber auch unser Zustand soll unserer Stellung entsprechen: Wir sollen heilig werden in unserer gesamten Lebensführung (1Pt 1,15; 2Pt 3,11). Um es aber ganz deutlich zu sagen: Diese Heiligkeit kann der Mensch niemals aus sich heraus haben. Sie

ist nur den Glaubenden geschenkt. Deshalb nennt Paulus seine
Adressaten »Heilige und Gläubige in Christus Jesus«. Es ist be-
zeichnend, daß hier nicht steht: Gläubige ›an‹ Christus Jesus,
womit Jesus als Ziel des Glaubens genannt wäre. Wenn hier dagegen vom Gläubigsein ›in‹ Christus Jesus die Rede ist, wird damit der Wurzelgrund des Glaubens bezeichnet. Keiner von uns
kann aus sich selber glauben. Nur durch Jesus können wir es.
Nur als solche, die in Christus Jesus verwurzelt sind, können wir
Gläubige sein. Wären wir auf uns gestellt, fiele unser Glaube
schnell in sich zusammen wie ein Kartenhaus. Damit haben wir
sowohl das Heiligsein als auch das Gläubigsein als Geschenk
Gottes kennengelernt (vgl. auch Rö 10,17; Phil 1,29).

Die so Bezeichneten grüßt Paulus nun mit dem Friedensgruß: »*Gnade euch und Friede von Gott, unserem Vater, und dem
Herrn Jesus Christus!*« Unter Juden war es üblich, sich mit
»Schalom (Frieden)!« zu grüßen. Schalom bedeutet Geborgenheit, Umfriedetsein des Lebens. Wahren Frieden erwartete das
Frühjudentum nicht von dieser Welt her, sondern von Gott: »Er
ruft dir Frieden zu im Namen der zukünftigen Welt; denn von
dort geht hervor der Friede seit der Schöpfung der Welt« (äth.
Hen 71,15). Entsprechend wünscht Paulus seinen Lesern Frieden »von Gott, unserem Vater«. Welch ein schöner Gruß! Aber
dieser so schöne Friedensgruß drohte im täglichen Gebrauch
seine Inhaltsschwere zu verlieren und nur noch als Floskel gehört zu werden. Das möchte Paulus nicht. Deswegen wünscht
er — überraschend für seine den normalen Friedensgruß ge-
wöhnten Leser — in allen seinen Briefen bewußt ›Gnade und
Frieden‹. Das macht deutlich, wie man wahren Schalom nur bekommt: nämlich durch die Gnade, die uns von Gott, unserem
Vater, und dem Herrn Jesus geschenkt wird. Kein Friede ohne
diese Gnade! Ohne das Erfahren der Gnade, d.h. das unverdiente Beschenktwerden mit dem Heil Gottes, bleibt Friede
frommer Wunsch oder Illusion.

Vorschlag zur Bibelarbeit über Epheser 1,1-2

1. Einleitung

a) Wie fangen wir unsere Briefe an? Wie fängt Paulus sie an?

b) Wir lesen den biblischen Bericht über die Entstehung der Gemeinden in Ephesus und in der Provinz Asia (Apg 19,1-20).

c) Wir besprechen miteinander die geschichtlichen Fragen, die oben in der Kurzen Einleitung behandelt sind, damit alle Teilnehmer die ursprüngliche Situation des Epheserbriefes kennenlernen.

2. Durchführung

Thema: *Womit Gott Menschen beschenkt*

a) *Eine besondere Berufung (V. 1a)*

Paulus: Wie lebte er vor seiner Bekehrung? (vgl. Apg 7,58; 8,1; 9,1ff; 26,4ff; Gal 1,13ff; Phil 3,4ff). Welche besondere Beauftragung bekam er vor Damaskus? (Apg 9,15; 26,16ff; Gal 1,1; Rö 1,1-6; 2Kor 3,5ff; Eph 3,8ff). Was bedeutet es, Apostel zu sein? Gibt es auch heute noch Apostel wie Paulus, wie das etwa die Neuapostolischen im Blick auf ihre ›Stammapostel‹ behaupten? (vgl. Apg 1,21f; Eph 2,20). Wenn es heute keine Apostel im engeren Sinn mehr gibt, wie steht es dann mit dem Anspruch des Papstes, ›Stellvertreter Christi‹ auf Erden zu sein?

b) *Eine besondere Stellung (V. 1b)*

Zunächst könnten problematische Konzepte von ›Heiligen‹ und ›Gläubigen‹ diskutiert werden. Zu ›heilig‹:

Scheinheilige — Heiliggesprochene — Heilig werden aus
eigener Anstrengung. Zu ›glauben‹: Ist das Glauben-
können eine natürliche Fähigkeit des Menschen? Ist
Glauben ein Werk? (vgl. den Gegensatz von Glaube und
Werk bei Paulus, Rö 3,28; 4,3ff). Und dann könnte man
gemäß obiger Texterklärung unser Heiligsein und Gläubigsein als Geschenk Gottes darstellen — als Geschenke
allerdings, mit denen man verantwortlich umgehen muß.

c) *Ein besonderer Segen (V. 2)*

Welche Grußformeln benutzen wir selbst? Was sagen
sie inhaltlich aus? Auch zur Zeit des Neuen Testaments
hatte man seine Grußformeln. Die Römer wünschten
sich ›Heil‹, die Griechen ›Freude‹. Paulus, als Jude, verwendet zwar den in Israel üblichen Schalom-Gruß, aber
er läßt ihn nicht zur Leerformel werden. Was ist heute
meistens gemeint, wenn man von ›Frieden‹ spricht?
Und was versteht die Bibel darunter? Wie verhalten sich
die beiden Kernbegriffe zueinander in dem doppelten
Segenswunsch: ›Gnade und Friede‹? Vgl. auch die Segenswünsche in 1Pt 1,2; Jak 1,1; 3Joh 2; Jud 2.

B) Anbetung, Dank und Fürbitte des Paulus angesichts des umfassenden Heilshandelns Gottes zum Bau seiner Gemeinde (1,3 – 23)

In einem griechischen Brief der damaligen Zeit folgte auf den Briefkopf eine kurze Überleitung, die aus Danksagung und persönlichem Wunsch bestand (etwa: »Wir danken den Göttern, daß es Dir gut geht, und wünschen, daß dies auch künftig so bleiben möge«). Bei Paulus ist dieser Teil immer vergleichsweise stark ausgeweitet. Es ging ihm ja nicht nur um eine nette Formel, sondern Dank und Fürbitte für seine Gemeinden waren ihm Herzensanliegen. Hier im Epheserbrief (vgl. auch 2 Kor 1,3 ff; 1 Pt 1,3 ff) gerät die Danksagung geradezu zu einem Lobpsalm (bzw. einem Briefeingangslobpreis), der im Grundtext mit den Versen 1,3 - 14 einen einzigen langen Satz bildet. Die Psalmenform ist alttestamentlich-jüdisch, der Satz mit seinen vielen Nebensätzen ist griechischer Stil. Paulus, der in Tarsus geborene Jude, war mit beidem vertraut. Ab V. 15 schließt er dann seinen persönlichen Dank und seine Fürbitte an.

1) Anbetung angesichts des Heilsplans des dreieinigen Gottes, dessen Verwirklichung Vorzeit, Zeit und Zukunft umspannt (1,3 - 14)

(3) Gesegnet sei der Gott und Vater unseres Herrn Jesus Christus, der uns gesegnet hat mit allem geistlichen Segen in den Himmeln in Christus,
(4) wie er uns auserwählte in ihm vor Grundlegung der Welt, daß wir Heilige und Untadelige vor ihm seien,
(5) wobei er uns in Liebe vorherbestimmt hat zur Einsetzung als seine Söhne durch Jesus Christus, gemäß dem Entschluß seines Willens
(6) zum Lob der Herrlichkeit seiner Gnade, die er uns geschenkt hat in dem Geliebten.

Thema dieses einleitenden Lobpreises (Vv. 3 - 14) ist das Heilshandeln des dreieinigen Gottes in Christus, das Vorzeit, Zeit
und Zukunft umspannt und letztlich zu Gottes Verherrlichung
dient.

Daß hier ein Jude und kein Grieche betet, wird schon einleitend an der Segensformel deutlich: »*Gesegnet sei . . . Gott*«! Hun-
derte jüdischer Gebete beginnen so. Wir haben das erste Wort
hier bewußt mit »Gesegnet« wiedergegeben, um darauf hinzuweisen, daß der gleiche Wortstamm noch zwei weitere Male in
diesem Vers vorkommt (». . . der uns *gesegnet* hat mit allem
geistlichen *Segen*«). In der Grundbedeutung heißt das Wort ›segnen‹ im Neuen Testament ›Gutes sagen‹. Auf Gott angewandt
bedeutet das: ihm all das Gute sagen, das er getan hat. Wer so
Gott ›segnet‹, preist Gott, betet ihn an. Umgekehrt: Wenn Gott
uns Gutes zusagt, dann bleibt es nicht bei Worten, sondern was
er sagt, trifft ein. So werden wir von Gott ›gesegnet‹. An diesen
Versen 3 - 14 können wir lernen, was es heißt, Gott zu ›segnen‹
und von ihm ›gesegnet‹ zu sein: Wir vergegenwärtigen uns, was
er uns von Ewigkeit her zugesprochen hat, was er uns heute gibt
und für die Zukunft zusagt — und dann breiten wir in unserer
Anbetung all diese Gaben vor ihm aus und preisen ihn als den
Geber.

Liest man den V. 3 weiter, merkt man allerdings gleich, daß
hier nicht irgendein Jude betet, sondern einer, der Jesus als seinen Messias kennt und deswegen Gott als den »*Gott und Vater
unseres Herrn Jesus Christus*« preist. Daß Gott »der Gott unseres
Herrn Jesus Christus« ist, wird auch in V. 17 gesagt. So hat Jesus
von seinem himmlischen Vater gesprochen (Joh 20, 17: »mein
Vater und euer Vater, mein Gott und euer Gott«), und Paulus
greift dies auf (Rö 15, 6; 2 Kor 1, 3; 11, 31; Kol 1, 3). Christen kennen keinen anderen Gott als den, welchen Jesus seinen Gott
und Vater nannte und den er den Seinen in seiner Liebe und
Heiligkeit offenbarte.

Und nun wird — ganz im Sinn von Ps 103, 2: »Lobe den Herrn,
meine Seele, und vergiß nicht, was er dir Gutes getan hat« — an-
betend aufgezählt, was Gott uns Gutes zugesagt und zugeeig-
net hat. Die Kernaussage »*der uns gesegnet hat*« wird, bevor Ein-
zelheiten genannt werden, in dreifacher Weise näher bestimmt:

1.) Er hat uns gesegnet »*mit allem geistlichen Segen*«. Hier wird Gott gepriesen als der, der die Fülle des Segens schenkt. Allerdings geht es, was heilsgeschichtlich wichtig ist, um die Fülle »geistlichen« Segens. Im Alten Bund hat Gott Israel als Ausdruck seiner Güte Segen in Form von Kindern, Vieh, guter Ernte, Gesundheit und langem Leben geschenkt. Diese Dinge des irdischen Lebens können auch heute noch als Segen aus Gottes Hand empfangen werden. Aber im Zentrum steht heilsgeschichtlich heute der geistliche Segen, der es mit dem neuen, ewigen Leben zu tun hat.

2.) Er hat uns gesegnet »*in den Himmeln*« (wörtlich: »in den Himmlischen« — ein Ausdruck, der alles umfaßt, was Himmel ist, was zum Himmel gehört und was sich im Himmel befindet). Der gleiche Ausdruck taucht später im Eph wiederholt auf: Gott hat den auferstandenen Christus in den Himmeln zu seiner Rechten gesetzt (1,20); Gott hat uns mit Christus in den Himmeln Sitz gewährt (2,6); zugleich aber gibt es Mächte und Gewalten, die in den Himmeln ihren Aufenthalt haben (3,10; 6,12). Wir beachten, daß in unserem Vers der Himmel zuallererst als der Ort genannt wird, an dem Gott ist und von wo aus er seinen Segen spendet — bevor jene anderen Aspekte (Himmel als Ort des Christus, der Gläubigen und der Mächte) angeführt werden.

3.) Er hat uns gesegnet »*in Christus*«. Wie kann Gott uns segnen? Die Antwort ist: nur »in (bzw. durch) Christus«! Nur auf diesem einen Weg können Sünder Segen empfangen: durch Jesus Christus. In ihm werden sie erwählt (V.4), in ihm begnadigt (V.6), in ihm erlöst (V.7); in ihm hat Gott seinen Heilsratschluß gefaßt (V.9), in ihm wird einmal alles unter ein Haupt gebracht (V.10), in ihm werden wir zu Erben Gottes gemacht (V.11) und in ihm versiegelt mit dem Heiligen Geist (V.13). Die ganze Heilsfülle Gottes kommt uns nur in Christus zu (vgl. auch 2,6f.10.13.15.16.21f; 3,6.11f; 4,21f.30.32; 5,8; 6,1.10).

In den Vv.4-6 preist der Apostel Gott für den Segen, mit dem er uns schon in der Vorzeit, vor Erschaffung der Welt, gesegnet hat. Die Fülle geistlichen Segens, mit der er uns in Christus beschenkt hat, zeigt sich zunächst daran, »*wie er uns auserwählte*« (V.4). Dieses lobpreisende Bekenntnis zu unserer Erwählung ist die Kernaussage der Vv. 4-6. Sie wird in diesen Versen im einzelnen erläutert und näher bestimmt. Zugleich ist es die Basisaussage für alles, was folgt: Alles Heil, von dem bis V. 14 gesprochen wird, hat in der göttlichen Erwählung seinen Grund. Für moderne Ohren klingt diese Erwählungsaussage zunächst fremd. Wir sind es nicht gewohnt, daß über uns entschieden wird; wir entscheiden selbst. Auch wenn es um unseren Glauben geht, sprechen wir eher davon, daß wir uns ›für Jesus entschieden‹ haben, als davon, daß er sich für uns entschieden hat. Und so kommt es dann auch zu einem bezeichnenden Unterschied: Paulus betet angesichts der Erwählung an — wir diskutieren über die Erwählung. Sollte sich diese unsere Perspektive nicht ändern? Wie aber kann es dazu kommen? Der Epheserbrief gibt uns eine Antwort. Am Ende des ersten Briefteils, der mit dem Bekenntnis zu unserer Erwählung vor Grundlegung der Welt beginnt (1, 4) und bis hin zu der Offenbarung vom Bau der Gemeinde aus geretteten Juden und Heiden führt (Kap. 3), betet Paulus für seine Leser, damit Gott sie innerlich so stärke, daß sie »die Länge, Breite, Tiefe und Höhe begreifen mögen, zu erkennen die Liebe Christi, die alle (menschliche) Erkenntnis übertrifft« (3, 18f). Um die Dimensionen des Liebesplanes Gottes zu verstehen, reicht unser eigenes Erkenntnisvermögen nicht aus. Wir können nur darum beten, daß er uns das Verstehen schenkt. Und wenn es uns geschenkt ist, führt auch uns das Zeugnis der göttlichen Erwählung zur Anbetung des gnädigen und souveränen Gottes.

›Erwählung‹ bedeutet, daß Gott in souveräner Freiheit aus einer größeren Menge einen einzelnen oder eine Gruppe auswählt, zu einem Zweck, den er allein bestimmt. Davon, daß Gott der Erwählende ist, zeugt die ganze biblische Heilsgeschichte. Gott erwählt sich Abraham (Neh 9, 7; vgl. Jos 24, 2f); aus purer Liebe, nicht aufgrund von Verdienst, erwählt er sein Volk Israel, das er aus allen Heidenvölkern für sich absondert (5Mo 7, 7f; 9, 4-6; Ps 135, 4ff; Jes 14, 1; Am 3, 2); innerhalb seines Volkes erwählt er sich Menschen für bestimmte Aufgaben: Mose (Ps 106, 23), Aaron (Ps 105, 26), die Priester (5Mo 18, 5), die Könige — speziell das Haus Davids (1Sam 10, 24 2Sam 6, 21; Ps 89, 4f. 20f) —, den Stamm Juda (Ps 78, 67), den Zion (Ps 78, 68)

und den Gottesknecht (Jes 41,8f; 49,1.5). Gottes Erwählung
hob die Verantwortung des einzelnen allerdings nicht auf: Die
dem Volk als Ganzem geltende Erwählung als Gottes Volk
konnte der einzelne Israelit durch Ungehorsam für sich selbst
ungültig machen, so daß nur der glaubende Überrest Israels die
Segnungen der Bundesverheißung erfährt (1Mo 17,14; Jes
10,20ff). Und doch bleibt die Erwählung des Volkes Israel bestehen (Rö 11,11ff.25-29). Im Frühjudentum machte man sich
viele Gedanken über Erwählung und Vorherbestimmung: Da
konnten zugleich die göttliche Vorherbestimmung und die
menschliche Willensfreiheit betont werden (Sir 15,11-20; 33,7-
15; PsSal 5,4; 9,4f; 16,5f) oder auch eine strikte Erwählungs-
und Prädestinationslehre begegnen (so in Qumran: 1QS 3,16;
11,10f; 1QH 13,10; 15,23; CD 2,7f; 1QHab 10,13; 1QpPs 37
II,5). Im Neuen Testament ist vor allem Jesus der auserwählte
Sohn Gottes (Lk 9,35; 23,35; 1Pt 2,4+6). Aber auch die Gemeinde ist »das auserwählte Geschlecht« (1Pt 2,9) und tritt damit neben das Volk Israel, dessen Erwählung bestehen bleibt
(Rö 9,6-29; 11,11-36): die Glieder der Gemeinde sind Erwählte
Gottes durch seine souveräne Gnadenwahl (Apg 13,42-49; Rö
8,28ff; 1Kor 1,27ff; 1Thess 1,2-10; 2Thess 2,13f; 2Tim 1,9f).

In dreifacher Weise wird unsere Erwählung in V.4 nun erläutert, indem deutlich gemacht wird, wie, wann und wozu uns
Gott erwählt.

1.) Er hat uns auserwählt »*in ihm*«, d.h. in Christus. Mit dieser
Aussage geht die Erwählungslehre des Eph heilsgeschichtlich
über die Erkenntnis des Frühjudentums und des Alten Testaments hinaus. Der heilige Gott kann uns sündige Menschen
nicht ›einfach so‹ erwählen. Nur in Christus, der schon vor
Grundlegung der Welt als Opfer für unsere Sünden ersehen war
(1Pt 1,19f), kann er es. Weil in Christus feststeht, daß es Erlösung für uns gibt, kann Gott uns erwählen. Daß Gott in Christus
für uns handelt, ist im übrigen ein Grundprinzip, welches uns
im Eph noch öfters begegnen wird.

2.) Er hat uns auserwählt »*vor Grundlegung der Welt*«. Damit
wird deutlich, daß Gott schon vor der Schöpfung einen Heilsplan für den noch nicht erschaffenen Menschen hatte. Um jeder
mystischen Spekulation vorzubeugen, sei betont: Es geht hier

nicht darum, daß die Seelen der Erwählten in geheimnisvoller
Weise schon vor der Weltschöpfung bei Gott waren (eine Idee
des Platonismus, der Gnostiker und einiger Rabbinen!), sondern daß der allwissende und souveräne Gott schon vor aller
Zeit das plant, was noch nicht ist.

3.) Er hat uns auserwählt, »*daß wir Heilige und Untadelige vor
ihm seien*«. Damit kommt die Absicht, das Ziel der Erwählung in
das Blickfeld. Wohlgemerkt: Es geht dabei nicht um die Grundlage der Erwählung (so, als ob sich Gott besonders heilige und
untadelige Menschen auswählte — womit die Erwählung auf
menschlichem Verdienst beruhte)! Nein, unser Heilig- und Un-
tadeligsein vor ihm ist nicht die Basis, sondern das Ziel, das Gott
mit unserer Erwählung in Christus verfolgt. Indem Christus
sich für uns Sünder hingibt, um uns zu heiligen und zu reinigen,
wird das Ziel erreicht (5,25b-27; Kol 1,22). Der, dessen Sünde
durch Jesus gesühnt ist, ist getrennt von der Sünde, auf Gottes
Seite gestellt, steht ihm zur Verfügung und ist vom Gesetz wegen seiner Verfehlungen nicht mehr zu beschuldigen. Das heißt
heilig und untadelig vor Gott sein. So, wie im Alten Bund der
Priester — bis in äußere Belange hinein — heilig und tadellos sein
mußte (3Mo 21,6ff. 18ff), soll nun das neue Bundesvolk als ein
priesterliches Volk in geistlicher Hinsicht heilig und tadellos vor
Gott leben.

Die Vv.5-6 bringen nun eine nähere Bestimmung unserer
Auserwählung: Gott hat uns erwählt, »*... wobei er uns in Liebe
vorherbestimmt hat ...*«. Gerade haben wir in V.4 gehört, daß
Gott uns mit dem allgemeinen Ziel erwählt hat, vor ihm heilig
und untadelig leben zu sollen. Aber er beläßt es nicht bei dieser
allgemeinen Bestimmung. Auch Engel sind heilig und untadelig. Im Blick auf uns Menschen geht Gott aber weiter. Er faßt
einen ganz konkreten Liebesplan — und zwar grundlos! »*Liebe*«
(griech.: *agape* — ein in der Umwelt des Neuen Testaments
kaum gebrauchtes Wort) ist jene herzliche Zuwendung, die sich
nicht an den Vorzügen des anderen entzündet, sondern auf den
anderen zugeht, auch wenn er unliebenswert, ja, sogar ein Feind
wäre. In dieser seiner Liebe trifft Gott nun, ebenfalls vor
Grundlegung der Welt (V.4; vgl. das »vorher-«), eine Vorherbestimmung, eine persönliche Festlegung. Darüber wird in V.5

zunächst ausgesagt, worauf sie sich bezieht und was ihn dazu bewegt hat, bevor in V. 6 dann das Endziel des ganzen Heilsplans Gottes genannt wird.

1.) Gott hat uns vorherbestimmt *»zur Einsetzung als seine Söhne durch Jesus Christus«*. Das griech. Wort, das wir mit »Einsetzung als Söhne« wiedergegeben haben, kann auch »Annahme an Kindes Statt« oder »Adoption« bedeuten. Darauf bezieht sich also unsere Vorherbestimmung, daß Gott beschlossen hat, uns zu nichts weniger zu machen als zu seinen Söhnen (Wörtlich: ». . . Söhne auf ihn hin«). Unsere Bestimmung als Erwählte ist es nicht, Engel zu werden oder irgendwelche himmlische Wesen, sondern Söhne Gottes. Dies sind wir nicht von Natur aus; wir müssen als Söhne eingesetzt werden. Dies bewirkt der Heilige Geist (Rö 8,15: »Geist der Einsetzung in die Sohnschaft«) aufgrund der Erlösungstat Christi (Gal 4,5). Entsprechend heißt es auch hier, daß die Einsetzung als Söhne Gottes »durch Jesus Christus« geschieht.

2.) Gott hat uns vorherbestimmt, seine Söhne zu werden, *»gemäß dem Entschluß seines Willens«*. Der Gedanke, der schon in dem Wort »Liebe/Agape« (V. 5a) steckt, nämlich daß unsere Vorherbestimmung ganz in Gottes freier Gunst gründet, wird nun nochmals stark unterstrichen. Es gibt keinen anderen Grund dafür, daß Gott uns als seine Söhne annahm, als den freien Entschluß seines Willens. Das ist Gnade! Da ist kein Verdienst, kein Anspruch unsererseits, sondern nur Gottes grundloser Liebeswille.

Allerdings verbindet Gott mit unserer gnädigen Vorherbestimmung als seine Söhne ein Ziel. Es ist das höchste Ziel des gesamten Heilsplans Gottes. In freiem Liebesentschluß bestimmt er uns zur Sohnschaft *»zum Lob der Herrlichkeit seiner Gnade, mit der er uns beschenkt hat in dem Geliebten«* (V. 6; vgl. V. 12 + 14b). Söhne Gottes sollen Lobsänger werden. Sie sollen bis in Ewigkeit die Gnade rühmen, d.h. das unverdiente Beschenktwerden, das uns nur um des geliebten Sohnes Gottes willen zukommt. Diese Gnade hat sie, die Sünder, die Mangel an Herrlichkeit Gottes hatten (Rö 3,23), zu Kindern gemacht hat. In der Einsetzung als Gotteskind haben sie die Gnadenherrlichkeit

Gottes erfahren; am Ende empfangen sie die Auferstehungs-
herrlichkeit (1Kor 15,43; Rö 8,18). Wenn wir diesen Vers verstanden haben, und uns jemand fragt, was denn das höchste
Ziel der Heilsgeschichte sei, müßten wir sagen können: Das
höchste Ziel der Heilsgeschichte ist — nicht unser Wohl, nicht
unser Heil, sondern — die Verherrlichung Gottes!

Vorschlag zur Bibelarbeit über Epheser 1,3-6

---

1. Einleitung

Frage an die Teilnehmer: »Haben wir heute schon im Blick
auf irgendetwas um Gottes Segen gebeten?« — Aufzählen
lassen, wofür (allgemein für den Tag; für das Frühstück; für
die Arbeit; für eine Reise; für eine Begegnung; für das Mit-
tagessen; für unsere Kinder, usw.). Dann die Frage: »Was bedeutet eigentlich ›segnen‹?« — Antworten sammeln.

2. Durchführung

Thema: Vom geistlichen Segnen

a)   *Was es heißt, Gott zu segnen (V. 3a)*

Wir übersetzen V.3a wörtlich (»Gesegnet sei Gott . . .«)
und fragen: Was könnte das bedeuten, ›Gott zu segnen‹?
Wir erarbeiten dann, daß es bedeutet, Gott all das Gute
zu sagen, womit er uns beschenkt. Hier müssen viele
Beispiele folgen! So Gott zu ›segnen‹ bedeutet ihn zu
preisen, ihn anzubeten. In der Anbetung kommt all das
Gute zur Sprache, das es bei Gott gibt. Dieses Thema
muß nun vertieft werden: Welche Rolle spielt Anbetung
und Lobpreis in unserem Glaubensleben? Evtl. könnte
es angebracht sein, konkrete Punkte aufzuschreiben,
für die wir Gott anbeten können.

Zugleich sollten wir uns Gedanken machen, wer der Gott ist, den wir anbeten (»der Gott und Vater unseres Herrn Jesus Christus«).

b) *Wie Gott sein neutestamentliches Volk segnet (V. 3b)*

Drei Fragen werden hier behandelt:

1. Womit Gott uns segnet: Mit einer Fülle geistlichen Segens. Vgl. dazu den alttestamentlichen Segen (z.B. 1Mo 12,1-3; 27,27ff; 49; 5Mo 7,12ff). Zum Vergleich sollte dann schon eine Vorschau gegeben werden auf all die geistlichen Segnungen, die in Vv.4-14 aufgezählt sind. Nun sollte darüber nachgedacht werden, womit Gott die konkreten Zuhörer gesegnet hat.

2. Von wo aus Gott uns segnet: Es geht um ›himmlischen Segen‹. Womit Gott uns beschenkt, hat seinen Ursprung nicht in dieser Welt. Hier wird vom Himmel als dem Ursprungsort göttlichen Segens gesprochen. Damit wir, die wir oft nur über das Irdische nachdenken, einmal eine Vorstellung vom Himmel bekommen, sollten wir in einer Konkordanz, einem Bibel- oder Begriffslexikon nachschlagen, was dort über ›Himmel‹ steht.

3. Wie Gott uns segnen kann: In Christus — und nur in Christus! Außerhalb der Lebensgemeinschaft mit Jesus Christus bleibt uns der Segen Gottes fremd. Entscheidend: Stehe ich in Lebensgemeinschaft mit ihm? Wie komme ich zur Lebensgemeinschaft mit ihm? (vgl. nochmals V.1b).

c) *Welchen Segen Gott schon in der Ewigkeit für uns geplant hat (Vv. 4-6)*

1. Er hat uns erwählt: Wie? (In Christus). Wann? (Vor der Schöpfung). Wozu? (Heilig und untadelig vor ihm

zu sein). — Versuchen wir, unsere Erwählung als Anlaß
zur Anbetung deutlich zu machen (nicht nur als Anlaß
zur Diskussion!). Indem wir biblisch von der Erwählung
sprechen, muß vor den Augen der Hörer der gnädige
und souveräne Gott groß werden (und der Mensch
klein).

2. Er hat uns vorherbestimmt: Wozu? (Seine Söhne zu
werden). Warum? (Weil er es wollte). Zu welchem Endziel? (Gottes Gnade zu verherrlichen). — Vielleicht gelingt der Einstieg mit einem Bild: Was wäre, wenn uns
als Baby ein König adoptiert hätte?

In den Vv. 7 - 10 wird Gott nun wegen seines errettenden und erleuchtenden Gnadenwerkes angebetet, das den Glaubenden in
Christus zuteil wird:

**(7) In ihm haben wir die Erlösung durch sein Blut, die Ver-
gebung der Übertretungen nach dem Reichtum seiner
Gnade,
(8) die er auf uns überfließen ließ in aller Weisheit und (allem) Verständnis,
(9) indem er uns das Geheimnis seines Willens bekannt
machte gemäß seinem Entschluß, den er in ihm zuvor faßte,
(10) (und zwar) im Blick auf den Heilsplan der Fülle der
Zeiten: alles in Christus zusammenzufassen, das in den
Himmeln und das auf der Erde.**

»In ihm«, dem geliebten Gottessohn (V.6), ist uns »Erlösung«
und »Vergebung« geschenkt. Mit dieser Aussage kommt Paulus
von der Betrachtung der vor der Zeit getroffenen Gnadenwahl
Gottes (Vv. 4 - 6) zum Lobpreis seines in der Zeit verwirklichten
Gnadenhandelns (Vv. 7 ff). Wie in dem ganzen Lobpsalm, so
wird auch hier deutlich, daß uns nur in Lebensgemeinschaft mit
Christus die göttlichen Heilsgüter offenstehen. Nur »in« bzw.
»durch« Jesus — beide Übersetzungen sind möglich — gibt es
Heil! Dieses Heil ist uns nicht nur in Aussicht gestellt, es wird

uns auch nicht nur vorübergehend verliehen — und dann vielleicht wieder genommen: Nein, vielmehr »haben wir« es beständig. Die Form des griechischen Wortes »haben« drückt hier einen beständigen, andauernden Zustand aus.

Was ist der Inhalt des errettenden Gnadenwerkes Gottes? »Erlösung« und »Vergebung« werden hier genannt. Im allgemeinen wurde damals der Begriff *»Erlösung«* verwendet, wenn es um den Loskauf eines Sklaven oder Kriegsgefangenen ging. Nach dem Neuen Testament ist der Mensch erlösungsbedürftig, weil er versklavt ist unter der Herrschaft der Sünde (Joh 8,34; Rö 3,9; 6,6.14ff; 7,14.23), des Gesetzes (Rö 7,6; Gal 3,13; 4,5) und des Todes (Rö 5,14.17.21; 8,2). Das Gesetz verklagt den Sünder und droht ihm den Gerichtstod an (Rö 6,23; Gal 3,10). Aber er ist unfrei, kann sich selbst nicht helfen. Die Hilfe kann nur von außen kommen, indem Gott ihn aufgrund seiner erwählenden Liebe erlöst. Davon ist hier die Rede. (In V.14 ist dann speziell die künftige Erlösung von unserem sterblichen Leib im Blickfeld; vgl. dazu Rö 8,23.) Um den Menschen von der Herrschaft der Sünde, der Gesetzesanklage und des Todes loszukaufen, zahlt Jesus den Preis (1Kor 6,20; 7,23), indem er stellvertretend für den Sünder sein Leben opfert (vgl. Mk 10,45; Gal 3,13). Diese Lebenshingabe ist gemeint, wenn die Bibel davon spricht, daß Jesus uns *»durch sein Blut«* erlöst hat (Rö 3,24f; 1Ptr 1,18f; Offb 1,5); denn im Blut ist das Leben (vgl. 3Mo 17,11). Die Bibel macht klar, daß uns als Erlösten die Freiheit geschenkt ist (1Kor 7,22f; Gal 5,1) — allerdings die Freiheit derer, die Eigentum ihres Herrn sind (Tit 2,14; 1Kor 6,19; 7,22), die Freiheit der Söhne Gottes (Rö 8,14 – 21), nicht die Freiheit zur Sünde (1Ptr 2,16). Als Unerlöste lebten wir unter der Herrschaft der Sünde, übertraten die Gebote Gottes. Nun haben wir *»die Vergebung der Übertretungen«*. Die Schuld unserer Gesetzesübertretung wird uns allerdings nicht einfach ›nur so‹ verziehen, etwa weil der ›liebe Gott‹ nun einmal nicht anders kann, als seinen lieben Menschen zu verzeihen. Gott drückt nicht einfach ein Auge zu, wenn es um die Übertretungen seiner Gebote geht. Ermöglichungsgrund der Vergebung ist vielmehr der *»Reichtum seiner Gnade«*, d.h. die Fülle der unverdienten Gunst Gottes, die sich darin zeigt, daß Jesus an unserer Stelle die

Strafe für unsere Übertretungen auf sich genommen hat (Jes 53,5; Eph 2,1-6; Hebr 9,15). V. 7 rühmt dieses errettende Gnadenwerk Gottes.

Vorschlag zur Bibelarbeit über Epheser 1,7

1. Einleitung

Wir steigen sozusagen von ›hinten‹ in den Vers ein und sprechen über das zentrale Wort »Gnade« (= »unverdiente Gunst«). Zuerst sammeln wir Beispiele, wo uns im menschlichen Bereich ›Gnade‹ begegnet. Wissen wir modernen Menschen eigentlich noch, was Gnade ist? Dann kommen wir auf Gottes Gnade zu sprechen. Hier könnte es hilfreich sein, sich über zwei Begriffe auszutauschen, die Dietrich Bonhoeffer (1906-1945) gebraucht hat: die »teure« und die »billige Gnade«. Was ist das jeweils? Und welche frohe Zuversicht können wir daraus schöpfen, daß in unserem Vers von dem »Reichtum« der Gnade Gottes gesprochen ist?

2. Durchführung

Thema: *Das errettende Gnadenwerk Gottes*

a)   Die Erlösung (V. 7a)

Jesus erlöst uns von der Macht der Sünde, des Gesetzes und des Todes. Was heißt das jeweils? Gilt für Menschen, die von der Macht der Sünde erlöst sind, noch immer, daß sie nicht anders können als fortwährend zu sündigen? (vgl. Rö 6,12ff als Beispiel für den erlösten Menschen und Rö 7,5+7-24 als Beispiel für den unerlösten Menschen). In Rö 7,7-24 kann man auch gut se-

hen, was es heißt, wenn ein Mensch unter der anklagen-
den Macht des Gesetzes steht, ohne einen Ausweg zu
haben. Wie wirkt sich — jetzt und zukünftig — für uns
die Befreiung von der Macht des Todes aus? (vgl. Rö
6,23; 7,24-25; 8,23-24).
Die Erlösung geschieht durch das Blut Jesu. Diskutieren Sie folgende Zitate: »Ohne Blutvergießen geschieht
keine Vergebung« (so die Bibel in Hebr 9,22). — Gegensatz: Der moderne Mensch kann »die Lehre von der
stellvertretenden Genugtuung durch den Tod Christi
nicht verstehen. Wie kann meine Schuld durch den Tod
eines Schuldlosen (wenn man von einem solchen überhaupt reden darf) gesühnt werden? Welche primitiven
Begriffe von Schuld und Gerechtigkeit liegen solcher
Vorstellung zugrunde? Welch primitiver Gottesbegriff?
Soll die Anschauung vom sündentilgenden Tode Christi
aus der Opfervorstellung verstanden werden: welch pri-
mitive Mythologie, daß ein Mensch gewordenes Gott-
wesen durch sein Blut die Sünden der Menschen
sühnt!« (So der bibelkritische Theologe R. Bultmann
(1884-1976)).

b)   *Die Vergebung (V. 7b)*

Eingangsfrage: Was sind die zentralen Probleme, die
unser Leben als Menschen belasten können? (Alle Teilnehmer der Bibelarbeit können — nach Wichtigkeit geordnet — aufschreiben, was sie als Zentralprobleme
empfinden.) Auch Religionen beschäftigen sich mit der
Frage nach dem zentralen Problem. So ist für den Bud-
dhismus das Leiden das Hauptproblem — und der bud-
dhistische Glaube soll nun diesem Problem abhelfen.
Biblisch gesehen ist die Schuld vor Gott das menschliche Hauptproblem.
Nun wäre darüber zu reden, was mit diesem Problem
geschehen soll. Man kann vieles damit tun. Was, zum
Beispiel? (Beiträge sammeln!) Einige Gedanken: Man
kann Schuld leugnen, beschönigen, verdrängen, durch

anderes aufwiegen wollen, die Werte verändern, so daß
Schuld nicht mehr Schuld ist, usw. Von Gott wird heute
oft erwartet, daß er in Liebe die Schuld einfach übergeht. Nach der Bibel gibt es nur einen Weg: Vergebung!
Was ist dazu nötig? (vgl. Hebr 9,22; Sprüche 28,13; Apg
3,19).

Zugleich wird Gott auch wegen seines erleuchtenden Gnadenwerkes angebetet (Vv. 8-10). Die Erretteten bleiben nicht unwissend im Blick auf Gottes Liebesgedanken. Vielmehr öffnet
Gott ihnen die Augen für seinen Heilsplan. Allerdings kann die
Aussage in V. 8, daß Gott seine Gnade auf uns überfließen ließ
»in aller Weisheit und (allem) Verständnis«, unterschiedlich verstanden werden: 1.) Gott hat uns in *seiner* Weisheit und gemäß
seinem Verständnis seine Gnade so zufließen lassen, daß er uns
— V. 9 — das Geheimnis seines Willens bekanntmachte; oder
aber: 2.) Mit »Weisheit« und »Verständnis« sind bereits Gottes
Gnadengeschenke *an uns* bezeichnet, die in Vv. 9 u. 10 dann mit
Inhalt gefüllt werden. Vermutlich ist hier das zweite gemeint. Es
geht um jenen »Geist der Weisheit und Offenbarung«, den Paulus in V. 17 für seine Leser erbittet. Diese »Weisheit« und dieses
»Verständnis« sind nicht menschliche Klugheit, nicht das Produkt eines scharf kombinierenden Gehirns, sondern Gnadengabe. Wir können diese Weisheit und dieses Verständnis nur
von Gott her erlangen, *»indem er uns das Geheimnis seines Willens bekannt machte«* (V. 9). Ist diese hier als *»Geheimnis«* bezeichnete und uns von Gott geschenkte Offenbarungsweisheit
ein Geheimwissen? An religiösem Geheimwissen bestand damals ein großes Interesse, sowohl im Judentum (Apokalyptik,
Qumran) als auch in den hellenistischen Mysterienreligionen
und der späteren Gnosis. In diesen Kreisen pflegte man jeweils
religiöse Geheimnisse (Mysterien) für einen kleinen Kreis von
Eingeweihten. Nicht so aber in der Bibel. Paulus benutzt den
Begriff ›Mysterion‹ ganz zentral, um allen deutlich zu machen:
Wenn jemand das wahre Geheimnis kennenlernen will, muß er
sich dem Evangelium zuwenden. Gott hat den Aposteln seinen
Heilsplan geoffenbart, der von Ewigkeit her verborgen war. Und

dieser wird von ihnen nun öffentlich proklamiert (1Kor 2, 7-13; Rö 16,25f; Eph 3,2-10; 6,19; Kol 1,26f; 2,2; 4,3). Allgemein gesprochen geht es dabei um das Evangelium von Jesus Christus (Rö 16,25; Eph 3,4; 6,19; Kol 2,2; 4,3). Noch genauer gesagt geht es um die frohe Botschaft, daß er, der Messias Israels, zugleich in Heiden Wohnung nimmt (Kol 1,26 u.27) und aus erretteten Juden und erretteten Heiden eine neue Heilskörperschaft, die Gemeinde, bildet (Eph 3,3-9; vgl. Eph 2), deren Haupt er ebenso ist wie er zum Haupt über den ganzen Kosmos, die sichtbare und unsichtbare Welt, eingesetzt ist (Eph 1,22 u.23; vgl. 1,10). Dieser Heilsplan Gottes wird aber gerade nicht im Kreis der Eingeweihten geheimgehalten, sondern durch die Verkündigung der Apostel allen Völkern und durch die so entstehende Gemeinde selbst der unsichtbaren Welt bekannt gemacht (Rö 16,26; Eph 3,8-10). Es geht also um ein öffentlich proklamiertes Geheimnis! Allerdings wird dieses Geheimnis nicht von allen als wahr und gültig erkannt; der natürliche Mensch nimmt es nicht an. Nur der Glaubende, dem es durch den Geist Gottes erschlossen ist (1Kor 2,13 u.14), erkennt es. Und so sind es, wie unser Text deutlich macht, eben die Erretteten, denen sich dieses Geheimnis aufgrund der Gnade als Weisheit erschließt. Sie allein verstehen als so Beschenkte den Plan Gottes. Was dabei ganz deutlich wird, ist dies: Es ist nicht der Mensch, der in neugieriger Erkenntnisbemühung zum Geheimnis Gottes vorstößt, vielmehr ist es Gott, der *»gemäß seinem (freien) Entschluß, den er in ihm (Christus) zuvor faßte«*, dieses Geheimnis den Glaubenden erschließt.

In V.10 wird uns nun der Inhalt des Geheimnisses Gottes in seiner äußersten Dimension vor Augen gestellt. Es geht um *»den Heilsplan der Fülle der Zeiten«*. Dies ist wieder ein nicht ganz leichter, aber für ein heilsgeschichtliches Verständnis der Bibel sehr wesentlicher Ausdruck. Das Wort, das wir hier mit *»Heilsplan«* (griech. oikonomia) übersetzen, hat im Lauf der Kirchengeschichte bei heilsgeschichtlich denkenden Theologen eine große Rolle gespielt. Wörtlich bedeutet es »Hausverwaltung« (vgl. Lk 16,2ff); es kann auch im übertragenen Sinn gebraucht werden, wenn etwa davon die Rede ist, daß den Aposteln in bezug auf die Gemeinde als dem ›Haus Gottes‹ ein

»Verwalteramt« gegeben ist (1Kor 9,17). Gott selbst plant und
verwaltet die gesamte Heilsgeschichte. Dabei hat er sich für
einen bestimmten Zeitpunkt, nämlich »die Fülle der Zeiten«,
die Durchführung eines bestimmten Heilsplans vorgenommen.
Die ›oikonomia‹ umfaßt also einen konkreten Heilsplan Gottes
und seine Durchführung. Was aber ist die »*Fülle der Zeiten*«?
Wie schon Johann Albrecht Bengel (1687-1752) sah, handelt es
sich dabei um etwas anderes als in Gal 4,4 (»Als die Zeit erfüllt
war, sandte Gott seinen Sohn«). Geht es dort um Weihnachten,
geht es hier um die Vollendung. Um das zu begründen, müssen
wir uns zunächst der zweiten Hälfte von Eph 1,10 zuwenden,
bevor wir dann noch präziser beantworten können, was mit der
»Fülle der Zeiten« gemeint ist.

Für jene Fülle der Zeiten hat Gott vorgesehen, »*alles in Christus zusammenzufassen, das in den Himmeln und das auf der
Erde*«. Das Wort »zusammenfassen«, das im Griechischen nur
hier im Neuen Testament vorkommt, bedeutet wörtlich: »alles
wieder unter ein Haupt bringen«. Ganz am Anfang war ja alles
unter einem Haupt: Da war Gott — und seine gute Schöpfung
unterstand ganz und gar seiner Herrschaft. Die Sünde hat das
verändert. Nicht nur der Satan und seine Mächte wurden zu re-
bellierenden Geschöpfen (vgl. Mt 13,39; Lk 10,18f), sondern
auch der sündige Mensch wurde zum Feind Gottes (Rö 5,10).
Dies hat Gott vorausgesehen und hat deshalb, wie V.9b deutlich
macht, »zuvor« (d.h. vor Erschaffung der Welt) »in Christus«
(d.h. ermöglicht durch sein künftiges Erlösungswerk) den »Entschluß« gefaßt, alles wieder unter ein Haupt, nämlich unter die
Herrschaft Christi, zu bringen. In Vv.21+22 wird deutlicher, wie
das gemeint ist: Der gekreuzigte und auferstandene Herr ist
über alle Mächte und Gewalten erhöht, alles ist ihm unter die
Füße getan, und er ist zum Haupt seiner Gemeinde eingesetzt.
Die Schöpfung der sichtbaren und unsichtbaren Welt, die durch
die Sünde von Gott getrennt ist und von ihm wegstrebt, kommt
in Christus wieder unter ein Haupt: die einen unterworfen unter seine Füße, die anderen als erlöste Glieder seines Leibes.
(Ganz ähnlich ist übrigens der Gedankengang in Kol 1 und 2:
Durch sein Sterben am Kreuz versöhnt Christus alles im Himmel und auf Erden, Kol 1,20. Wie? Das wird in Kol 2,10-15 nä-

her erklärt: indem er den einen Anteil an der Fülle Gottes gibt auf dem Weg der Erlösung und Sündenvergebung – und indem er die widerstrebenden Mächte unterwirft und über sie triumphiert.) Daß auch die Mächte Christus unterworfen sind, war für die ersten Leser des Eph in der Provinz Asia eine ganz wichtige und tröstliche Aussage, denn im religiösen Klima von Ephesus und seiner Umgebung spielten Magie und Glauben an die kosmischen Mächte eine große Rolle (z.B. im dortigen Artemis-Kult; vgl. auch Apg 19,19).

Kommen wir zu der Frage zurück, was nun konkret mit der *»Fülle der Zeiten«* gemeint ist. Wann wird dieser Zeitpunkt sein? Die Antwort ist nicht einfach. Einerseits gilt: Die »Fülle der Zeiten« bricht dann an, wenn die Zeit zu ihrem Ziel, zur Vollendung gekommen ist. Das aber trifft nicht auf das gegenwärtige, von der Sünde bestimmte Zeitalter zu, sondern auf das künftige Zeitalter der Neuschöpfung Gottes. Dann wird der Kosmos ganz und sichtbar Christus unterworfen sein (vgl. 1Kor 15,23 – 28). Andererseits muß zugleich aber auch folgendes gesagt werden: In Jesu Kreuz und Auferstehung ragt nach neutestamentlicher Sicht das künftige Zeitalter schon in das gegenwärtige Zeitalter hinein. Von daher ist es auch nicht verwunderlich, daß in Vv. 19-22 ausgesagt wird, daß Christus bereits in seiner Auferstehung und Inthronisation zur Rechten Gottes zum Herrn über die Mächte und Haupt der Gemeinde eingesetzt ist. Seit Jesu Sieg am Kreuz, seit dem Triumph seiner Auferstehung ist das Ziel der Heilsgeschichte bereits ein für allemal entschieden: Jesus ist der Herr! Aber das, was grundsätzlich in Jesus bereits wahr ist, muß tatsächlich noch in der künftigen Vollendung sichtbare Wirklichkeit werden. Oder um es noch anders zu sagen: Die Fülle der Zeiten ist in Christus schon vorweggegeben; in ihm ist bereits »jetzt die angenehme Zeit«, »jetzt ist der Tag des Heils«, (2Kor 6,2). Zugleich aber warten wir noch auf den sichtbaren Anbruch der Fülle der Zeiten, wenn der Sieg unseres Herrn sich im ganzen Kosmos sichtbar durchgesetzt haben wird. Als Christen wissen wir bereits um das »Es ist vollbracht!«; und wir kennen daher auch durch Gottes Gnade das Geheimnis der Zukunft: Alles kommt — erlöst oder unterworfen — unter ein Haupt: Christus!

Vorschlag zur Bibelarbeit über Epheser 1,8-10

1. Einleitung

In 1Kor 8,1 steht: »Das Wissen bläht auf, die Liebe aber baut
auf!« Ist deshalb für uns Christen geistliches Wissen neben-
sächlich? Manchmal wird Erkenntnis unter Christen gering
geachtet. (»Erkenntnisfragen bringen nur Streit — Hauptsache, das Leben stimmt!«) Wie sieht das die Bibel (vgl. z.B.
Kol 1,9ff)?

2. Durchführung

Thema: *Das erleuchtende Gnadenwerk Gottes*

a)   Weisheit und Verständnis sind Gnadengaben Gottes (V. 8)

Für Paulus ist es Grund zum Lob Gottes, daß er uns
Einblick in seinen verborgenen Heilsplan gegeben hat.
Vgl. auch V. 16ff, wo es ihm ein Gebetsanliegen ist, für
seine Leser noch mehr Erkenntnis zu erbitten. Welche
Rolle spielt in unserem Gebetsleben das Thema »Erkenntnis«? Ist der Glaube für uns nur eine Gefühlssa-
che, oder liegt uns daran, immer tiefer zu erkennen, was
uns in Christus geschenkt ist und was nach der biblischen Offenbarung die Pläne Gottes sind? »In Christus
liegen verborgen alle Schätze der Weisheit und der Erkenntnis!« (Kol 2,3).

*b)   Gottes geheimer Heilsplan ist uns bekanntgemacht
     (V. 9-10)*

Wenn wir überhaupt nichts von den Prophezeiungen
der Bibel wüßten, wie sähe dann unsere Prognose für
die weitere Entwicklung der Welt aus? Nun hat Gott

aber seinen Heilsplan geoffenbart. Es ist die Hauptab-
sicht dieses Bibeltextes, daß wir diese biblische Zu-
kunftsperspektive genau erkennen und darüber zum
Lobpreis Gottes kommen. Deshalb sollen wir uns genau mit der Erklärung dieser Verse befassen! Evtl. kann
anhand obiger Auslegung auch die Frage diskutiert werden, ob diese Verse – wie manche, wohl fälschlich, meinen – eine Allversöhnung im Sinne einer Rettung aller
lehren. Bedacht werden könnte auch, was diese Verse
für unsere Evangelisationstätigkeit bedeuten: Wenn wir
wissen, daß am Ende keiner an Christus vorbeikommt,
weil es nur die Wahl gibt, unter seine Füße unterworfen
zu sein oder zur Schar der Erlösten zu gehören, welche
Konsequenz hat das für unser christliches Zeugnis
gegenüber Nichtchristen? – Als Ziel sollte die Bibelarbeit in das Lob Gottes einmünden; denn wir dürfen
nicht vergessen, diese Verse sind Teil eines Lobpsalms,
den der Apostel anstimmt!

In den Vv. 11-14 geht der Blick von der universalen Herrschaft
Christi wieder zurück auf seine Heilsgaben für die Erlösten.
Gott wird nun gepriesen wegen der himmlischen Berufung, zu
der er gerettete Juden und gerettete Heiden vorherbestimmt hat
und auf die hin er sie bewahren wird:

**(11) In ihm wurde uns auch das Los zuteil, die wir vorherbe-
stimmt waren nach dem Vorsatz dessen, der alles bewirkt nach
dem Wollen seines Willens,**
**(12) daß wir zum Lob seiner Herrlichkeit dasein sollten, die wir
zuvor auf den Messias hofften.**
**(13) In ihm seid auch ihr, als ihr das Wort der Wahrheit hörtet,
die frohe Botschaft von eurer Rettung –, in ihm seid auch ihr, als
ihr zum Glauben kamt, versiegelt worden mit dem Heiligen Geist
der Verheißung,**
**(14) der das Angeld unseres Erbes ist bis zur Erlösung des Ei-
gentums, zum Lob seiner Herrlichkeit.**

Zunächst, Vv. 11-12, spricht Paulus über die Bestimmung der
Judenchristen. Das wird deutlich, wenn wir die feinen Unter-
scheidungen beachten, die der Apostel hier trifft. Zunächst un-
terscheidet er zwischen »uns ...« (V. 11), »die wir zuvor auf den
Messias hofften«, und »euch« (V. 13). Israel war das Volk, das seit
Jahrhunderten auf den Messias wartete — lange, bevor es unter
Heiden die Messiashoffnung gab. Viele Verheißungen des Alten Testaments haben diese Hoffnung begründet und genährt
(u.a. 1Mo 3,15; 49,10; 4Mo 24,17; 5Mo 18,15; 2Sam 7,12-14a;
Ps 2,2.6f; 110; Jes 7,14; 9,5f; 11,1ff; 42,1ff; Mi 5,1; vgl. Lk 2,25).
Im Frühjudentum blieb die Messiashoffnung lebendig; in
Qumran wartete man (fälschlich) sogar auf zwei Messiasse:
einen aus dem priesterlichen Haus Aarons, einen aus dem königlichen Haus Davids. Wenn Paulus nun von »uns ..., die wir
zuvor auf den Messias hofften«, spricht, meint er Juden — allerdings in diesem Zusammenhang nicht pauschal Angehörige des
jüdischen Volkes allgemein, sondern solche, die »in ihm«, d.h. in
Lebensgemeinschaft mit Jesus, ihre Bestimmung gefunden haben. Viele im jüdischen Volk lehnten Jesus als Messias ab. Das
mußte Paulus in seinem Missionsdienst oftmals bitter erfahren.
Aber es gab auch andere: Juden, wie Paulus selbst, die Menschen »in Christus« geworden waren. Speziell diese Judenchristen dürfte Paulus auch im Blick haben, wenn er sich hier mit
denen zusammenschließt, »die wir vorherbestimmt waren nach
dem Vorsatz dessen, der alles bewirkt nach dem Wollen seines Willens« (V. 11b). Gewiß, so könnte er auch über das erwählte Volk
Israel als Ganzes sprechen. Und doch ist wahrscheinlicher, daß
er hier insbesondere die Judenchristen meint: Er greift nämlich
zum Schluß des Lobpsalms nochmals ein Thema auf, das bereits zu Beginn (Vv. 4-5) anklang — und dort ging es eindeutig
um Menschen, die in Jesus erwählt und durch ihn zur Sohnschaft vorherbestimmt waren. (Zu beachten ist auch die Paral-
lele zum Römerbrief: In Rö 9-11 klagt Paulus zunächst über die
Vielen aus dem Volk Israel, die nicht an Jesus als Messias glauben, spricht dann aber von einem erwählten judenchristlichen
Rest, der jetzt schon, zusammen mit den Heidenchristen, an
den Messias glaubt und Israel zum Glauben reizen soll — mit
der Perspektive, daß am Ende ganz Israel seinen Messias er-

kennt.) Worum es bei dem schwierigen Thema der Vorherbestimmung geht, ist im Zusammenhang von Vv. 4-5 erklärt worden (s. dort). Hier sei nur darauf hingewiesen, daß Paulus sich
und die messiasgläubigen Judenchristen als »Überrest nach
Auswahl der Gnade« (Rö 11,5) aus ganz Israel versteht.

Was ist die Bestimmung dieses erwählten (judenchristlichen)
Überrests? Antwort: *»In ihm«*, d.h. durch Jesus bzw. in Lebensgemeinschaft mit ihm, *»wurde uns auch das Los zuteil ..., daß
wir zum Lob seiner Herrlichkeit dasein sollten«*. Daß Paulus hier
von dem »Los« bzw. der »Zuteilung des Erbes durch Los«
spricht, erinnert an das alttestamentliche Gottesvolk: Jeder der
Stämme Israels erhielt durch Los sein Erbe, nämlich einen Teil
des verheißenen Landes (4Mo 34,13f; Jos 14,2f); nur der
Stamm Levi erhielt als Erbe kein Land: Gott selbst sollte sein
Erbteil sein (4Mo 18,20-24; 5Mo 10,8f; Jos 13,14.33). Aufgabe
der Leviten war es u.a., »Morgen für Morgen anzutreten, um
den Herrn zu preisen und zu loben, und ebenso am Abend«
(1Chron 23,30). Ganz entsprechend sieht der Apostel die Bestimmung des (judenchristlichen) Überrests aus Israel. Dessen
Los ist nicht ein Fleckchen Erde im Heiligen Land. Sein Los ist
es vielmehr, beständig die »Herrlichkeit« Gottes loben, d.h.:
Gott zu loben für alles, was er ist – denn »Herrlichkeit« bezeichnet die Summe aller Eigenschaften Gottes, die ganze
Wucht seines Gottseins. Der judenchristliche Überrest Israels
hat damit als eine Schar berufener Lobsänger eine priesterliche
Aufgabe.

Aber sie stehen mit dieser Berufung nicht allein. Was später in
Eph 2,14-22 ausgeführt werden wird, klingt hier schon an: daß
Gott nämlich für gerettete Juden und gerettete Heiden eine gemeinsame Bestimmung im geistlichen Heiligtum des Neuen
Bundes hat. Und so wendet sich Paulus nun den Heiden zu: *»In
ihm seid auch ihr ... versiegelt worden mit dem Heiligen Geist der
Verheißung ... zum Lob seiner Herrlichkeit«* (Vv. 13-14). Die Unterscheidung zwischen »uns« (= Juden / Judenchristen) und
»euch« (= Heiden / Heidenchristen) findet sich im Epheserbrief wiederholt, besonders in Kapitel 2 (»Euch«, »Ihr«: 2,1ff.-
11-13 / »Uns«, »Wir«: 2,3.5ff). Diese Unterscheidung wird aber
nicht getroffen, um beide zu trennen, sondern um deutlich zu

machen: »Wir«, die wir aus den Juden kommen, und »ihr«, die
ihr aus den Heiden stammt, haben — mit all dem, was uns unterschied und trennte — nun in Christus als Glieder der neutestamentlichen Gemeinde eine gemeinsame Bestimmung. Entsprechend haben nach V. 14 die Heidenchristen das gleiche
»Los« wie ihre judenchristlichen Brüder: zum Lobpreis Gottes
dazusein (vgl. V. 12).

Zu dieser Bestimmung kamen sie aber erst zum Zeitpunkt
des Heilsempfangs, der hier als »Versiegelung mit dem Heiligen
Geist« beschrieben wird (*ihr wurdet versiegelt mit dem Heiligen
Geist der Verheißung*«, V. 13). Zunächst: Wann findet diese »Versiegelung mit dem Heiligen Geist« statt? Die Antwort erfolgt in
doppelter Weise: *»als ihr das Wort der Wahrheit hörtet, die frohe
Botschaft von eurer Rettung*«, und: *»als ihr zum Glauben kamt«*.
Deutlich wird auch hier das Prinzip, daß der Glaube aus dem
Hören des Evangeliums kommt (Rö 10,17). Ihnen, den hoff-
nungslos verlorenen Heiden (2,1ff.12), wurde die frohe Botschaft verkündet, auch für sie sei Rettung da. Wie diese Rettung
im einzelnen geschieht, klang schon in Vv. 4-7 an und wird in
2,1-13 noch ausführlicher erklärt. Bemerkenswert die Bezeichnung der ihnen verkündeten Rettungsbotschaft als *»Wort der
Wahrheit«*. Die Christen in Kleinasien, an die der Brief geht,
sind ja gefährdet durch jene Irrlehre, die Paulus im Kolosserbrief bekämpft. Auch dort, in Kol 1,5, hatte Paulus das Evangelium das »Wort der Wahrheit« genannt, um zu sagen: ›Die Botschaft, die ihr gehört habt, als ihr zum Glauben kamt, ist die
Wahrheit. Bleibt dabei! Hört nicht auf die neuen Lehren der Irrlehrer!‹ Diese allein wahre Rettungsbotschaft hatten jene Heiden aber nicht nur gehört, sondern sie hatten jener Botschaft
vertraut; sie hatten sich darauf verlassen, daß ihnen diese im
Evangelium zugesagte Rettung persönlich gilt. Das ist mit »zum
Glauben kommen« gemeint. Dabei handelt es sich eben nicht
um menschliche Leistung, sondern um ein Geschenk Gottes,
wie später in 2,8 klar gemacht wird. Und als dies geschah, als es
vom Hören zum Glauben kam, wurden sie *»versiegelt mit dem
Heiligen Geist der Verheißung«*. In vielen katholischen und evangelischen Kommentaren zum Epheserbrief wird an dieser
Stelle die »Versiegelung« mit der Taufe in Verbindung gebracht.

Die Taufe sei jenes ›Siegel‹, von dem Paulus schreibt. In der Taufe geschehe der Geistempfang. Durch die Taufe werde man folglich Christ. Diese sakramentalistische Vorstellung wird dann auch auf die Taufe von Säuglingen bezogen. Gegenüber dieser Sakramentaldeutung ist festzuhalten: Die Bezeichnung der Taufe als »Siegel« findet sich erst in nachneutestamentlicher Zeit (im 2.Clemensbrief 7,6; 8,6); und selbst, wenn dies nicht so wäre, sagt Paulus hier ja nicht: »Bei (oder gar: durch) eure ›Versiegelung‹ (Taufe?) empfingt ihr den Heiligen Geist«, sondern: »... als ihr zum Glauben kamt, wurdet ihr durch den Heiligen Geist versiegelt«! Paulus verbindet die »Versiegelung mit dem Heiligen Geist« nicht mit einem Sakramentalakt, sondern mit dem Hören des Evangeliums und dem persönlichen Glauben an das Evangelium. Wird dieser Zusammenhang verändert, hat man ein ›anderes Evangelium‹, nicht mehr das des Neuen Testaments.

Der durch den Glauben Gerettete wird auf ein festes Fundament der Hoffnung gestellt. Indem Gott ihn mit seinem Geist beschenkt, gibt er ihm die göttliche Garantie des ewigen Heils. Darauf deutet schon die Bezeichnung des Heiligen Geistes als *»Geist der Verheißung«.* Soll damit der Geist als der schon im Alten Testament verheißene gekennzeichnet werden? Wahrscheinlicher ist vom Zusammenhang her gemeint, daß dem Glaubenden mit dem Geistempfang große, in die Zukunft weisende Verheißungen geschenkt sind. Er wird mit dem Heiligen Geist *»versiegelt«,* d.h. der Geist macht ihn zu Gottes Eigentum und stellt ihn unter Gottes Schutz und Bewahrung bis zum ewigen Ziel (vgl. 4,30). Zugleich ist der Geist für ihn *»das Angeld unseres Erbes... bis zur Erlösung des Eigentums«* (V.14). Als »Angeld« ist der Geist bereits ein Stück Vorweggabe der Vollendung (vgl. 2Kor 1,22; 5,5). Mit ihm tritt der Ewige in das vergängliche Menschenleben. Damit hat für den Christen die Zukunft bereits begonnen. Zugleich aber steht die zukünftige Vollendung noch aus: »bis zur Erlösung des Eigentums«, d.h. bis zur Erlösung von diesem vergänglichen Leben in einem sterblichen Leib (Rö 8,23), ist auch dem Menschen, der versiegeltes Eigentum Gottes geworden ist, nur das »Angeld« gegeben. So steht er in der Spannung: er ist schon erlöst vom Fluch der Sünde, des

Gesetzes und des Todes (V.7) — und wartet zugleich auf die künftige Erlösung. Aber auch in dieser Spannung kann er schon als einer, der errettet ist, der Gottes unantastbares Eigentum ist und der den Heiligen Geist als feste Verheißung und Angeld der künftigen Vollendung erhalten hat, zusammen mit seinen Brüdern aus dem judenchristlichen Rest Israels das Lob Gottes anstimmen und Gott für all das, was er ist, preisen.

Vorschlag zur Bibelarbeit über Epheser 1,11-14

---

1. Einleitung

»... Gott loben, das ist unser Amt«, so heißt es in einem Lied. Mit zwei Fragen nähern wir uns dem Thema: 1.) Was heißt eigentlich »loben«? Das zeigt sich, wenn wir darüber nachdenken, was es z.B. bedeutet, sein Kind zu loben: Man anerkennt — und bringt das auch zum Ausdruck —, was das Kind ist, kann oder tut. Dieser Vergleich mag helfen Zugang zu gewinnen zu dem, worum es im Gotteslob geht. 2.) Welche Rolle spielt in unserem persönlichen Gebetsleben / in den Gebetsgemeinschaften unseres Hauskreises / im Gottesdienst unserer Gemeinde das Lob Gottes?

2. Durchführung

Thema: *Zum Lobsänger bestimmt*

Unser Text macht deutlich, was das Ziel Gottes bei der Errettung seiner ganzen Gemeinde ist, daß nämlich die Erretteten — gleich, aus welchem Hintergrund sie kommen — Lobsänger Gottes werden.

a) *Judenchristen sollen Lobsänger sein (Vv. 11-12)*

Der Epheserbrief unterscheidet zwischen Juden und Heiden und zeigt zugleich, was Judenchristen und Heidenchristen untrennbar verbindet. Zunächst könnte man anhand des Textes klären, warum die Vv. 11-12 tatsächlich von Judenchristen sprechen. (»Wir ..., die wir zuvor auf den Messias hofften«; s.o. die Texterklärung). Es könnte wichtig sein darauf hinzuweisen, daß die ersten Christen — wie auch Paulus — Juden waren (s. die ersten Kapitel der Apg). Auch heute gibt es christusgläubige (messianische) Juden, die unsere Brüder sind. Angebracht wäre dann ein kurzer Rückblick in das Alte Testament: In Israel war das Lob Gottes zu Hause. Die Priester und Leviten waren zum Loben Gottes bestimmt (1Chron 23,30; 2Chron 5,11ff); in den Tempelgottesdiensten wurde Gott gelobt (1Chron 25,1-3; Ps 29,9); in den Psalmen findet sich das Lob Gottes, in das alle mit einstimmen sollen (Ps 100,4; 150,6).

In der frühen judenchristlichen Gemeinde war das Lob Gottes zu Hause (Apg 2,46f). Unser Text macht deutlich (s.o.), daß Gott sich in Israel diesen gläubigen Überrrest erwählt hat, um (wie die Leviten im Alten Bund) Gott zu loben.

b) *Heidenchristen sollen Lobsänger sein (Vv. 13-14)*

Zunächst machen diese Verse klar, was einen »Heiden« zum »Christen« macht: 1.) Er hört das Wort der Wahrheit, das Evangelium; 2.) er glaubt an das Evangelium; 3.) im Glauben empfängt er den Heiligen Geist. — Noch bezeichnet sich der größte Teil der Menschen in unserem Land als ›Christen‹. Begründen sie ihr ›Christsein‹ so, wie es in unserem Text steht? Gibt es die Gefahr des ›Schein-Christentums‹ — Menschen, die ihr Christsein traditionell auf den Erwerb von Taufschein, Konfirmationsschein, Trauschein (und schließlich Beerdigungsschein) stützen? Wie zeigt sich das Christentum heute im (ehemals) christlichen Abendland? Umgekehrt: Wie müßte sich Christsein — biblisch gesehen — äußern? Zentrale Lebensäußerung lebendigen Christseins ist die göttliche Bestimmung für Christen, zum Lob Gottes dazusein. Gott ist für die Verwirklichung seines Heilsplanes zu loben (vgl. rückblickend den ganzen Lobpsalm, Vv. 3-14). Inmitten von Schwierigkeiten kann Gott gelobt werden (vgl. Paulus und Silas im Gefängnis, Apg 16,25). In der Ewigkeit wird Gott einmal ohne Ende gelobt (vgl. Offb 4,8ff; 5,13; 7,9-12). Eine Bibelarbeit über diesen Abschnitt des Epheserbriefes kann nicht anders, als zum Lob Gottes aufzurufen und zu motivieren!

2) Dank für Glaube und Liebe sowie Bitte um vertiefte Gotteserkenntnis der Gemeinde (1,15 – 23)

In dem vorliegenden Abschnitt finden sich Dank und Fürbitte in der für Paulus typischen Form des einleitenden Gebetsberichts. Paulus formuliert bzw. zitiert also nicht direkt ein Gebet, sondern er berichtet über sein Danken und Bitten. Das Thema dieses Abschnittes könnte man so formulieren: Das vom Dank getragene Gebet des Apostels zielt auf eine tiefere Erkenntnis des umfassenden Heilswerkes Gottes in Christus.

Wir wenden uns zunächst den Vv. 15-19 zu:

(15) Deshalb, nachdem ich von eurem Glauben im Herrn Jesus und der Liebe zu allen Heiligen gehört habe,
(16) höre ich auch nicht auf für euch zu danken, wobei ich (zugleich) an euch denke in meinen Gebeten,
(17) daß euch der Gott unseres Herrn Jesus Christus, der Vater der Herrlichkeit, den Geist der Weisheit und Offenbarung gebe zu genauer Erkenntnis seiner selbst,
(18) nachdem die Augen eures Herzens erleuchtet worden sind, so daß ihr wißt, was die Hoffnung seiner Berufung ist, was der Reichtum der Herrlichkeit seines Erbteils unter den Heiligen ist

(19) und was das Übermaß an Größe seiner Kraft für euch, die Glaubenden, ist gemäß der Wirkkraft der Macht seiner Stärke.

Nachdem der in Paulusbriefen eingangs übliche Dank in Vv. 3 - 14 zu einem Lobpsalm auf das Handeln Gottes geraten war, kommt es nun in Vv. 15 - 16a zu einem nur kurzen Dank des Apostels für seine Leser. Das »Deshalb« verbindet dabei den Lobpsalm und den Dank: Gerade weil Gott solch eine Fülle von Segnungen von Ewigkeit her für seine Kinder geplant und sie damit beschenkt hat, ist Paulus so besonders dankbar, wenn er nun am Glauben und der Liebe seiner Leser erkennt, daß sie als Christen leben und damit Menschen sind, denen all jene Segnungen gelten. Überblickt man in den Paulusbriefen alle Äußerungen des Apostels zum Gebet, überwiegen bei ihm Danken und Loben — obwohl auch Bitte und Fürbitte ihren wichtigen Platz haben. Wenn im vorliegenden Fall der Dank vergleichsweise kurz ausfällt, erklärt sich das auf dem Hintergrund des vorangehenden ausführlichen Lobpreises.

Zwei Dinge hat Paulus von den Empfängern seines Briefes gehört: 1.) Sie haben »*Glauben im Herrn Jesus*«. Ähnlich wie in Kol 1,4 ist hier nicht vom Glauben »an den Herrn Jesus«, sondern vom Glauben »im Herrn Jesus« die Rede. Damit liegt der Akzent nicht auf Jesus als dem Ziel, sondern auf Jesus als der Basis des Glaubens. In der Lebensgemeinschaft mit Jesus als dem Herrn gedeiht jenes Vertrauen, das Gott in seinen Zusagen immer wieder beim Wort nimmt und seine verheißenen Heilsgaben annimmt. Der Glaube wurzelt in Jesus und verbindet mit ihm. 2.) Zugleich zeigt sich bei den Gläubigen die »*Liebe zu allen Heiligen*«. Lebendiges Christsein äußert sich immer in doppelter Weise: in der Glaubensverbindung ›nach oben‹ zum Herrn — und in der Liebesbeziehung ›nach rechts und links‹ zu den Glaubensgeschwistern. Die »Liebe« (Agape), von der hier die Rede ist, meint jene selbstlose Zuwendung, die auf den anderen nicht erst zugeht, wenn er liebenswürdig erscheint, sondern bedingungslos und auf Vorschuß liebt. Dieses Wort Agape wurde außerhalb der Bibel kaum für ›Liebe‹ verwendet; in der Bibel, vor allem in den neutestamentlichen Briefen, wurde dieser unverbrauchte Begriff dagegen zum zentralen Wort für

Liebe. Es geht dabei nicht um jenes menschenmögliche Lieben des Liebenswerten, sondern um die gebende Liebe, die letztlich sogar den Feind liebt (vgl. Mt 5,43-47). Damit ist auch klar, daß diese Liebe nicht nur solchen Heiligen (vgl. V.1) gelten kann, die besonders sympathisch erscheinen, sondern daß sie »alle Heiligen« umfassen muß. Allerdings haben auch Christen diese Liebe nicht selbstverständlich und ein für allemal gepachtet, weshalb Paulus die gleichen Leser, über deren Liebe er sich jetzt freut, in 5,1ff auffordert, bei dieser Liebe zu bleiben.

Gerade in spannungsreichen Zeiten ist es nicht selbstverständlich, daß Glaube und Liebe keinen Schaden nehmen. Seit längerem war Paulus, der gerade im Gefängnis ist (3,1; 6,20), nicht mehr bei seinen Lesern in der Provinz Asia und in Ephesus, wo gerade viel Anfechtung durch Irrlehrer herrscht (s. die Einleitung). Nun aber hat er — vielleicht durch Epaphras? (vgl. Kol 1,7f) — von ihrem nach wie vor lebendigen Glauben und ihrer Liebe »gehört«. Deshalb kann er schreiben: Seither »höre ich auch nicht auf für euch zu danken« (vgl. Kol 1,3f.9). Auf Nachrichten über das Ergehen seiner Gemeinden reagiert der Apostel nicht nur einmal mit einem Gebet, vielmehr bewegt ihn ihr Wohl und Wehe beständig in seinem Gebetsleben. Gerade weil es nicht selbstverständlich ist, daß Menschen in einer heilen Beziehung zu Gott und ihren Mitchristen leben, dankt er Gott unablässig dafür.

Vorschlag zur Bibelarbeit über Epheser 1,15-16a

1. Einleitung

Beobachten wir einmal unser eigenes Gebetsleben — oder auch die öffentlichen Gebete in unseren Gottesdiensten oder Gebetsgemeinschaften: Wieviel Raum nimmt da das Danken ein? Häufig zeigt sich eine gewisse Armut an Dank. Ist uns vieles zu selbstverständlich? Sind wir zu sehr auf das ausgerichtet, was wir noch wollen oder brauchen — und vergessen das, was wir von Gott her schon haben? Vielleicht fallen uns noch andere Gründe ein. Ein Blick in die Konkordanz unter dem Stichwort »Dank / danken« kann uns aber zeigen, daß Armut im Danken nicht biblisch ist. Vielmehr ruft die Bibel zu beständigem Danken auf.

2. Durchführung

Thema: *Danken ohne durchzuhängen*

Für die Bibelarbeit ist zu überlegen, ob man besser mit V. 15 oder V. 16a einsteigt. Man kann also mit a) oder b) beginnen:

a) *Warum danken?*

V. 15 gibt uns darauf die Antwort, und zwar in doppelter Weise. Zunächst gehen wir auf das einleitende »Deshalb« ein. Paulus lobt nicht nur Gott angesichts seines großen Heilsplans (Vv. 3 - 14), sondern er dankt für die reiche Beschenkung seiner Mitchristen: Sie sind erwählt und zur Gotteskindschaft bestimmt, sie sind erlöst und mit Erkenntnis des Heilswillens Gottes beschenkt, und auch sie gehören zur Schar der Lobsänger Gottes! Woher weiß er das? Weil er geistliche Lebenszeichen bei ihnen gehört hat. Welche Bilder fallen uns dazu ein? Stellen wir uns vor, man sucht nach einem Erdbeben unter einem Haus nach überlebenden Verschütteten. Plötzlich ein Lebenszeichen! Da ist die Freude und Dankbarkeit groß! Man weiß: Sie sind noch am Leben. Alles, was das Leben zu bieten hat, ist ihnen wie neu geschenkt! So ist das hier im Epheserbrief: Durch Irrlehrer war es in der Provinz Asia zu einem ›geistlichen Erdbeben‹ gekommen. Aber jetzt hat Paulus ein geistliches Lebenszeichen von den Christen dort erhalten. Hier könnte nun über »Glaube« und »Liebe« als grundlegende geistliche Lebenszeichen gesprochen werden: Wenn diese beiden fehlen, ist es so, als wären bei einem

Menschen Herz und Atmung ausgefallen. Sind die geistlichen Lebenszeichen aber da, gehört diesem Menschen alles, was Gott von Ewigkeit her an Gaben für ihn bereitet hat.

b)   *Wie danken?*

Zum einen: Paulus dankt unablässig. Und zum andern: Er dankt – nicht einfach für sich und das, was er von Gott bekommen hat, sondern dankt er für die geistlichen Lebenszeichen, die er bei andern entdeckt und für das, was Gott für seine Glaubensgeschwister bereit hat. An dieser doppelten Meßlatte sollten wir einmal unser eigenes Danken messen. Paulus ›hing nicht durch‹, was das Danken betraf. Haben Sie vielleicht selbst schon erlebt, wie Gott eine lange währende Bitte erhört hat – und dann wurde die Sache mit einem kurzen Dank abgehakt? Wie oft haben Sie Gott schon für Ihren Ehepartner gedankt? Wie oft für die Gesundheit ihrer Kinder oder die eigene Gesundheit? Wie oft für Ihre Gemeinde? – Und dann müßte der Horizont des Dankens weitergehen zu dem, was Gott an anderen tat und tut, nah oder fern. Hier wäre es gut, einmal Zettel und Schreibstift zu nehmen und zu notieren, für welche Dinge im Leben anderer Menschen Sie Gott danken könnten. Denn »Danken ohne durchzuhängen« ist wirklich ein lohnendes und außerordentlich wichtiges Thema für uns Christen.

Noch in V. 16 geht der Bericht über das Danken zur Fürbitte über: »wobei ich (zugleich) an euch denke in meinen Gebeten …« Auch wenn Lob und Dank betont voranstehen, gehören für den Apostel Dank und Bitte beim Beten doch zusammen. Wo nur noch gelobt und gedankt wird, droht die Gefahr schwärmerischer Unnüchternheit; wo nur die Bitte erklingt, wird vergessen, was Gott uns Gutes getan hat. Das ›An-Euch-Denken‹ (wörtlich: »Gedenken üben«) drückt aus, daß Paulus die Christen in Asia im Gebet nicht vergißt, sondern daß ihre Bedürfnisse ihm beim Beten vor Augen stehen und zu Bitten werden.

Ab V. 17 nennt Paulus nun die Anliegen, die ihn im Blick auf seine Leser bewegen. Ähnlich wie in Kol 1,9ff zielt seine Fürbitte auf vermehrte Erkenntnis für sie. Gerade in einer Situation, in der Irrlehren drohen, die den Christen eine ›höhere‹ — tatsächlich aber falsche — Erkenntnis anbieten (s.o. die Kurze Einleitung, Absatz (4) »Der Anlaß der Briefe«), ist dieses Gebetsanliegen vordringlich. Der rote Faden im Text läßt sich folgendermaßen nachzeichnen: Gott wird gebeten, den ›Ephesern‹ (die ja schon seit ihrer Bekehrung nicht mehr geistlich blind sind, V. 18a) durch seinen Geist vermehrte Gotteserkenntnis zu schenken, so daß sie dreierlei erkennen (Vv. 18b-19): 1) welche Hoffnung Gott ihnen gegeben hat; 2) welch ein herrliches Erbe er für sie bereit gelegt hat; und 3) wie groß seine Macht ist, die in den Glaubenden wirksam wird.

Wie übrigens fast immer in seinen Gebeten, betet der Apostel zu Gott dem Vater. Das Gebet zum Heiligen Geist gibt es in der Bibel nicht; das Gebet erfolgt aber »im Geist« (6, 18), d.h. ist befähigt durch den Geist. Und auch zu Jesus wird in der Regel nicht gebetet (vgl. aber 2Kor 12,8; Lk 24,52); vielmehr lehrt Jesus, in seinem Namen zum Vater zu beten (Joh 14,13). Entsprechend richtet Paulus seine Bitte an den »*Gott unseres Herrn Jesus Christus*«, den »*Vater der Herrlichkeit*« (V. 17a). Damit ist Gott in doppelter Weise bezeichnet: a) Er ist der Gott, der sich in Jesus offenbart hat, zu dem Jesus sich selbst bis zu seinem Tod bekannt hat und zu dem er seine Jünger beten lehrte; und b) er ist als der himmlische Vater Träger und Urheber aller Herrlichkeit. Das Wort ›Herrlichkeit‹ bezeichnet dabei die ganze Wucht und den Glanz des Gottseins Gottes. Will man alle Eigenschaften Gottes — seine Heiligkeit und Liebe, seine Macht und Größe usw. — in einem Wort zusammenfassen, kann man dies am besten mit dem Wort ›Herrlichkeit‹ tun. So wundert es nicht, wenn Gott gerade in seiner Herrlichkeit von seinen Kindern gepriesen wird (Vv. 6. 12. 14).

Diesen herrlichen Gott, so betet Paulus, sollen die Gläubigen immer besser erkennen. Die Frage ist nur: wie? Antwort: Gotteserkenntnis ist eine Gabe Gottes. Er muß darum gebeten wer-

den. Er muß dazu »*den Geist der Weisheit und Offenbarung*« geben, d.h. den Heiligen Geist, der die Glaubenden erkennen läßt,
was Gott für ihr Leben bedeutet (d.i. ›Weisheit‹ als praxisbezo-
gene Erkenntnis), und ihnen zeigt, wie Gott wirklich ist (d.i. ›Offenbarung‹ als Erschließung dessen, was vorher verborgen war).
Geistgewirkte Weisheit und Offenbarung führen »*zu genauer
Erkenntnis seiner selbst*« (wörtlicher: bestehen ›in genauer Erkenntnis …‹). Frage: Wie geht das zu? Schenkt der Heilige
Geist jedem seine eigenen Gottesvisionen? Das ist offenbar
nicht gemeint, denn ab V. 18b schreibt der Apostel den Gläubigen ja ausdrücklich, was sie von Gott wissen sollen. Der ›Geist
der Weisheit und Offenbarung‹ ist also nötig, damit die Gläubigen das verstehen und annehmen, was ihnen der Apostel aufgrund von Offenbarung (vgl. 3,2-5) verkündigt und schreibt.

Es geht also um nichts weniger als um die »*genaue Erkenntnis
seiner selbst*«, d.h. die Erkenntnis Gottes! Die Christen in der
Provinz Asia hörten damals ganz andere Angebote. Irrlehrer,
die sich viel mit überirdischen Mächten und Gewalten beschäf-
tigten, erklärten die Verehrung von Engeln als Ausdruck besonderer Demut. Sie verhießen dem, der sich ihrer Lehre anschloß,
Engel schauen zu können (Kol 2,18). Demgegenüber liegt Paulus daran, daß sich die Gläubigen um Ephesus gleich an die richtige Adresse wenden. Ziel des Christen muß nichts anderes als
die Erkenntnis Gottes selbst sein! Und zwar die ›genaue Erkenntnis‹ Gottes: Paulus gebraucht hier nicht das gewöhnliche
Wort für Erkenntnis (griech.: Gnosis), sondern ein stärkeres
Wort (griech.: Epignosis). Wenn der Apostel um dieses Geschenk
genauer Gotteserkenntnis für seine Leser bittet, geht es ihm um
mehr als nur darum, daß sie aufgrund seiner gleich folgenden
Ausführungen eine ›Gotteslehre‹ entwickeln (oder gar nur den
›Gottesbegriff des Paulus‹ analysieren, wie das heute die Theologen tun). ›Erkennen‹ bedeutet in der Bibel, etwas durch Begegnung und Erfahrung kennenzulernen. (So kann der intime Umgang zwischen Ehemann und Ehefrau als ›Erkennen‹ bezeichnet
werden, vgl. 1Mo 4,1.) Wie aber können die Leser des Paulus
Gott so begegnen, daß sie das, was er ihnen über Gott schreibt,
persönlich erfahren? Antwort: Durch das weise machende und
Erkenntnis erschließende Wirken des Heiligen Geistes.

Mit diesem Wirken des Geistes setzt sich das fort, was schon bei der Bekehrung geschah, als ihnen die *»Augen des Herzens erleuchtet worden sind«* (V.18a). Manche Übersetzungen verstehen V.18a als Gebetsanliegen des Paulus. Aber es wird besser sein, diesen Versteil, wie wir es taten, auf ein Ereignis zu beziehen, das in der Vergangenheit eingetreten ist und seitdem gilt. Die Bibel stellt ganz nüchtern fest, daß der natürliche Mensch das, was von Gottes Geist kommt, nicht annimmt (1Kor 2,14). Natürlicherweise fragt keiner nach Gott (Rö 3,11). Erst wenn das Wunder der Neuschöpfung geschieht, wenn in die Gottesfinsternis des gottfernen Menschen hinein das schöpferische »Es werde Licht!« ertönt (vgl. 2Kor 4,3f.6), werden ›die Augen des Herzens erleuchtet‹, und es kommt zur Gotteserkenntnis. Davon spricht V.18a. Und diese Erkenntnis Gottes muß sich dann, wenn sie begonnen hat, durch die Wirkung des Heiligen Geistes fortsetzen und vertiefen. Davon ist nun die Rede.

In Vv.18b-19 wird nun an drei Beispielen gezeigt, worauf eine vertiefte Gotteserkenntnis hinausläuft. 1.) Wer seinen Gott kennt, weiß, *»was die Hoffnung seiner Berufung ist«* (V.18b). Er lernt Gott als denjenigen kennen, der in seiner Güte und Macht Menschen, die er zu sich ruft, mit der gewissen Hoffnung beschenkt, daß sie einmal im Gericht freigesprochen und gerettet werden (Gal 5,5; 1Thess 5,8), daß sie in neuer Leiblichkeit auferstehen und das ewige Leben erhalten (1Kor 15,19ff; Tit 1,2; 3,7), daß sie die Herrlichkeit Gottes nicht nur sehen, sondern selbst erhalten werden (Rö 5,2). Letztlich ist Inhalt der Hoffnung aber nicht nur das künftige Heil des einzelnen, sondern die universale Herrschaft ihres Herrn (1,10). 2.) Wer seinen Gott kennt, weiß, *»was der Reichtum der Herrlichkeit seines Erbes unter den Heiligen«* ist (V.18c). Er lernt Gott als denjenigen kennen, der in seiner Gnade und Liebe die Seinen – gleich, ob aus Israel oder aus den Heidenvölkern (3,6; Gal 3,23ff) – überreich beschenkt: Ihr Erbteil ist gewiß in erster Linie, zum Lob Gottes leben zu dürfen (1,11ff); darüber hinaus erben sie aber auch das Reich Gottes (vgl. 5,5) und das ewige, unvergängliche Leben (1Kor 15,50b; Tit 3,7). Dieses himmlische Erbe ist hier wohl vor allem angesprochen, denn mit jenem ›Unter den Heiligen‹ könnten die himmlischen Engelwesen gemeint sein (vgl. 5Mo

33,2f; Ps 89,6+8; Dan 8,13). 3.) Wer seinen Gott kennt, weiß, *»was das Übermaß an Größe seiner Kraft für ... die Glaubenden ist gemäß der Wirkkraft der Macht seiner Stärke«* (V.19). Er lernt Gott als den kennen, der mit seiner unbeschreiblichen Macht diejenigen, die ihm vertrauen, nicht bedroht, sondern beschenkt. Die Unbeschreiblichkeit der grenzenlosen Macht Gottes zeigt sich hier in der Fülle der aufeinandergetürmten Ausdrücke: Kraft, Wirkkraft, Macht, Stärke — und das alles im Übermaß und gemäß dem, was göttlicher Machtwirkung entspricht. Wenn es darum geht, einen Begriff von dieser unvorstellbaren Gotteskraft zu bekommen, wird Paulus in den nächsten Versen (Vv. 20-23) gleich darauf hinweisen, daß es sich dabei um jene Machtwirkung handelt, durch die Gott Jesus von den Toten auferweckt und ihn zum universalen Haupt über alle Mächte und über seine Gemeinde eingesetzt hat. Und wenn es heißt, diese Kraft sei *»für euch, die Glaubenden«*, da, dann bedeutet das entsprechend, daß diese Gotteskraft jeden, der an Jesus glaubt, schon jetzt zu einem neuen Leben auferweckt und in eine himmlische Stellung versetzt hat (2,6) und ihn künftig zu unverweslichem Auferstehungsleben aus dem Grab erwecken wird (2,6; Rö 8,11). Zugleich wird der Glaubende durch diese Kraft in seinem Kampf mit den widergöttlichen Mächten gestärkt und bewahrt (6,10ff). An anderer Stelle erwähnt Paulus diese Kraft, wenn er von dem Wunder spricht, daß durch den Verkündigungsdienst der Boten Jesu vom Teufel verblendete Menschen neue Kreaturen werden (vgl. 2Kor 4,3ff; 5,17), wobei er zugleich darauf hinweist, daß es sich bei all diesen Kraftwirkungen immer um Gottes (!) Kraft handelt, die auf den Glauben hin wirksam wird, während der Glaubende selbst schwach und hilfsbedürftig bleibt (2Kor 4,7; 12,9). — Schauen wir auf diese drei Aspekte vertiefter Gotteserkenntnis zurück, so merken wir, daß Gott von seinen Kindern nicht so sehr als der fordernde Gott erfahren wird, sondern als der schenkende Gott, der für Gegenwart und Zukunft reiche Gaben bereithält.

Vorschlag zur Bibelarbeit über Epheser 1,16b-19

1. Einleitung

Wir überprüfen, worum sich die Bitten in unserem Gebetsleben vor allem drehen: um unsere persönlichen Anliegen —
unsere Nöte, unsere Wünsche, unsere Bedürfnisse? Worum
wird in unseren Gebetsgemeinschaften gebetet? Wir könnten versuchen, die drei häufigsten Gebetsanliegen / Bitten
zu notieren. Dann schauen wir auf das Vater-Unser, um zu
sehen wie Jesus zu bitten lehrt (Mt 6,9f: »Dein Name . . . ,
Dein Wille . . . , Dein Reich . . . !«). Nun wenden wir uns Paulus zu. Auch er kennt persönliche Gebetsanliegen: vgl. 6,19
und die dort genannten Bitten. Im vorliegenden Bibelabschnitt nennt er seine regelmäßige Bitte für die Gemeinde:
nämlich daß die Gläubigen ihren Gott tiefer kennenlernen.

2. Durchführung

Thema: *Gott kennen*

a) *Gotteserkenntnis ist ein Gottesgeschenk (Vv. 16b-18a)*

Das zentrale Gebetsanliegen des Paulus wird in V. 17 genannt: Gott möge durch seinen Geist genaue Erkenntnis Gottes schenken. Für eine Bibelarbeit könnte es nun
wichtig sein, zunächst genau herauszuarbeiten, was ›genaue Erkenntnis Gottes‹ ist: nicht Ideen, Theorien oder
Spekulationen über Gott, sondern ein persönliches und
in die Tiefe gehendes Kennenlernen Gottes. Ihn zu erkennen ist für Paulus das große Ziel eines Christenlebens (vgl. auch, auf Christus bezogen, Phil 3,10).
Wie wird dieses Ziel erreicht? Es muß erbeten sein
(V. 16b). Zur Gotteserkenntnis im biblischen Sinn kann
der Mensch nicht durch eigenen Verstand und Anstren-

gung kommen — schon gar nicht der natürliche Mensch
(s.o.)! Zunächst müssen ihm ›die Augen des Herzens erleuchtet‹ werden (V. 18a), was dann geschieht, wenn aus
einem geistlich toten (2, 1. 5) und verblendeten (4, 17ff)
Geschöpf eine neue Kreatur wird (V. 18a). Für solche er-
neuerte Menschen betet Paulus nun um das Gottesgeschenk, er möge ihnen durch den Geist der Weisheit und
Offenbarung zu tieferer Gotteserkenntnis verhelfen.
Über diese Verse kann nur der eine sachgemäße Predigt,
Bibel- oder Jugendstunde halten, dem es selbst für sich
und seine Hörer ein ernstes Gebetsanliegen ist, Gott so
kennenzulernen. Sonst kommt es nur zu Theorien über
Gotteserkenntnis und wie man sie erlangen kann! Zugleich kann die Beschäftigung mit diesen Versen eine
Herausforderung sein, das eigene Gebetsleben darauf-
hin zu überprüfen, ob unsere Bitten sich vornehmlich
um uns selbst oder um Gott drehen.

b)   *Gotteserkenntnis zeigt uns, was Gott schenkt (Vv. 18b-19)*

Wer tiefere Gotteserkenntnis gewinnt, findet nicht einfach Ergänzungen zu einer laufend länger werdenden
Liste von Gotteseigenschaften (»Gott ist allmächtig, all-
wissend, heilig, ewig, dreieinig,« usw.). Gott zeigt sich
uns nicht in solch einer Listentheologie, die doch wieder abstrakte Gotteslehre wäre. Die Bibel zeigt uns Gott
in dem, was er getan hat, tut und tun wird. Hier (V. 18b+
c) geht es zunächst darum zu erkennen, was er für die,
die er berufen hat, tun wird: welches Hoffnungsgut und
welches Erbe er für sie bereit hat (s.o.). Das hat man
aber noch nicht erfaßt, wenn man nur anhand der Konkordanz alle Stellen nachgeschlagen hat, die von ›Hoffnung‹ und ›Erbe‹ sprechen. Erst wenn ich es im Glauben
fassen kann, daß Gott all das für mich und die anderen,
die berufen sind, bereitet hat, und ich darüber zum Danken und zur Anbetung komme, hat sich wirklich im biblischen Sinne ›genauere Erkenntnis Gottes‹ ereignet.
Entsprechendes gilt für das, was Gott jetzt schon tut

(V. 19), indem er mit seiner unvorstellbaren Macht für die Glaubenden da ist. Indem ich erkenne, was Gott (in der Auferweckung und Erhöhung Jesu, Vv. 20 ff) getan hat, darf ich es im Glauben fassen, daß dieser Gott mit seiner Allmacht auch für mich da ist. Wichtig wird es allerdings an dieser Stelle sein, das Verhältnis von eigener Schwachheit und Gottes Kraft biblisch richtig zu bestimmen (s. o.). Hier kann man nämlich auf zwei Seiten vom Pferd fallen: wenn man nur die menschliche Schwachheit sieht, als würde Gott sich uns nicht als der offenbaren, der mit seiner Kraft für die Glaubenden da ist –, oder wenn man nur noch von Kraft redet, als ginge der Weg dessen, der dem Gekreuzigten nachfolgt, nur von Kraft zu Kraft und Sieg zu Sieg. – Zum Schluß: Achten wir – gerade, wenn wir Vv. 18b - 19 auslegen – darauf, nicht nur über die Gaben zu reden, die Gott uns schenkt, sondern immer den Geber selbst im Blickpunkt zu behalten. Schließlich geht es in diesen Versen ja um das eine große Thema und Ziel unseres Christenlebens: Gott kennen!

Die Vv. 20 - 23 sind die Fortsetzung von V. 19; im Grundtext ist dies alles ein Satz (V. 19 f: ›... gemäß der Wirkkraft der Macht seiner Stärke, die er in dem Christus wirksam werden ließ‹ usw.). Im Deutschen setzen wir neu ein:

(20) Sie ließ er in dem Christus wirksam werden, als er ihn von den Toten auferweckte und zu seiner Rechten in den Himmeln setzte,
(21) über jede Macht und Gewalt und Kraft und Herrschaft und jeden Namen, der genannt wird, nicht nur in diesem Äon, sondern auch im kommenden.
(22) Und alles hat er unterworfen unter seine Füße, und gab ihn als Haupt über alles der Gemeinde,
(23) die sein Leib ist, die Fülle dessen, der alles in allen erfüllt.

Welches Maß an Gotteskraft für die Gläubigen da ist (V. 19), hat sich in einem ganz bestimmten Ereignis gezeigt: in der Auferstehung und Erhöhung des Messias Jesus (V. 20 ff). Immer wieder wird die Auferweckung Jesu im Neuen Testament als einzigartige Machttat Gottes herausgestellt (1 Kor 6,14; 2 Kor 13,4; Kol 2,12; vgl. Phil 3,10). Sie kann ermessen, wer um die scheinbar letztgültige Macht des Todes weiß und von daher versteht, was es bedeutet, daß der Gekreuzigte weder tot blieb, noch in eine wiederum nur sterbliche Leiblichkeit hinein wiederbelebt wurde, sondern in unsterbliche Leiblichkeit hinein auferstand, in der Leiden und Tod endgültig überwunden sind. Diese wirksam werdende Auferstehungskraft Gottes ist das Wunder schlechthin — schon sichtbar geworden am Ostermorgen, einzige Hoffnung für sterbende Menschen in einer sterbenden Welt und konkrete Verheißung für jeden, der glaubt.

Im gleichen Atemzug mit der Auferweckung wird die Erhöhung des Messias als Machttat Gottes genannt (ähnlich Apg 2,32f; Rö 8,34; Kol 3,1). Beide Ereignisse sind im Heilshandeln Gottes zwar zu unterscheiden, aber nicht voneinander zu trennen. Die Erhöhung wird hier nun besonders ausführlich behandelt (Vv. 20c-23). Dreierlei wird über sie ausgesagt: 1.) Gott hat den Auferstandenen zu seiner Rechten in den Himmeln gesetzt über alle Mächte, Gewalten und sonstige Wesen (Vv. 20c-21). 2.) Gott hat ihm alle Dinge unterworfen (V. 22a). 3.) Gott hat ihn zum Haupt über die Gemeinde gesetzt (Vv. 22b-23).

Wenden wir uns dem ersten Aspekt zu: der Erhöhung Christi zur Rechten Gottes in den Himmeln über alle Mächte. In dieser Aussage klingt Ps 110,1 an: »Spruch Jahwes für meinen Herrn: Setze dich zu meiner Rechten, bis ich deine Feinde gemacht habe zum Schemel deiner Füße!« Mag sich dieses Psalmwort vordergründig zunächst an den König des alttestamentlichen Gottesvolkes gerichtet haben, findet es doch seine eigentliche Erfüllung in Jesus, dem messianischen König und erhöhten Herrn (vgl. Mt 22,43ff; Apg 2,34f; Hebr 1,13; 8,1; 10,12f). Er ist eingesetzt *»in den Himmeln«* (wörtlich: »in den Himmlischen«), womit die himmlische unsichtbare Welt — hier nun insbesondere der Ort der Gegenwart Gottes sowie der jenseitigen Mächte — bezeichnet ist (vgl. auch die Erklärung zu 1,3). Dort ist Jesus *»zur Rechten«* Gottes eingesetzt, d.h. in die höchste Ehrenstellung als Mitregent dessen, der mit Macht alles regiert.

Die »Rechte« Gottes steht für seine Gunst (Ps 80,18), seinen Sieg (Jes 41,10), seine Macht (2Mo 15,6). Die Macht Gottes zeigt sich nun darin, daß er den, der in die tiefste Tiefe hinuntergestiegen war (4,9) und für uns starb (1,7), in die Autoritätsstellung über alle widerstrebenden Mächte eingesetzt hat. Wenn hier von jeder *»Macht und Gewalt und Kraft und Herrschaft«* die Rede ist, werden damit die Bezeichnungen von Engelwesen aufgegriffen, wie sie sich so und ähnlich in größerer Zahl im apokalyptischen Judentum finden (2Henoch 20-22; 1Henoch 61,10; vgl. auch in der ›Himmelfahrt Jesajas‹ 2,2: »Satan, seine Engel und Mächte«). Schon im Danielbuch (Dan 10,13+20) ist von widerstrebenden Engelmächten die Rede, die ihren Einfluß geltend machen und mit Gottes guten Engeln in Auseinandersetzung stehen. Im Epheserbrief sind mit diesen Bezeichnungen böse Engelwesen gemeint. Das geht schon aus dem alttestamentlichen Hintergrund dieses Abschnittes hervor, denn in Ps 110,1, der in V.20c anklingt, geht es um die Unterwerfung der »Feinde«. Aber auch ausdrückliche Hinweise finden sich in unserem Brief: nach 2,2 beeinflussen diese Mächte das Leben der Gottlosen; nach 6,12 sind sie die überirdischen Mächte der Bosheit, mit denen der Gläubige seinen Kampf hat (vgl. auch Rö 8,38; 1Kor 15,24ff). Für Paulus sind die Engelmächte, mit denen sich die Irrlehrer in der Provinz Asia arrangieren wollten (vgl. Kol 2,18), böse Mächte: zwar ursprünglich von Christus gemacht (Kol 1,16), jetzt aber von ihm besiegt (Kol 2,10+15). Im Epheserbrief schiebt der Apostel der Irrlehre der Engelverehrung von vornherein den Riegel vor: durch Gottes Macht sind sie Christus unterworfen (1,20f) — und in seiner Kraft von den Gläubigen zu bekämpfen (6,10ff). Wenn der Apostel dann noch hinzufügt *»... und jeden Namen, der genannt wird, nicht nur in diesem Äon, sondern auch im kommenden«*, macht er deutlich: Die Mächte mögen jetzt oder künftig heißen, wie sie wollen — Christus steht über ihnen, er ist das Haupt! Diese Nachbemerkung macht auch deutlich, daß Paulus mit den vorgenannten vier Engelbezeichnungen keineswegs eine umfassende Liste geben wollte, aus der wir etwa eine Lehre vom Aufbau der dämonischen Welt ableiten könnten. Er hat nur vier gängige Bezeichnungen herausgegriffen, und es mag noch viele davon geben.

Aber das ist nicht wichtig, sondern nur, daß Christus über alle
Mächte erhöht ist — gleich, wie sie benannt und welchem Zeitalter sie zugeordnet werden. Der Sieg Jesu gilt jetzt und künftig!
Zum andern macht diese Nachbemerkung zugleich deutlich,
daß der Autor des Epheserbriefes durchaus davon ausgeht, daß
es ein gegenwärtiges und ein zukünftiges Zeitalter gibt. Dies sei
nur deshalb erwähnt, weil heute manchmal gesagt wird, im Unterschied zu den Paulusbriefen sei für den Eph alles Künftige
schon gegenwärtig erfüllt. Tatsächlich findet sich aber beides,
wie wir noch öfters sehen werden. Der Epheserbrief, der nach
seinem ausdrücklichen Selbstzeugnis von Paulus stammt, mag
eigene Akzente setzen, aber er hat keine andere Theologie als
die Briefe, die wir sonst von Paulus kennen.

Die zweite Aussage über die Erhöhung Christi ist, daß Gott in
seiner Macht »ihm alles ... unterworfen (hat) unter seine Füße«
(V. 22a). In diese Unterwerfung sind die widergöttlichen Engelmächte, von denen eben die Rede war, eingeschlossen. Aber
nicht nur sie: nach Ps 8,7, der hier zitiert wird, geht es darum,
daß ihm die ganze Schöpfung untertan ist. In 1Kor 15,25ff, wo
ebenfalls auf Ps 8,7 Bezug genommen wird, bleibt allerdings die
Zuspitzung auf die »Feinde« einschließlich der Macht des Todes als dem letzten zu unterwerfenden Feind. Aber in dem mit
Eph zusammengehörenden Kolosserbrief wird festgestellt, daß
Christus »alles«, das Sichtbare wie das Unsichtbare, geschaffen
hat und als der Auferstandene im Blick auf »alles« Vorrang genießt (Kol 1,16+18). Die gleiche breite Perspektive gilt wohl
ebenso für Eph 1,22a. — Zu beachten ist auch, daß hier die Unterwerfung aller Dinge unter Christus als bereits verwirklicht
beschrieben wird (»unterworfen hat«). In 1,10 war noch stärker
die Zukunft im Blickfeld, wenn es darum ging, »alles« solle wieder unter die Hauptschaft Christi gebracht werden (vgl. ganz
ähnlich 1Kor 15,25ff; Hebr 10,12f). Diese Spannung ist typisch
für Paulus: Das, was in Zukunft sichtbare Realität werden wird,
ist in Christus schon jetzt Wirklichkeit. Mit der Inthronisation
des Auferstandenen über alle Dinge hat Gott ihm bereits alles
unterstellt. Es gibt kein Ringen mit ungewissem Ausgang mehr.
Die Würfel sind gefallen.

Die dritte Aussage über die Erhöhung Christi ist schließlich, daß Gott Christus als den, der *»Haupt über alles«* ist, *»der Gemeinde gegeben«* hat (Vv. 22b-23). Gottes Macht zeigt sich also in der Einsetzung Christi in die universale Herrschaftsstellung: a) als Haupt über die bösen Mächte sowie über die ganze sichtbare und unsichtbare Schöpfung; und b) darin, daß er als Haupt über alle Dinge zugleich für seine Gemeinde da ist. (In 4,15; 5,23; Kol 1,18 und 2,19 wird Jesus auch direkt als Haupt der Gemeinde bezeichnet.) Christus ist als der Herr über alles seiner Gemeinde gegeben — in seiner unvergleichlichen Machtfülle ist er für seine Gemeinde da! Das schreibt einer, der wegen seines Glaubens gerade im Gefängnis liegt (3,1; 6,20), an Christen, die eine damals oft sogar verfolgte Minderheit waren. Wenn in solcher Situation jemand — trotzdem — bekennt: »Jesus ist der Herr!«, dann ist dies geistgewirkter Glaube (1Kor 12,3); wenn er erkennt: »Dieser Herr in seiner Macht ist für uns da!«, dann ist das Gebet des Paulus (V.17ff) um geistgewirkte Erkenntnis dessen, was Gott den Seinen gegeben hat, erhört. — Aber noch etwas anderes ist dabei wichtig: Wie der mit dem Eph verwandte Kolosserbrief zeigt, gab es dort in Kleinasien damals Christen, die meinten, respektvoll Engelmächte verehren zu müssen (Kol 2,18). Paulus hat dort dagegen Stellung genommen, hat gesagt, auch die jenseitigen Mächte seien nur Christus unterworfene Geschöpfe (Kol 1,16; 2,15) und die Christen sollten sich deshalb nicht an die Mächte halten, sondern allein an Christus als das Haupt der Gemeinde (Kol 2,19). Hier im Eph baut der Apostel gegen solche falschen Tendenzen von vornherein vor: Wer weiß, daß Christus zum allmächtigen Herrn über alle Mächte erhöht ist und gerade als solcher seiner Gemeinde als Haupt gegeben ist, die als Leib Christi aufs engste mit ihrem Haupt verbunden ist, der wird vor den Mächten keine Angst mehr haben, wird auch nicht meinen, sie noch unterwürfig ehren und besänftigen zu müssen. Nein, er hält sich an seinen Herrn!

Indem in V.22b die *»Gemeinde«* genannt wird, taucht zum erstenmal der zentrale Begriff des Eph auf. Während Judenchristen ihre Versammlung zunächst noch »Synagoge« nannten (vgl. Jak 2,2), bürgerte sich im Unterschied dazu für christliche Versammlungen doch immer mehr der aus dem Griechischen

übernommene Begriff »Gemeinde« (*Ekklesia*) ein. Bei den alten Griechen war die »Ekklesia« die Vollversammlung der rechts-
fähigen Vollbürger der Stadt, die regelmäßig zusammengerufen
wurde. In der griechischen Übersetzung des Alten Testaments
wurde das Wort »Ekklesia« zur Wiedergabe eines hebräischen
Begriffs (Qahal) verwendet, der vor allem die zusammengerufe-
ne Volksversammlung des Gottesvolkes bezeichnete. Mit diesem Begriff wurde nicht einfach das ganze Volk bezeichnet,
sondern diejenigen, die den Ruf vernommen hatten und ihm
gefolgt waren. Kein Wunder, daß dieses Wort gut für die neutestamentliche Gemeinde paßte als der Schar der von Gott Beru-
fenen, die sich hatten rufen lassen. Dabei kann das Wort »Gemeinde« einerseits umfassend gebraucht werden für die universale Schar all derer, die dem Ruf Gottes gefolgt sind; andererseits kann es die örtlichen »Gemeinden« bezeichnen, in denen
sich die Gerufenen sammeln (vgl. z.B. im Kol, wo »Ekklesia« in
1,18+24 die Universalgemeinde, in 4,16 die Ortsgemeinde und
in 4,15 die Hausgemeinde bezeichnet).

Wenn es nun im Epheserbrief ganz zentral um die »Gemeinde« geht, stehen allerdings nicht die (uns oft so interessie-
renden) Fragen nach Aufbau und äußerer Gestalt von Gemeinde oder Fragen der gesamtkirchlichen Struktur auf der Tagesordnung. Vielmehr geht es um das Wesen, die Einheit, die
Dienstvielfalt, die Reinheit und die Bewährung der Gemeinde.
V.23 gibt bereits eine erste Wesensbeschreibung der Gemeinde:
sie ist »*sein Leib ..., die Fülle dessen, der alles in allen erfüllt*«.
Wenn der Eph von »Gemeinde« spricht, meint er Gemeinde als
Leib Christi, d.h. als organische Körperschaft derer, die zu Jesus
gehören. Dieser Leib (mit seinen Gliedern) ist — wie die folgenden Verse, 2,1-10+16, zeigen — seine (Neu-)Schöpfung, die er
sich aus ehemals geistlich toten Juden und Heiden geschaffen
hat, indem er sie aufgrund der Gnade durch den Glauben gerettet und mit neuem Leben beschenkt hat. In diesem Leib Christi
soll es Einheit der Glieder und gegenseitige Auferbauung zum
geistlichen Wachstum geben (4,4.12.16). Schon in 1Kor 12,12-27
und Rö 12,4-5 hatte Paulus die Gemeinde mit einem Leib verglichen, in dem sich die Glieder gegenseitig ergänzen; allerdings
war dort noch nicht von dem Haupt die Rede. Hier in Eph 1,23

steht dagegen zunächst die Verbindung zwischen Christus, dem
allmächtigen universalen Haupt, und der Gemeinde als seinem
Leib im Blickpunkt. In der damaligen Zeit wurden gerne politi-
sche Reiche mit dem Bild von Haupt und Leib verglichen: der
Herrscher bzw. die Regierung war das Haupt, das Volk der Leib
(vgl. Plato, Res publica 5.464B; Aristoteles, Politica 1.1,2; Ci-
cero, Phil. 8.5,16; Curtius Rufus, Historia 10.9,1ff; Plutarch,
Galba 4.p.1054E; Philo, De Spec.Leg.1,96; De Vit.Mos.2.127,
133f). In Eph 1 sehen wir nun den erhöhten Christus als Herrscher über alles, dem in besonderer Weise die Gemeinde als
sein Leib zugeordnet ist.

Die universale Leib-Gemeinde wird dabei als »*Fülle*« Jesu bezeichnet: d.h. sie ist als Leib voll und ganz von ihm erfüllt. Mit
seiner Herrschaft und seinen Segnungen füllt er »*in allen*« Gliedern des Leibes »*alles*«, was geistlich nötig ist, aus. Wie das geschieht, wird in 4,10ff deutlich: Als der erhöhte Herr füllt er alles aus, indem er seiner Gemeinde begabte Menschen gibt, die
mit ihren Gaben den Leib Christi auferbauen sollen, bis alle zur
vollen geistlichen Reife kommen (vgl. auch 5,18: alle sollen vom
Geist Christi erfüllt werden). Damit ist Gemeinde deutlich als
ein geistlich lebendiger Organismus gekennzeichnet: verbunden mit Jesus als dem Haupt und in allen Gliedern durchdrun-
gen von seinem Leben, das in den einzelnen Gliedern zu geistlicher Reife drängt.

So sieht also Gemeinde aus. Wo und soweit Kirche etwas anderes ist als dies, wird sie nicht Gemeinde Jesu sein.

Vorschlag zur Bibelarbeit über Epheser 1,20-23

---

1. Einleitung

Wenn wir zu diesem Abschnitt kommen, wollen wir nicht
vergessen, daß er in den Zusammenhang der Vv.17ff gehört.
Er ist damit Teil eines Berichts, in dem der Apostel Einblick
in sein Gebetsleben gibt. Eines seiner Gebetsanliegen war,

daß der Heilige Geist den Christen die Augen für die Macht Gottes öffnet, die für sie da ist (V. 19).

Nun rechnen heute die wenigsten Menschen noch wirklich mit der Macht Gottes. Allenfalls wenn Unglücke oder Katastrophen geschehen, wird anklagend die Frage gestellt, wo denn Gott bliebe und wie es denn um seine Macht stehe! Auch mancher Christ betet zwar im Vaterunser ».. . denn dein ist das Reich und die Kraft und die Herrlichkeit!«, aber er sieht wenig von der Kraft und der Herrlichkeit. Gott treibt sein Werk offenbar in Niedrigkeit und ›Knechtsgestalt‹. Wo also zeigt sich die Macht Gottes?

Unser Text gibt die Antwort — eine Antwort allerdings, die deutlich macht, daß Gott seine Macht nicht vor aller Welt zur Schau stellt. Das, was hier gesagt ist, ist dem Glauben gesagt. Und nur durch »den Geist der Weisheit und Offenbarung« (V. 17), der erbeten sein will, kann das erkannt werden, was hier bezeugt wird.

Interessant ist nun, daß Paulus, wenn es um das Erkennen der Macht Gottes geht, nicht auf Wundertaten verweist, die in seinem Dienst geschehen sind — auch wenn er das könnte. Er verweist auf Jesus! In ihm hat Gott sich offenbart, auch im Blick auf seine Macht.

2. Durchführung

Thema: *Wo wir die gute Macht Gottes erkennen können*

a) *In Jesus als dem Sieger über den Tod (V. 20a)*

Will man die Kraft Gottes erkennen, muß man auf das Wunder vom Ostermorgen schauen. Vor dem Tod stehen wir Menschen hilflos. Alle ärztliche Kunst, aller wissenschaftliche Fortschritt stößt letztlich an die harte Grenze des Todes. An den Gräbern sind wir Menschen mit unserem Latein am Ende. — Nicht so Gott! Menschen haben Jesus am Kreuz qualvoll zu Tode gebracht, doch Gott weckt ihn auf. Und was er tut, ist keine vorübergehende Wiederbelebung des geschundenen Leichnams des Gekreuzigten, kein Flickwerk an einem letztlich doch wieder todgeweihten Leib. Vielmehr wird in der Auferweckung Jesu der Tod durch die Macht Gottes besiegt: er ist dem Tod entrissen, lebt in einem unvergänglichen Herrlichkeitsleib, der nicht mehr den Grenzen von Raum und Zeit unterworfen ist.

b)   *In Jesus als dem Herrn über die Mächte (Vv. 20b-22a)*

Das zweite, woran Gottes Macht erkannt werden kann, ist die Erhöhung Jesu als Herr über alle bösen Mächte (V.20b-22a). Durch das Wunder des Himmelfahrtstages, als der Auferstandene vor seinen Jüngern sichtbar aufgehoben und so von ihnen weggenommen wurde, gab Gott ein Zeichen für die Erhöhung des auferstandenen Herrn, das im Licht des Alten Testaments (Ps 2; Ps 110) verstanden werden konnte. Zugleich offenbart Gott in seinem Wort, was damals in der unsichtbaren Welt geschehen ist, nachdem am Himmelfahrtstag eine Wolke Jesus vor den Blicken seiner Jünger wegnahm (Apg 1,9): er wurde in die Herrschaftsstellung eingesetzt über alle Mächte — egal, wie sie heißen und wer sie sind. Das ist die wichtigste Lehre über die dunklen Mächte: Jesus herrscht auch über sie! Damals gab es viele Menschen, die Angst vor dämonischen Mächten hatten und sie sich durch religiöse oder magische Riten vom Leibe halten wollten oder sich in okkulten Praktiken auf sie einließen. Tragen wir zusammen, was die Bibel über diese Dinge sagt. In der Seelsorge und in der Missionsarbeit stößt man auch heute immer wieder auf diese Phänomene. Zu überlegen wäre hier, in welcher Weise es in unserer Kultur solche Mächte und den Umgang mit ihnen gibt. Das Wichtigste bleibt allerdings, klar zu sehen, daß Jesus stärker ist als irgendwelche bösen Mächte. Er ist bereits der Herr über alle Dinge, auch über die dunklen! Kraft der Macht Gottes sind sie ihm unterworfen.

c) In Jesus als dem Haupt seiner Gemeinde (Vv. 22b-23)

Schließlich wird Gottes Macht darin erfahrbar, daß
Jesus als der allmächtige Herr des Universums zugleich
für seine Gemeinde da ist (Vv. 22b-23). An dieser Stelle
wird es wichtig sein, zunächst zu klären, worum es hier
geht, wenn von Gemeinde Jesu die Rede ist. Christliche
Gemeinde tritt uns heute zunächst in einer Vielzahl un-
terschiedlicher Kirchen entgegen. Staats-, Volks- und
Bekenntniskirchen gibt es da. Was kennzeichnet diese
Kirchen? Was ist in unserem Text und im Eph mit Gemeinde (bzw. ›Kirche‹) gemeint (s.o.)? – Zurück zur
Machtfrage: Jesus ist eng mit der Gemeinde verbunden,
sie ist sein Leib. So fragt sich, wie er seine Macht für die
Gemeinde einsetzt. Antwort: Indem er sie zur gottge-
wollten Fülle bringt und dabei den geistlichen Mangel
jedes einzelnen Gliedes der Gemeinde ausfüllt. Man
wird besonders V.23 nicht gut erklären können, ohne
zumindest kurz auf die konkreten Aussagen in 4,10-16
und 5,18 zu sprechen zu kommen.

C) Aus gläubig gewordenen Heiden und Juden entsteht aufgrund des gnädigen Handelns Gottes die Gemeinde als Leib Christi (2,1 – 22)

Wenn wir den Eph auslegen, muß uns die Frage beschäftigen,
wie Gemeinde nach dem Neuen Testament aussieht. Was wir
dabei über die Wesenswirklichkeit der Gemeinde ausgesagt finden, muß Norm werden für unser Gemeindeverständnis und
für den Gemeindebau heute. (Wenn wir hier von ›Wesenswirklichkeit‹ der Gemeinde sprechen, soll damit angedeutet werden,
daß biblisch gesehen gerade nicht im philosophischen Sinn zwischen Wesen und Wirklichkeit geschieden werden kann. Göttliche Bestimmung und Gestaltwerdung einer Sache gehören zusammen. Wo dies nicht so ist, liegt Zielverfehlung = Sünde vor;

es bedarf dann der Umkehr zur gottgegebenen Bestimmung im Glaubensgehorsam.)

Zunächst stellt sich uns anhand von Eph 2 die Frage, wer eigentlich Glied der Gemeinde und damit Glied am Leib Christi ist. Seit unter dem römischen Kaiser Konstantin (gest. 337 n.Chr.) im Bündnis mit der damaligen Kirche die Voraussetzungen dafür geschaffen wurden, daß das Christentum Staatsreligion werden konnte, stellt sich diese Frage in großer Dringlichkeit immer neu. Ganze Völker wurden christianisiert und ihre Kinder durch die Taufe der Kirche einverleibt. Auch die Reformatoren bewirkten keine durchgreifende Reformation in der Gemeindefrage. Wer welcher Kirche zugehörte, entschied sich an der Kirchenzugehörigkeit der Fürsten; und die Nachkommenschaft der so zustande gekommenen Christenheit wurde jeweils früh auf sakramentalem Weg der Kirche zugeführt in der Hoffnung, daß sie später im Glauben Ja sagen würden zu ihrer bereits erfolgten Platzanweisung in der Kirche. Manche taten das dann gewiß auch. Wenn sie es aber nicht taten, war dies ihre persönliche Sache — die allerdings niemanden veranlaßt hätte, ihnen ihre Christlichkeit oder Kirchenzugehörigkeit abzusprechen. So entstanden und erhielten sich Staats- und Volkskirchen. Sie sind auch heute noch weithin die Religion der Gesellschaft; allerdings verlassen bei zunehmender Säkularisierung jährlich Hunderttausende die Kirchen. Das macht die Frage neu dringend: Wer gehört nach dem Neuen Testament tatsächlich zur christlichen Gemeinde?

Das 2. Kapitel des Eph kann uns Antwort auf diese Frage geben. Es macht deutlich, daß geistlich tote Menschen aufgrund der Gnade durch den Glauben zu neuem Leben erweckt werden müssen (2,1-10), um so in den lebendigen Organismus der Gemeinde eingefügt und vereint zu werden (2,11-22).

1) Geistlich tote Heiden und Juden werden mit Christus in ein neues Leben versetzt (2,1-10)

In diesem Abschnitt wird der große Kontrast sichtbar zwischen dem, was der Mensch von Natur aus ist (Vv.1-3), und dem, was

die Gnade aus ihm macht, wenn er zum Glauben kommt (Vv. 4 -
10). Als Thema des Abschnittes insgesamt könnte man formulieren: Die Errettung geistlich toter Heiden und Juden ist allein
ein Werk der Gnade Gottes in Christus.

Zunächst schildert Paulus den ursprünglichen Zustand von
Heiden und Juden. Diagnose: Da ist kein geistliches Leben —
alles ist tot aufgrund der Sünde!

**(1) Auch euch, die ihr Tote wart aufgrund eurer Übertretungen
und Sünden,
(2) in denen ihr dahinlebtet gemäß dem Äon dieser Welt, gemäß
dem Herrscher, der seine Macht im Luftbereich ausübt, dem
Geist, der jetzt in den Söhnen des Ungehorsams wirkt,
(3) unter denen auch wir alle einst lebten in den Begierden unseres Fleisches, indem wir das Verlangen des Fleisches und der
Sinne erfüllten, und waren von Natur aus Kinder des Zorns wie
auch die übrigen ...**

Der Übergang zwischen dem vorangehenden Gebetsbericht
(1,15-23) und dem nun folgenden neuen Abschnitt ist fließend.
Manche Ausleger meinen sogar, die Verse 2,1-10 gehörten
noch zu dem vorangehenden Abschnitt. Doch schon die Verse
1,22b-23 wirken wie ein Übergang. Im folgenden steht das zentrale Thema der Gemeinde im Mittelpunkt; in Eph 1 ging es dagegen mehr grundsätzlich darum, welche Heilsgüter Gott in
Christus bereitet hat. Und doch ist zugleich die gedankliche Verbindung zwischen beiden Abschnitten offensichtlich. (Paulus
entwirft seinen Brief ja nicht als ein fein säuberlich gegliedertes
Schriftstück, sondern er entwickelt seine Gedanken unter der
Leitung des Heiligen Geistes fortlaufend, indem er sie Abschnitt für Abschnitt seinem Sekretär diktiert.) War in 1,19ff
von der Macht Gottes die Rede, die in der Auferweckung, Erhöhung und Inthronisation Christi sichtbar wurde, geht es nun in
2,1-10 um die Gnade Gottes, die geistlich tote Heiden (V. 1ff)
und geistlich tote Juden (V. 4f) mit Christus lebendig gemacht,
auferweckt und inthronisiert hat (V. 5b-6). Das »Auch euch«
(V. 1) / »Auch uns« (V. 5) knüpft also an das an, was Gott schon
an Christus getan hat und nun »auch euch« bzw. »uns« tut.

Zunächst geht es in V.1ff um »euch«. Damit sind, wie schon in 1,13, die Heiden gemeint – im Unterschied zu »uns« (V.3+5), den Juden. Beide werden ihrer Herkunft nach unterschieden, was heilsgeschichtlich richtig und wichtig ist, denn Gott hat aus allen Völkern Israel erwählt. Und doch dient die Unterscheidung gerade nicht dem Nachweis, die einen seien besser und die andern schlechter, die einen bevorzugt und die andern benachteiligt. Vielmehr macht Paulus hier in Eph 2 in drei Versen deutlich, was er im Römerbrief in den ersten drei Kapiteln entfaltet: In der Praxis sind alle, Heiden wie Juden, unter der Macht der Sünde stehende verlorene Leute!

Zuerst geht es also um den Zustand der Heiden vor ihrer Errettung. Kernaussage ist, daß sie »Tote« waren »aufgrund (ihrer) Übertretungen und Sünden« (V.1). Im Blickpunkt ist dabei der geistliche Tod des sündigen Menschen, der einmal den leiblichen und – wenn Gott nicht rettend eingreift – den ewigen Tod zur Folge haben wird. Klarer als mit der Kennzeichnung als »Tote« kann man den totalen Bankrott des sündigen Menschen vor Gott nicht ausdrücken. Der Nicht-Christ ist geistlich nicht nur krank, geschwächt oder unvollkommen und entwicklungsfähig; nein, er ist »tot«, völlig getrennt von dem Leben aus Gott. Da glimmt kein göttlicher Funken tief innen im Menschen da ist kein natürliches geistliches Fundament, das nur verstärkt werden müßte. Nein, geistlich ist der Mensch ohne Christus tot. Und das heißt doch auch: er kann von sich selbst aus nicht glauben, sich nicht bekehren und kein Leben zu Gottes Ehre führen. Wollte man diese Dinge von ihm fordern, wäre das, als würde man einen Leichnam zu bestimmten Handlungen auffordern. Ohne daß es zu einer geistlichen ›Totenauferweckung‹ kommt, werden sich bei ihm keine Äußerungen geistlichen Lebens zeigen (vgl. Rö 3,10ff). Wir werden gut daran tun, den Ernst der biblischen Lehre vom geistlichen Tod des natürlichen Menschen nie und in keiner Weise abzuschwächen.

Ursache für diesen geistlichen Tod sind die »Übertretungen und Sünden« des Menschen (vgl. Rö 6,23). Damit sind die Tat- und Unterlassungssünden gemeint. Die sogenannte Erbsünde – d.h. die Zurechnung der Sünde Adams für alle seine Nachkommen von klein auf – ist hier nicht genannt; sie wird in der

Bibel andernorts als Wurzel für die Tat- und Unterlassungssünden erwähnt (vgl. Ps 51,7; Rö 5,12ff) und dürfte in V.3 (»von
Natur aus Kinder des Zorns«) angesprochen sein. »Übertretungen« sind bewußte oder unbewußte Verletzungen der Gebote
Gottes, sei es in dem, was man tut, oder in dem, was man tun
sollte, aber unterläßt. »Sünden« sind Zielverfehlungen, indem
man durch sein Tun oder Lassen das Ziel verfehlt, im Gehorsam
gegenüber den Geboten Gott und den Nächsten uneinge-
schränkt zu lieben. Wie dieses heidnische Sündenleben konkret
aussieht, wird in 4,17-19 angedeutet.

In diesen Sünden und Übertretungen, so stellt Paulus rückblickend auf das inzwischen abgeschlossene heidnische Vorle-
ben seiner Leser fest, »lebtet ihr dahin« (V.2). Gottes Gebote zu
übertreten bzw. zu verfehlen gehörte zu ihrem Lebensstil. Dieser Lebensstil entsprach folglich nicht dem Willen Gottes; er
entsprach vielmehr dieser sündigen Welt und ihrem Fürsten,
dem Teufel. Er erfolgte a) »gemäß dem Äon dieser Welt« und b)
»gemäß dem Herrscher, der seine Macht im Luftbereich ausübt,
dem Geist, der jetzt in den Söhnen des Ungehorsams wirkt« (V.2).
Zu a): Das Judentum rechnete mit zwei ›Äonen‹: dem gegenwärtigen Zeitalter und dem kommenden Zeitalter (»Der Höchste hat nicht ein Zeitalter gemacht, sondern zwei«, 4Esra 7,50;
vgl. Mt 12,32: »Wer den Heiligen Geist lästert, erhält keine Vergebung, weder in diesem noch im kommenden Zeitalter«). Das kom-
mende Zeitalter ist bestimmt von der Herrschaft des Messias und
bringt die Neuordnung aller Dinge. Das gegenwärtige Zeitalter ist
bestimmt von der Herrschaft des Bösen und der Macht der Sünde.
Wenn Paulus von »dem Äon dieser Welt« spricht, meint er damit
das gegenwärtige Zeitalter, das von »dieser (nämlich der gefallenen) Welt« geprägt ist. Der frühere sündige Lebenswandel seiner Leser entsprach ganz den Maßstäben dieser gefallenen
Welt. – Zu b): Zugleich entsprach das heidnische Sündenleben
aber auch dem Willen und dem Wirken des Teufels. Wer anders
als er sollte mit »dem Herrscher« gemeint sein, »der seine
Macht im Luftbereich ausübt« (vgl. 6,11)? Nach 6,12 gibt es
Mächte und Gewalten, die diese Welt beherrschen: nämlich
böse Geister in den Himmelsregionen. Ihr »Herrscher«, der
über sie Macht ausübt, ist der Teufel. Seine Macht und Wirkung

ist aber nicht auf die bösen Geister beschränkt, sondern er ist der »Geist, der jetzt in den Söhnen des Ungehorsams wirkt«. Der Gott ungehorsame Mensch (was mit dem semitischen Ausdruck »Sohn des Ungehorsams« gemeint ist) steht unter dem Einfluß des Teufels. Es gibt da kein neutrales Niemandsland: entweder steht man unter der Herrschaft Gottes oder des Teufels (vgl. Kol 1,13, wo Paulus die Bekehrung als ein Herausgerissenwerden aus dem Machtbereich der Finsternis und Versetztwerden unter die Königsherrschaft Jesu beschreibt). Die Heiden lebten als Gott ungehorsame Sünder, also der gefallenen Welt entsprechend und gemäß der Einwirkung des Teufels.

In V. 3 spricht Paulus nun von den Menschen, zu denen er selbst gehört. Er spricht von »uns«, den Juden. Standen sie besser da vor Gott als die Heiden? In V. 12 wird Paulus sagen, daß das Volk Israel manches hatte, was den Heiden fehlte: sie hatten Bündnisse der Verheißung Gottes, kannten die Hoffnung der Heilszusagen Gottes, kannten Gott (vgl. Rö 3,1f). Aber obwohl sie Verheißung hatten und obwohl sie mehr wußten, lebten sie nicht anders als die Heiden! Wenn Paulus eben von den geistlich toten »Söhnen des Ungehorsams« sprach, muß er nun bekennen: »... *unter denen lebten auch wir alle einst in den Begierden unseres Fleisches, indem wir das Verlangen des Fleisches und der Sinne erfüllten.*« Paulus hat es ja selbst erlebt, wie er trotz aller Vorzüge seiner Zugehörigkeit zum erwählten Volk ein Gewalttäter und Gotteslästerer wurde, und ihm deshalb all diese angeborenen Vorzüge nichts nützten (Phil 3,4-8; 1Tim 1,12-15; vgl. auch Rö 2,17-3,20). Manche christlichen Israelfreunde meinen, man müsse Juden nicht das Evangelium bringen; sie seien ohnehin gerettet, weil sie zum erwählten Volk Gottes gehörten. Dem muß ernsthaft widersprochen werden! Israel als Volk wird zwar nie aufhören, Gottes Volk zu sein, denn Gott wird seine Berufung und Erwählung nie widerrufen (Rö 11,1f+29). Aber der einzelne Jude, der in der Sünde lebt, der Gottes Gebote übertritt und nicht zur Umkehr und Erlösung findet, fällt aus der Bundesgnade heraus, die dem Volk gilt (vgl. 1Mo 17,9+14; Rö 2,25). Und das trifft, nach Paulus, nicht nur für einige im Volk Israel zu! Nein, »wir alle« lebten einst nach dem Verlangen (oder den Begierden) des Fleisches! Alle taten also nicht den

Willen Gottes, sondern den Willen ihrer gefallenen Natur und
ihrer sündhaften Gedanken. Das Verlangen des »Fleisches«
umfaßt das gesamte Spektrum sündiger Bestrebungen, die in
unserer Natur als Sünder ihre Wurzel haben: von der sexuellen
Ausschweifung über okkulte Praktiken und lieblose Gefühle
und Verhaltensweisen bis hin zu dem selbstzerstörerischen
Umgang mit Essen und Trinken (Gal 5, 19-21). Das »Fleisch«
wird im Neuen Testament also sehr umfassend als Bezeichnung
der sündigen Natur verstanden — nicht nur als böser sexueller
Trieb. Paulus spricht zugleich von dem Verlangen unserer
»Sinne« (bzw. Gedanken / Gesinnung). Wir werden dadurch
daran erinnert, daß vor der sündigen Tat immer der sündige Gedanke steht. Und diese bösen Gedanken — so hat Jesus schon
gesagt — steigen aus dem Herzen des Menschen auf (Mt 15, 19).
So ist auch der jüdische Mensch zuinnerst von der Sünde beherrscht und lebt entsprechend. Wie in V.5a deutlich werden
wird, ist auch der Jude — wie der Heide — geistlich tot. Fazit:
»Wir waren von Natur aus Kinder des Zorns wie auch die übrigen«
(V.3b)! Aufgrund ihrer fleischlichen Natur waren sie, die doch
zum erwählten Volk zählten, genauso unter Gottes Zorn wie
alle Heiden.

Vorschlag zur Bibelarbeit über Epheser 2,1-3

1. Einleitung

Jeder Arzt weiß es: Ohne eine genaue Diagnose kann es
keine Therapie geben. Ein Simulant, der immer nur jam-
mert, ohne wirklich krank zu sein, braucht eine ganz andere
Behandlung als jemand mit einer ernsten Krankheit!
Auch die Religionen und verschiedene Geistesströmungen
haben für den Menschen immer wieder Diagnosen gestellt.
Die Griechen meinten, das Problem sei lediglich, die göttliche Seele des Menschen sei in einem irdischen Leib gefan-

gen. Die Humanisten hielten den Menschen im Kern für
gut. Jahrhundertelang hat der Katholizismus vertreten, die
Natur des Menschen sei durch die Sünde nur geschwächt;
der Mensch könne durchaus die Gebote Gottes halten, nur
eben nicht so vollkommen, wie es nötig wäre. Das letzte, was
zum Heil noch fehle, müsse die Gnade tun.
Wie sieht die göttliche Diagnose des sündigen Menschen
aus?

2. Durchführung

Thema: *Diagnose: Geistlich tot!*

a)   *Was heißt ›geistlich tot‹?*

In V.1 (und V.5a) sagt Paulus, daß seine Leser früher
»Tote« waren. Dies muß in der Bibelarbeit ganz betont
herausgearbeitet werden. Der Mensch ist geistlich nicht
nur geschwächt, nicht nur unvollkommen, nicht nur
krank, erst recht nicht gut oder doch ganz akzeptabel vor
Gott. Es muß ganz klar werden: Im Menschen nach dem
Sündenfall ist natürlicherweise keinerlei göttliches oder
geistliches Leben. Er ist als Gottes Ebenbild zwar zum
Gegenüber Gottes geschaffen und Gott verantwortlich,
aber er ist schuldig vor Gott und durch die Sünde von
ihm getrennt. Zum Hintergrund vgl. 1Mo 2,17 die Dro-
hung Gottes, daß der Mensch an dem Tag, an dem er gegen das Gebot sündigt, sterben müsse. Er starb zwar
nicht körperlich am Tag des Sündenfalls, aber er wurde
sterblich und wurde getrennt vom Leben aus Gott (vgl.
Joh 3,36). Vgl. auch Rö 3,10ff für eine Beschreibung des
Zustandes des geistlich toten Menschen. Dazu gehört
auch, daß er unter Gottes Zorn steht, d.h. von Gott angeklagt und verurteilt ist (V.3c).

b)   Wer ist alles geistlich tot?

In Vv. 1+2 spricht Paulus von den Heiden, also den Angehörigen nicht-israelitischer Völker. In V. 3 bezieht er
aber auch alle Juden (»wir alle« / »wie auch die übrigen«) mit ein; vgl. V. 5a, wo er diejenigen, die wie er zum
auserwählten Volk gehörten, ebenfalls als solche bezeichnet, die »tot« waren. Vielleicht muß dies, daß alle
Menschen von Natur aus geistlich tot sind, nur deutlich
ausgesprochen werden. Je nach Zuhörerschaft muß aber
auch näher erklärt werden, warum selbst Glieder des
auserwählten Volkes Israel als geistlich tot bezeichnet
werden können (s. dazu oben die Texterklärung).

c)   Wie leben geistlich Tote?

Die »Toten«, von denen unser Text spricht, sind, rein
menschlich gesehen, sehr lebendig: Sie leben, wie es ihnen gefällt; wozu es sie hinzieht, das tun sie auch; sie
versuchen das, was sie sich in Gedanken wünschen, auch
zu tun. Der Großteil dessen, was in Vv. 1-3 steht, zeigt
uns, wie Tote leben: Sie übertreten bzw. verfehlen Gottes
Gebote (V. 1); sie leben aus, wozu es sie treibt, und tun,
was sie wollen (V. 3). Sie leben angepaßt an den Lebensstil einer sündigen, gefallenen Welt; und sie merken gar
nicht, daß sie damit nur tun, was der Teufel will (V. 2).

Schluß: Was kann man bei geistlich Toten tun?

Man könnte zum Schluß die Frage stellen, welche Therapie denn bei solch einer Diagnose angebracht ist? Hier
mag helfen, sich daran zu erinnern, daß alle menschlichen Therapien da zu Ende sind, wo wir es mit dem Tod
zu tun haben. Menschlich ist da gar nichts zu machen.
Vor einem geistlich Toten stehen wir immer wie die Jünger Jesu vor dem Grab des Lazarus (Joh 11): lebendig machen kann weder er sich selbst noch wir ihn. Ohne das
Leben wirkende Wort Jesu wird sich absolut nichts regen.

Die Vv. 4 - 6 bringen den großen Umschwung:

(4) Aber Gott, reich an Barmherzigkeit, hat wegen seiner vielen Liebe, mit der er uns liebte,

(5) uns, obwohl wir (oder: die wir) Tote waren aufgrund der Übertretungen, mit Christus lebendig gemacht — aufgrund der Gnade seid ihr gerettet! —,

(6) und uns mitauferweckt und mitgesetzt in den Himmeln in Christus Jesus ...

Gott selbst ändert die Lage des Sünders. Der geistlich tote Mensch kann es ja nicht. Was motiviert Gott dazu? Nicht irgendwelche Vorleistungen oder geistlichen Qualitäten des Sünders! Gottes helfendes Eingreifen hat seine Ursache allein in ihm selbst: in seiner Barmherzigkeit und seiner Liebe. Er ist *»reich an Barmherzigkeit«*, d.h. bei ihm ist in reichem Maße teilnahmsvolle Zuwendung zu denen vorhanden, die in übler Lage sind. Und er handelt *»wegen seiner vielen Liebe, mit der er uns liebte«*. Wieder (wie schon in 1,5) begegnet hier jenes in der Umwelt des Neuen Testaments so selten gebrauchte Wort für Liebe, nämlich die ›Agape‹ Gottes: seine frei schenkende, grundlose herzliche Zuwendung, die gibt, ohne auf Vorleistungen zu warten. »Viel« solche Liebe findet sich bei ihm! In 3,17 - 19 wird Paulus darum beten, seine Leser mögen immer tiefer verwurzelt werden in dieser Liebe, die in allen ihren Dimensionen viel größer ist, als daß ein menschlicher Verstand sie je ganz erfassen könnte. Diese Liebe galt uns schon vor Grundlegung der Welt, als Gott uns unbegreiflicherweise dazu bestimmte, seine Kinder zu werden (vgl. 1,5). Diese Liebe galt uns, als Jesus zu unserer Errettung sein Leben für uns geopfert hat (vgl. 5,25f). Wohlgemerkt: diese Barmherzigkeit und Liebe galt Menschen, die beides nicht verdient hatten; sie galt — wie Paulus in V.5a geradezu umständlich noch einmal einfügt — solchen, die *»Tote waren aufgrund der Übertretungen«*. (Im Grundtext unterbricht V.5a den Satzbau noch stärker, als es oben in der Übersetzung zum Ausdruck kommt. Paulus setzt hier — mitten im Satz — neu ein: »Und obwohl wir Tote waren ...«)

Was hat Gott nun in seiner Barmherzigkeit und Liebe getan? Drei Dinge werden genannt. Er hat uns *»mit Christus lebendig* *gemacht . . . und mitauferweckt und mitgesetzt in den Himmeln in Christus«* (Vv. 5b - 6). Und das, so wird in einem Einschub nochmals betont, als Geschenk der unverdienten Gunst des barmherzigen und liebenden Gottes: *»Aufgrund der Gnade seid ihr gerettet!«* (s. dazu unten, Vv. 7 f). War in Eph 1, 20 davon die Rede, daß Gott in seiner Macht Christus von den Toten auferweckt und in den Himmeln als Herrscher über alle Mächte eingesetzt hat, wird nun deutlich, wie er in seiner Gnade verlorenen Menschen an diesem Heilsgeschehen Anteil gibt. Als solche, die geistlich tot waren, wurden sie *»mit Christus lebendig gemacht . . . und mitauferweckt«.* Beide Ausdrücke beschreiben den gleichen Vorgang, allerdings so knapp, daß man aus dem Wortlaut selbst nicht sehen kann, was da wann und wodurch geschehen sein soll. Man könnte sich etwa fragen, ob sich dieses Mitauferstehen (und dann das Mitinthronisiertwerden) einfach auf die Auferstehung und Erhöhung Christi bezieht, in die wir in Gottes Voraussicht schon eingeschlossen waren, so daß wir uns später durch den Glauben tatsächlich nur noch aneignen müßten, was grundsätzlich für uns schon gilt. Ein Blick in den etwa gleichzeitig geschriebenen Kolosserbrief macht aber klar, daß sich diese Mit-Christus-Aussagen auf den Zeitpunkt der Heilsaneignung beziehen. Paulus macht dort zwei Aussagen: »Euch, die ihr Tote wart aufgrund der Übertretungen und der Unbeschnittenheit eures Fleisches, *hat er mit ihm (nämlich Christus) lebendig gemacht,* indem er uns alle Übertretungen vergab, indem er die gegen uns gerichtete Handschrift auswischte . . . und . . . sie ans Kreuz nagelte« (Kol 2, 13 f); und: »Ihr seid mit ihm begraben worden in der Taufe, *in welcher ihr auch mitauferweckt wurdet durch den Glauben* an die Wirksamkeit Gottes, der ihn von den Toten auferweckt hat« (Kol 2, 12). Da in diesem Zusammenhang von der Taufe die Rede ist, wird oft — ausgehend von der gängigen volkskirchlichen Taufpraxis — geschlossen: Der Mensch wird auf sakramentalem Weg mit Christus lebendig gemacht und zu einem neuen Leben auferweckt, indem an ihm (schon als Kind) die Taufe vollzogen wird. Vergebung der Sünden gibt es aber nicht durch den Vollzug einer sakramentalen Handlung, sondern durch den Glauben an das Evangelium vom stellvertretenden Tod Jesu am Kreuz! Wo das durch den Glauben

persönlich gilt, daß Jesus für meine Schuld gestorben ist (im
Bild: daß meine Schuldschrift als Urteilsbegründung an sein
Kreuz geheftet ist), erfahre ich Vergebung und neues Leben
durch Christus. — Wo nun zu neutestamentlicher Zeit ein
Mensch dieses Evangelium hörte und daran glaubte, ließ er sich
taufen, um damit seinem Glauben sichtbaren Ausdruck zu ver-
leihen: Mein altes Leben als geistlich toter Mensch darf ich im
Untergetauchtwerden in der Taufe (nicht: durch die Taufe!) beerdigen und durch den Glauben zu einem neuen Leben auferstehen, wie dies im Auftauchen aus dem Wasser zeichenhaft
zum Ausdruck kommt. Das Entscheidende dabei ist der
Glaube, der mich an Christus bindet und das für mich gelten
läßt, was Christus stellvertretend für mich getan hat. Von diesem Blick auf den Kolosserbrief her verstehen wir nun auch die
Aussagen in Eph 2,5-6: Uns, die wir tot waren aufgrund unserer
Übertretungen, hat Gott lebendig gemacht, indem er unsere
Schuld auf Jesus legte und uns Teilhaber seines Lebens werden
ließ. Zugleich hat er uns durch den Glauben mit Christus in ein
neues Leben als Gotteskind hinein auferweckt, was in der Taufe
als Gestaltwerdung dieses Glaubens sichtbaren Ausdruck fand.
— Hat man vor Augen: bei den Mit-Christus-Aussagen geht es
immer darum, daß für den einzelnen durch den Glauben das
gilt, was Christus in seinem stellvertretenden Heilshandeln vollbracht hat, so wird man auch die schwierige dritte Aussage verstehen: »und (hat uns) mitgesetzt in den Himmeln in Christus
Jesus« (V. 6b). Natürlich ist damit nicht gemeint, daß wir eine
mystische Zweitexistenz im Himmel führen, die uns nur nicht
bewußt ist. Nein, Christus ist im Himmel, inthronisiert über alle
Mächte (1, 20f)! Durch die Glaubensverbindung mit ihm als
meinem Stellvertreter habe ich in ihm im Himmel bereits Sitz
und Stimme (vgl. Kol 3, 1+3), denn er vertritt mich dort. Seine
Herrschaftsstellung über die bösen Mächte gilt nun auch für
mich. Ich bin diesen Mächten also nicht mehr wie in meinem
geistlich toten Zustand verfallen (vgl. V. 2), sondern in Christus
ihrer Macht entzogen und auf Siegesboden gestellt. Damit gilt
für mich ›in Christus‹ jetzt bereits das, was in Zukunft einmal
sichtbare Wirklichkeit werden wird (vgl. Dan 7,27; 2Tim 2,12;
Offb 3,21; 20,4).

Die Vv. 7-10 beantworten nun die Frage, mit welchem Ziel Gott
in seiner Barmherzigkeit, Liebe und Gnade geistlich Tote aus
ihrem Sündenleben im gegenwärtigen Äon rettet und sie als
Gläubige in einen neuen Heilsstand mit Christus versetzt. Er
hat dies getan,

**(7) damit er in den kommenden Äonen den überschwenglichen
Reichtum seiner Gnade erweise in Güte an uns in Christus
Jesus.**

**(8) Denn aufgrund der Gnade seid ihr gerettet worden durch den
Glauben; und dies nicht aus euch, Gottes Gabe ist's,**

(9) nicht aus Werken, damit niemand sich rühme!

**(10) Denn von ihm sind wir gemacht, geschaffen in Christus
Jesus zu guten Werken, die Gott vorbereitet hat, damit wir in ihnen leben sollen.**

V. 7 zeigt das Ziel des Rettungshandelns Gottes. Stand der
Mensch im alten Äon unter der gnadenlosen Herrschaft der
Sünde und des Teufels, soll er in den kommenden Äonen in rei-
cher Fülle die Auswirkungen der Gnade Gottes erfahren. Die
»kommenden Äonen« stehen als die neue Zeit des Heils dem jetzigen unheilvollen Zeitalter gegenüber. (Zur Erklärung des Begriffs »Äon« siehe die Ausführungen zu V.2.) Während das
gegenwärtige Zeitalter der gefallenen Schöpfung zeitlich begrenzt ist, wird die Heilszukunft Gottes, die mit Christus angebrochen ist, ohne Ende sein. Die Bibel hat aber kein Wort für
›Ewigkeit‹; wenn sie von der nicht endenden Heilszukunft
spricht, tut sie das, indem sie von ›den (kommenden) Äonen‹ redet oder gar von ›den Äonen der Äonen‹ (vgl. Lk 1,33; Rö 1,25;
16,27; Gal 1,5; Eph 3,21; u.ö.). Für die Gläubigen hat diese Gna-
denzukunft schon begonnen: wie der Lobpreis in Eph 1,3ff
zeigt, sind sie ja schon beschenkt mit jedem geistlichen Segen!
Manche Ausleger meinen nun, der Eph kenne nur noch die erfüllte Heilsgegenwart und hätte die Heilszukunft gar nicht mehr
im Blick. Aber allein schon V.7 spricht dagegen. Wie auch sonst
bei Paulus gilt im Eph, daß in Christus die Heilszukunft schon
angebrochen ist und Gaben der Heilszukunft schon in die
gegenwärtige Zeit hineingegeben werden, obwohl zugleich die
Vollendung und das volle Offenbarwerden der Heilszukunft

noch ausstehen. Entsprechend ist der Christ nicht nur jetzt schon mit himmlischen Segensgütern beschenkt; nein, dies Beschenktwerden geht weiter und wird nie enden. Gott wird in den kommenden Zeitaltern in seiner Güte *»den überschwenglichen Reichtum seiner Gnade«* — und d.h. die unfaßbare Fülle seines nie endenden, unverdienten Schenkens — denen erweisen, die er mit Christus auferweckt und erhöht hat.

Diese Gnadenerweise wird sich der Mensch — auch der gläubige Mensch! — allerdings nie verdienen können. Vielmehr gibt es diese Gnadenerweise nur um Christi willen bzw. — wie Paulus es am Ende von V.7 formuliert — *»in Christus Jesus«*. Daß Gnade Gnade bleibt, ist dem Apostel so wichtig, daß er genau dies in Vv.8-10 noch näher begründet. Unsere ganze Rettung samt dem neuen Leben als Errettete ist Gottes Werk und Gnadengeschenk. Und weil das so ist, wird die Fülle der Güte, die Gott den Seinen erweisen wird, niemals vom Menschen verdient sein können, sondern immer nur Gnadengeschenk um Christi willen sein. So der Gedankengang der Verse 7-10 im ganzen. Aber sehen wir uns nun noch die einzelnen Aussagen an.

Die künftigen Gnadenerweise Gottes sind nur ›in Christus‹ möglich, *»denn aufgrund der Gnade seid ihr errettet worden durch den Glauben …«* (V.8a; vgl. V.5b). ›Retten‹ ist bei Paulus neben dem Begriffsfeld ›rechtfertigen‹ eine der zentralen Bezeichnungen für das Heilshandeln Gottes (Rö 1,16; 5,9f; 8,24; 10,9; 11,14; 1Kor 1,21; 9,22; u.ö.). Wir weisen darauf hin, weil kritische Ausleger immer wieder behaupten, die nicht-paulinische Verfasserschaft des Eph zeige sich u.a. darin, daß in diesem Abschnitt zwar viele Gedanken der paulinischen Rechtfertigungslehre nachklängen, aber eben das für Paulus typische ›Rechtfertigungs-Konzept‹ durch die Rede von der ›Errettung‹ ersetzt sei. — Das Wort *»errettet worden«* steht im Griech. in einer Form (Partizip Perfekt), die besagt, daß das Ereignis in der Vergangenheit eingetreten ist und nun dauerhaft wirkt oder gilt. Die Errettung ist jenes Ereignis im Leben eines von Gott verurteilten, geistlich toten Menschen, in dem er mit Gott versöhnt und in ein neues Leben gestellt wird. Dieses Heilsereignis muß nun nicht immer wieder wiederholt werden, sondern es begründet

eine dauerhafte neue Lebenssituation; es gilt. – Errettet wird
der Mensch »*aufgrund der Gnade*« Gottes. Dies ist der tiefste
Grund. Man kann der Errettung keinen tieferen Grund unter-
schieben – kann z.b. nicht sagen: Gott ist gnädig, ›weil der Mensch‹ sich so und so verhält! Gnade Gottes ist vom Menschen her
immer unverdient. Die Gnade also ist der Grund für die Errettung. Der Glaube – »*errettet durch den Glauben*« – ist das Mittel,
der Weg, auf dem das Gnadengeschenk der Errettung dem
Menschen zukommt. Ich werde also nicht ohne Glauben gerettet; ich werde aber zugleich nicht ›aufgrund‹ meines Glaubens
errettet, als wäre der Glaube ein Verdienst, aufgrund dessen
Gott mich retten müßte. Rettung um des Opfers Jesu willen gibt
es, und dem Vertrauen auf dieses stellvertretende Opfer Jesu
wird Rettung zuteil, das ist Gnadengeschenk Gottes. Um dies
ganz unmißverständlich klar zu machen, fährt der Apostel in
Vv. 8b-9 fort: »*… und dies nicht aus euch, Gottes Gabe ist's, nicht
aus Werken, damit niemand sich rühme!*« Manche Ausleger haben das Wort »dies« in V. 8b direkt auf den »Glauben« bezogen:
der Glaube sei »nicht aus euch«, sei »Gottes Gabe«, sei nicht
ein menschliches »Werk«. So richtig das theologisch sein mag,
ist dieser Bezug grammatisch hier aber doch so nicht möglich
(denn das hinweisende Fürwort »dies« ist grammatisch sächlich,
während das Wort »Glaube« im Griech. weiblich ist). »Dies«
(V. 8b) bezieht sich also auf den ganzen Vorgang: das Errettetsein
aus Glauben. Dies Geschehen ist nicht »aus euch«, ist »Gottes
Geschenk« (wobei »Gottes« noch betont vorangestellt wird); es
ist also kein menschliches »Werk«, dessen sich der Mensch rühmen könnte. Aber auch so wird deutlich, daß der rettende Glaube keine Menschenleistung ist. Andernorts sagt Paulus es ganz
deutlich, daß Glaube Frucht des Heiligen Geistes ist (Gal 5,22),
bewirkt durch die Verkündigung des Wortes Gottes (Rö 10,17).
Wie könnte der Apostel, dem es solch ein zentrales Anliegen war
zu verkündigen, der Mensch werde nicht durch eigene Werke gerettet, sondern aufgrund der Gnade durch den Glauben, gerade
den Glauben als verdienstvolles Menschenwerk ansehen! Nein,
hier wie in seinen anderen Briefen betont er den Geschenk-
charakter der Errettung durch den – nicht verdienstlich verstan-
denen – Glauben (vgl. Rö 3,21-24; Gal 2,16, 3,5ff).

Man kann die Frage stellen, warum Paulus hier die Gnade so besonders betont und alles menschliche Werk und Verdienst so entschieden ablehnt. Dies hat vermutlich mit der Situation seiner Leser zu tun. In Kleinasien brach damals gerade eine neue Gesetzlichkeit in die Gemeinden ein. Im ersten Timotheusbrief gibt der Apostel seinem Mitarbeiter, den er in Ephesus zurückgelassen hat, um dort falschen Lehren zu wehren (1Tim 1,3f), Anweisungen, um gegen diese falsche »Gnosis« (1Tim 6,20) vorzugehen, die das Gesetz verkündet und asketische Lehren verbreitet (1Tim 1,6f; 4,1-3). Auch im benachbarten Kolossä traten Gesetzeslehrer auf, die das Halten von Festen, Neumonden, Sabbaten und Speisevorschriften forderten (Kol 2,16-23). Gegen diesen Einbruch falscher »Philosophie« (Kol 2,8) wehrt sich der Apostel. Um so wichtiger ist es ihm, seinen Lesern im Eph, der ein Rundbrief an die Christen jener Gegend um Ephesus ist (s. Einleitung), ein festes Fundament zu geben. Wenn sie verstehen, was er ihnen hier schreibt, daß sie nämlich als geistlich Tote nichts durch Werke zu ihrer Rettung tun konnten, weil vielmehr alles, was sie geistlich sind und haben und erhalten werden, reine Gnade ist und nicht Ergebnis verdienstvoller Werke, werden sie der gesetzlichen Irrlehre nicht mehr auf den Leim gehen.

Vers 10 faßt den Gedankengang der Verse 8+9 zusammen: *»Denn von ihm sind wir gemacht (wörtl.: sein Werk sind wir), geschaffen in Christus Jesus zu guten Werken, die Gott vorbereitet hat, damit wir in ihnen leben sollen.«* Die Errettung verlorener Sünder aus dem geistlichen Tod ist nicht Werk des Menschen, dessen er sich rühmen könnte, sondern Gottes Werk. Genauer noch: Der aus dem geistlichen Tod auferweckte neue Mensch ist als solcher selbst Schöpfungswerk Gottes im Sinn der ›neuen Kreatur‹ (vgl. Gal 6,15; 2Kor 5,17; 4,6). Paulus verwendet hier — und dann auch in 2,15 und 4,24 — bewußt Begriffe aus dem Bereich des göttlichen Schöpfungshandelns (»sein Werk«, »geschaffen«). Nur ist dies nicht mehr auf die natürliche Geschöpflichkeit des Menschen bezogen, sondern auf die Neuschöpfung, das Geschaffensein »in Christus Jesus«. Schon das Frühjudentum konnte von Neuschöpfung sprechen. Nach der frühjüdischen Schrift ›Joseph und Asenath‹ betet Joseph darum, Gott möge sie segnen, beleben, erneuern und dem Volk zuzäh-

len, das er erwählt hat (49,21ff); und als Asenath sich dann dem
Volk Israel anschließt, bestätigt ihr der Erzengel Michael: »Von
heute an wirst du neu geschaffen und neu gebildet und neu be-
lebt« (64,4f). Das Neue Testament bezieht die Rede von der
Neuschöpfung eines geistlich toten Menschen zwar nicht auf
sein Proselyt-Werden, also seinen Anschluß an das Volk Israel;
aber es erklärt das Ereignis der Wiedergeburt als Wunder der
Neuschöpfung. Damit wird noch einmal deutlich, daß der
Mensch sein neues Leben nicht sich selbst verdankt. Wie Gott
bei der Schöpfung der Welt das Nicht-Seiende durch sein
Schöpferwort ins Dasein rief, so hat er geistlich Tote in ein
neues Leben gerufen. Das ist die Gnade der Neuschöpfung, die
allem eigenen Verdienst den Grund entzieht!

Nun ist aber nicht bloß die Errettung schöpferisches Gnadenwerk Gottes, die Bewährung als Christ in der Nachfolge dagegen menschliche Leistung. Vielmehr ist der neue Mensch in
Christus Jesus geschaffen *»zu guten Werken, die Gott vorbereitet
hat, damit wir in ihnen leben«* (V.10b). Schon im Judentum gab
es den Gedanken, das Tun-Können guter Werke sei nicht
menschliches Verdienst, sondern Gott habe den Menschen so
geschaffen, daß er — wobei allerdings nicht von Neuschöpfung
die Rede ist! — solche Werke tun könne (so in der Mischna,
m.Aboth 2,8: »Rabbi Jochanan ben Zakkai pflegte zu sagen:
Wenn du viel Torah ausgeübt hast, so tu dir nichts darauf zugute; denn dazu bist du geschaffen worden«). In der apokalyptischen Schrift 4Esra 8,52 (vom Ende des 1.Jahrhunderts) wird
sogar gesagt, Gott habe für die Gerechten den künftigen Äon
und die guten Werke geschaffen. So intensiv Paulus sich immer
wieder dagegen wehrt, daß der Mensch durch gute Werke gerettet wird (V.9; vgl. Rö 3,20 u.ö.), so intensiv betont er die Auswirkung der Errettung in einem veränderten Leben mit entsprechenden Werken (Gal 5,6; 6,10; Rö 13,3; 2Kor 9,8; Kol 1,10;
2Thess 2,17; Tit 3,4 - 8). Für diese ›guten Werke‹ hat Gott durch
die Erlösung des Menschen alle Voraussetzungen geschaffen;
sie sind von ihm ermöglicht und insofern vorbereitet, bevor der
Mensch sie überhaupt tun kann. So ist also auch das Heiligungs-
leben Gnade! Der neue Mensch lebt aus, was Gott ermöglicht
hat. Noch einmal wird so aller Gesetzlichkeit der Boden entzo-

gen. Selbst die guten christlichen »Werke« sind nicht Leistung und Verdienst des Menschen, sondern Ergebnis der Gnade. Wie dieses Ausleben der guten Werke aussieht, wird dann in Eph 4-6 eingehend beschrieben (vgl. 4,1: »Ich ermahne euch nun . . . , würdig der Berufung zu leben, mit der ihr berufen worden seid!«).

Damit steht der Gedankengang der Vv. 7-10 komplett vor unseren Augen: Was Gott seinen Kindern in den künftigen Zeitaltern schenken wird, ist nicht verdient, sondern pure Gnade; denn wie die Errettung, so ist auch die Heiligung nichts als Gnade. Der Mensch kann vor Gott nichts aufweisen, womit er sich die Segnungen der künftigen Welt verdient. Gnade ist's − und weiter nichts!

Vorschlag zur Bibelarbeit über Epheser 2,4-10

---

1. Einleitung

Was in den Versen vorher (Vv. 1-3) beschrieben wurde, klang nicht sehr ansprechend: Von geistlich Toten war da die Rede, besudelt mit Sünde! Menschlich wäre da nicht viel zu machen. Was wir Menschen mit Toten machen können, ist doch sehr begrenzt: hilflose Wiederbelebungsversuche; beerdigen; bestenfalls einbalsamieren usw.

Erstaunlich ist, was Gott mit geistlich Toten tut! Das führt uns zu unserem Text.

2. Durchführung

Thema: *Was Gott mit geistlich Toten tut*

a) *Was Gott getan hat (Vv. 5-6)*

Was Gott getan hat, zeigen die Vv. 5-6. Geistlich Tote hat er lebendig gemacht und so vom Tod errettet (V. 5b und V. 8 sprechen in diesem Zusammenhang von ›Ret-

tung‹). Er hat sie auferweckt. Und er hat sie in eine himmlische Stellung versetzt. Und zwar jeweils ›mit Christus‹.
Bekehrung ist also ›Totenauferweckung‹! Was bedeutet
das für Evangelisationen, für evangelistische Gespräche,
für unser Gebet für nichtgläubige Menschen? Durch
Tricks, Drängen und Manipulationen läßt sich da nichts
machen.

Wie wir oben bei der Textauslegung sahen (durch den
Vergleich zwischen Eph 2,5f mit Kol 2,12-14), bezeugt
die christliche Taufe u.a. zeichenhaft dieses Auferstehen
aus dem geistlichen Tod. Was bedeutet das für unsere
Taufpraxis? Welche Form der Taufe bringt das Mitauferstehen mit Christus eines zuvor geistlich Toten Menschen angemessen zum Ausdruck? (vgl. auch Rö 6,3ff).
Vgl. auch V. 8, der deutlich macht, daß die Rettung eines
geistlich toten Menschen aufgrund der Gnade durch den
Glauben geschieht. Welche Rolle spielt der Glaube bei
dem Mit-Christus-Lebendigmachen und Mit-Christus-
Auferwecken?

Bei der Beschäftigung mit den Aussagen über das Mit-
Christus-Lebendigmachen und Mit-Christus-Auferwek-
ken V. 5f lohnt ein Blick auf V. 10: Dort bezeichnet Paulus das gleiche, was da mit dem Menschen geschieht, als
Schöpfungsakt, als Neuschöpfung.

Lebendigmachen — auferwecken — erretten — neu er-
schaffen: Das sind alles Worte, die uns deutlich machen,
was passiert, wenn ein geistlich toter Mensch ein lebendiger Christ wird.

In V. 6b spricht Paulus noch von der Inthronisation in
eine himmlische Position mit Christus. Wenn wir dies erklären wollen, müssen wir dem Zuhörer ganz deutlich
Christus als unseren Stellvertreter vor Augen führen. Wir
können ein Beispiel aus der Politik dazu nehmen: Durch
den Abgeordneten unserer Stadt haben wir eine Stimme
im Landtag oder Bundestag. Wenn es das Interesse unserer Stadt oder Region verlangt, können wir die entsprechenden Anliegen unserem Abgeordneten mitteilen, der
sie (wenn er wiedergewählt werden will) dort nachdrück-

lich vertritt. So haben wir mit Jesus als unserem Stellvertreter einen Sitz im Himmel. Aber da kommt noch ein Aspekt dazu: Nach Eph 1,20-22 bedeutet die Erhöhung Christi zur Rechten Gottes auch, daß er Macht hat über alle Mächte. Wenn wir ›mit Christus eingesetzt sind im Himmel‹, müssen wir dunkle Mächte nicht mehr fürchten. Wir sind ihnen nicht mehr unterworfen. Wir haben teil am Sieg Jesu!

All das, was Gott für uns ehemals geistlich tote Sünder getan hat, verdanken wir Jesus. ›Mit Christus‹ sind wir lebendig gemacht, zu neuem Leben auferweckt und in die himmlische Stellung versetzt. Nur durch Jesus werden geistlich Tote lebendig.

b)   *Was Gott tun wird (V. 7)*

V. 7 spricht von dem, was Gott tun wird: in alle Ewigkeit uns mit unvorstellbar großen und vielfältigen Erweisen seiner Gnade beschenken. Hier lohnt es sich, darüber nachzudenken, was uns denn im ewigen Leben erwartet. Die Bibel spricht immer wieder nur andeutungsweise darüber. Aber es wird sich lohnen, einiges davon zusammenzutragen. Gott wird uns viel mehr geben, als wir uns jetzt vorstellen können. Das deutet Paulus an, wenn er von dem ›übermäßigen Reichtum der Gnade‹ spricht, den Gott uns erweisen will.

c)   *Warum Gott tut, was er tut (Vv. 7-10)*

Warum Gott tut, was er an uns tut, wird im ganzen Text immer wieder deutlich. V. 4 spricht vom Reichtum an Barmherzigkeit Gottes und von seiner ›vielen‹ Liebe. V. 5b spricht von der Gnade. Und auch die Vv. 7-10 machen deutlich, daß alles Gnade ist: die Errettung, das Leben als Christ und das Beschenktwerden in der Ewigkeit. Beachten sollten wir dabei auch V. 9: »Nicht aus Werken, damit sich nicht jemand rühme!« Gott handelt nicht, weil wir es verdient haben, sondern weil er es will.

Deshalb kann es bei dem allem nicht um Menschen-
ruhm gehen, sondern nur um Gottes Ruhm.

2) In Christus wird aus gläubigen Juden und Heiden eine neue Körperschaft, die Gemeinde, geschaffen (2,11-22)

Die Vv. 11-22 spannen einen weiten Gedankenbogen: Nachdem die Vv. 11-13 zunächst nochmals auf die frühere Situation
der Heiden eingehen, und zwar diesmal im Gegenüber zu Israel, beschreiben die Vv. 14-18 das Versöhnungswerk Christi,
das diese Situation völlig änderte, so daß in Vv. 19-22 der neue
gemeinsame Stand geretteter Juden und Heiden vor Augen geführt werden kann. Herrschte früher Entfremdung zwischen
Juden und Heiden (V.12), sind im neuen Stand beide vereint
und versöhnt (Vv. 15f. 19f); waren die Heiden früher — im Unterschied zu Israel — gottlos (V.12), haben beide nun gemeinsamen Zugang zum himmlischen Vater (V.18), und Gott wohnt in
ihrer Mitte (V.22). Nimmt man zu 2,11-22 noch die dazugehörige Vertiefung des Themas in 3,2-13 hinzu (vgl. den Rückver-
weis in 3,3b), stehen wir hier vor dem theologischen Herzstück
des Eph: nämlich der Begründung der Lehre von der Gemeinde
aus der Lehre vom Werk Christi.

Zunächst geht es allerdings in den Vv. 11-12 um die große Entfremdung:
**(11) Darum denkt daran, daß ihr, die ihr einst Heiden wart am
Fleisch, die Unbeschnittene (wörtl. ›Unbeschnittenheit‹) genannt
wurden von der sogenannten Beschneidung, die am Fleisch mit
der Hand vollzogen wird,
(12) daß ihr zu jenem Zeitpunkt ohne Messias wart, entfremdet
dem Bürgerrecht Israels und Fremde gegenüber den Bündnissen
der Verheißung, ohne Hoffnung und ohne Gott in der Welt.**

Das einleitende »Darum« verknüpft diesen Abschnitt mit den
vorangegangenen Versen: Angesichts dessen, was die Gnade
aus euch gemacht hat und in der Zukunft machen wird (2,4-10),
erinnert euch — per Kontrast — noch einmal zurück an eure

heidnische Vergangenheit! Der ganze nun folgende Abschnitt
ist eine Erinnerung (oder, wie man mit dem Fachwort sagt, eine
›Anamnese‹). Er will die Leser zu einer theologisch vertieften
Erinnerung führen an das, was heilsgeschichtlich ihr früherer
Zustand war – und was nun in Christus ihre gemeinsame Stel-
lung als errettete Heiden und Juden ist.

Die beiden ersten Verse beschreiben, was *»einst«* (V. 11) bzw.
»zu jenem Zeitpunkt« (V. 12) trostlose Wirklichkeit war. Grund-
tatsache, aus der alles andere folgt, war, daß sie »Heiden« waren. Wenn wir das Wort *»Heiden«* hören, denken wir gleich an
die Mission und irgendwelche fernen Völker oder Stämme, die
unzivilisiert im Busch leben und Stammesreligionen pflegen.
Nun, auch solche Menschen sind »Heiden«, aber nicht nur sie!
»Die Heiden« – oder, wie man auch übersetzen kann: »die Nationen« – ist in der Bibel ein heilsgeschichtlicher Begriff. Die
Bibel unterscheidet im Rahmen der Heilsgeschichte zwischen
»den Nationen« (also den »Heiden«) und Gottes erwähltem Ei-
gentumsvolk »Israel«. Wer nicht zum Volk Israel gehört, zählt
zu den »Nationen« oder »Heiden«. Hier werden sie als Heiden
»am Fleisch« bezeichnet, was wohl nicht nur allgemein bedeutet, daß sie von ihrer Natur her Heiden waren, sondern speziel-
ler zu fassen ist. In V. 11b heißt es nämlich, sie würden von denen, die »am Fleisch« mit der Hand beschnitten sind, »Unbeschnittene« genannt. »Fleisch« steht hier als Bezeichnung für
das männliche Glied, dessen Vorhaut beschnitten oder eben
nicht beschnitten war. Die einen waren als Juden »am Fleisch«
beschnitten, die andern erwiesen sich schon äußerlich durch ihr
Unbeschnittensein »am Fleisch« als Heiden. Die Beschneidung
war das Bundeszeichen, das Gott seinem Volk Israel schon im
Zusammenhang mit dem Abrahamsbund gegeben und verord-
net hatte (1Mo 17, 10; 2Mo 12, 44; Jos 5, 2ff).

Fünf Merkmale werden in V. 12 nun als Kennzeichen eines
unbeschnittenen Heiden genannt:

a) Er ist *»ohne Messias«*. Es wird richtig sein, »Christus« hier in
seinem ursprünglichen Sinn als »Messias« zu übersetzen. Denn
Paulus meint wohl nicht nur, daß sie Jesus als Person nicht
kannten; sondern als Heiden kannten sie die alttestamentliche
Verheißung des von Gott versprochenen künftigen Heilsbrin-

gers, eben des »Messias«, nicht. Im Alten Testament wiesen viele Stellen auf den Messias hin, auch wenn die Bezeichnung selbst nur in Dan 9,25-26 vorkommt (vgl. 1Mo 49,10; 4Mo 24,17; 5Mo 18,15ff; 2Sam 7,12-15; Jes 7,14; Jer 30,9; Hes 34,23f; 37,24f; Mi 5,1ff; Sach 9,9f). Das Frühjudentum erwartete aufgrund dieser Verheißungen das Kommen des Messias (PsSal 17,32; 18,5.7; 1Hen 48,10; 52,4). In Qumran erwartete man sogar einen königlichen und einen priesterlichen Messias (1QS 9,11; CD 12,23f; 14,19; 1QSa 2,11-21). Die Heiden aber hatten diese Messiashoffnung nicht.

b) Ein Heide ist, zweitens, »*entfremdet dem Bürgerrecht Israels*«. Im Blickfeld ist dabei weniger das Staatsbürgerrecht, obwohl damalige Streitereien um gleiche Bürgerrechte die tiefe Kluft zwischen Juden und Heiden illustrieren können. So beschreibt Josephus (Antiquitäten XX. 173-178), daß gerade zu jener Zeit in Caesarea ein harter Streit zwischen Juden und Syrern um das Bürgerrecht entbrannt war: Weil die Stadt eine Gründung des Herodes war, sprachen die Juden den Heiden das gemeinsame Bürgerrecht ab. Da sich dies eben zu der Zeit ereignete, als Felix Statthalter war, könnte Paulus als Gefangener in Caesarea beim Schreiben des Eph diesen Streit durchaus vor Augen haben, der die tiefe Kluft zwischen Juden und Heiden dokumentiert. Nach frühjüdischer Auffassung erhielt ja erst der Proselyt, der sich dem Volk Israel anschloß, Anteil an dem »neuen und gottgeliebten Bürgerrecht« (Philo, spec.leg. I.51). In erster Linie geht es hier im Eph bei der Entfremdung vom Bürgerrecht Israels aber um eine geistliche Dimension. Der Heide gehört als ein vom Bürgerrecht Israels Entfremdeter von seiner Herkunft her nicht zum Volk Gottes, denn Israel ist Gottes Volk (2Mo 19,6; 5Mo 7,6ff.14). Das ist das eigentliche Problem.

c) Damit gilt, drittens, von den Heiden, daß sie von Natur aus »*Fremde gegenüber den Bündnissen der Verheißung*« sind. Ein wahrhaft schwieriges Wort! Daß der Gesetzesbund vom Sinai von Paulus nicht als Verheißungsbund gesehen wird, ist verständlich. Aber gelten die Segnungen des Noahbundes, des Abrahamsbundes oder des Neuen Bundes nicht auch für Heiden? Der Noahbund (1Mo 9) verbürgt den Fortbestand der äußeren Schöpfung Gottes. Aber er ist hier, wo es um Gottes Heilsver-

heißungen geht, nicht im Blickfeld. Anders liegen die Dinge
beim Abrahamsbund und beim Neuen Bund. Die Segnungen,
die in dem Nachkommen Abrahams auch den Heiden zukom-
men sollen (1Mo 12,3; Gal 3,14.16), hatten vor der Verkündigung des Evangeliums die Heiden noch nicht erreicht. Und
auch der Neue Bund, der im Opfer Jesu geschlossen wird (Jer
31,31 ff; Lk 22,20), erreicht die Heiden erst durch das Evangelium. So waren ihnen als Heiden in ihrer vorchristlichen Zeit die
Bündnisse der Verheißung fremd.

d) Viertens waren sie als Heiden *»ohne Hoffnung«*. Hoffnung ist
bei Paulus immer eine von Gott geschenkte Heilsperspektive,
die über den Tod hinaus gilt (vgl. 1Kor 15,19). Wer bloß irdische
Ziele vor Augen hat, hat damit noch lange keine lebendige Hoffnung! Genau das aber war die Situation des Heiden, dessen Perspektive vor Gott letztlich nur Tod und Gericht sein konnte –
und zwar im Gegensatz zu dem Juden, dessen Hoffnung Gott
war und der aufgrund der Verheißungen auf den Messias hof-
fen konnte (Ps 9,11; Eph 1,12).

e) Fünftens waren die Heiden *»ohne Gott in der Welt«*. Das heißt
nicht, daß sie Atheisten waren! Die Heiden verehrten ja sogar
viele Götter, die aber Götzen waren und nicht Gott (vgl. Ps 96,5;
Rö 1,21 ff; 1Kor 12,2). Für die Bibel findet man Gott eben nicht
in jeder beliebigen Religion, so ernst man es auch meint. Paulus
läßt vielmehr keinen Zweifel daran, daß der nicht-christliche
Heide *»ohne Gott«* ist.

Ohne Messias, ohne Zugehörigkeit zum Gottesvolk, Bünd-
nisverheißungen Gottes, ohne Hoffnung, ohne Gott – das war
die Bilanz des früheren heidnischen Lebens. Ganz anders, im
Kontrast dazu, die Stellung des Volkes Israel, das in V.11 als »die
Beschneidung« bezeichnet ist (was deutlich macht, daß Paulus
hier wirklich von Israel spricht und nicht nur von Judenchristen): Sie hatten die Messiasverheißungen, die Bündnisverhei-
ßungen, hatten Hoffnung und kannten ihren Gott.

Jetzt aber ist vor allem daran zu denken, daß in Christus eine
völlig neue Situation eingetreten ist (Vv.13-18):
**(13) Nun aber, in Christus Jesus, seid ihr, die ihr einst fern wart,
nah geworden kraft des Blutes Christi.**

(14) **Er selbst, nämlich, ist unser Friede: Er hat aus beidem eins gemacht und hat die trennende Mauer abgebrochen, die Feindschaft, indem er in seinem Fleisch**
(15) **das in Satzungen bestehende Gebotegesetz wegtat, damit er die zwei in ihm zu einem einzigen neuen Menschen schaffe, indem er Frieden machte,**
(16) **und die beiden versöhne in einem Leib mit Gott durch das Kreuz, indem er an ihm die Feindschaft tötete;**
(17) **und er hat, indem er kam, Frieden verkündet euch, den Fernen, und Frieden den Nahen.**
(18) **Denn durch ihn haben wir beide den (gleichen) Zugang in einem Geist zu dem Vater.**

Der ganze Abschnitt ist sorgfältig aufgebaut: V. 12 (»entfremdet dem Bürgerrecht Israels ... und ohne Gott in der Welt«) steht V. 18 gegenüber (»... durch ihn haben beide den gleichen Zugang zum Vater«). Und dem V. 13 (»die ihr einst fern wart, seid nah geworden«) entspricht V. 17b (»er hat ... Frieden verkündigt den Fernen und Frieden den Nahen«). Zwischen dieser Doppelklammer wird in drei Gedankengängen (V. 14a; V. 15; Vv. 16-17a) jeweils entfaltet, daß Christus Frieden bringt, Einheit schafft und Feindschaft beseitigt. — Doch nun zurück zur Einzelauslegung.

Dem, was »einst« war, wird als Kontrast das gegenübergestellt, was »*nun aber*« gilt; dem, was für die Leser früher »im Fleisch« galt, steht gegenüber, was jetzt »*in Christus Jesus*« für sie Realität ist (vgl. Vv. 11+13). Waren sie früher als unbeschnittene Heiden außerhalb des Volkes Gottes mit seinen Segnungen, stehen sie nun in Lebensgemeinschaft mit Christus und haben durch ihn — aber auch wirklich nur in ihm: da gibt es keine ›natürliche‹ Gottesverbindung und Volk-Gottes-Zugehörigkeit! — eine ganz neue geistliche Stellung. Wo sie »*einst fern*« waren von all dem, was in V. 12 aufgezählt wird, ist diese Entfremdung nun überwunden: sie sind »*nah geworden*«, d.h., sie gehören seit jenem Ereignisverband, den man mit den Worten Bekehrung, Wiedergeburt und Taufe bezeichnen kann, zum Volk Gottes mit seinen Verheißungen und Segnungen, leben mit Gott und kennen Jesus als ihren Messias. Diese Versöhnung dessen, was vorher getrennt war, konnte nicht anders zustande kommen als »*kraft des Blutes Christi*«. Wie es — biblisch gesehen — ohne Blutvergießen keine Vergebung gibt (Hebr 9,22), gibt es ohne Blutvergießen auch keine Versöhnung. Das, was Gott und Menschen trennt, ist die Sünde. Sie muß gesühnt werden. Dafür hat Jesus sein Leben gegeben als stellvertretendes Sühneopfer. So kann es nun aufgrund seines Opfers Versöhnung geben. Das ist gemeint mit dem Hinweis auf das »Blut Christi«.

Daß (und wie) »in Christus« diese Versöhnung zustande kam, die ihre Entfremdung von Gott vom Volk Gottes überwand, wird nun in einem langen Satz begründet, der im Griech. von V. 14 bis V. 18 reicht. Im Grundtext hat der Satz folgende Struktur: Zunächst wird in V. 14a die Hauptaussage gemacht. Die Heiden sind »in Christus« Gott und seinem Volk nahegebracht worden, »er selbst, nämlich, ist unser Friede«. Inwiefern er der große Friedensbringer ist, wird im folgenden in drei Aussagen entfaltet: 1) »Er hat aus beiden eins gemacht« (V. 14b); 2) »er hat die trennende Mauer abgebrochen . . . (usw.)« (V. 14c-16); 3) »er hat, indem er kam, Frieden verkündet . . .« (V. 17-18). Sehen wir uns nun die einzelnen Aussagen näher an.

»*Er selbst, nämlich, ist unser Friede*« (V. 14a): Weil Christus der Friedensbringer in Person ist, so wird die Aussage von V. 13 begründet, konnten in Christus die Heiden von »Fernen« zu »Nahen« werden. Betont steht im Grundtext das »Er selbst« voran. In keinem andern als in Jesus, dem Messias, kommt der Frieden zustande. Nachdem im Alten Testament schon Gott selbst als »der Friede« bezeichnet wird (Ri 6,24: »Jahwe-Schalom«), weissagt der Prophet Micha im Blick auf den kommenden Messias: »Er wird der Friede sein.« Ähnlich auch Jesaja: »Und er heißt . . . Friedefürst« (Jes 9,5). Bei der Geburt Jesu wird »Friede auf Erden« verheißen (Lk 2,14); und in seinem Sterben hat er »Frieden gemacht durch das Blut seines Kreuzes« (Kol 1,20). Der Friede, von dem hier die Rede ist, ist zunächst einmal ›horizontal‹ zwischen den Heiden und Juden. Die Feindschaft zwischen beiden wird abgetan (V. 14c). Zugleich aber kann dies nicht geschehen, ohne daß auch in der ›Vertikalen‹, also zwischen Mensch und Gott, Frieden wird (vgl. V. 16: »die beiden . . . versöhnte mit Gott«!). So macht schon diese einleitende Grundaussage deutlich, daß Gemeinde Jesu ein Friedensort in dieser Welt ist: Da leben Menschen, die vorher einander entfremdet waren, in Frieden zusammen, weil sie alle gleichermaßen Frieden mit Gott gefunden haben. Das ist Christi Werk.

Die erste nähere Beschreibung dieses Friedenswerkes Christi ist im folgenden die grundlegende Feststellung: *»Er hat aus beidem eins gemacht«* (V. 14b). Die beiden Seiten, die hier zusammengebracht werden, sind Heiden und Juden, die vorher einander entfremdet waren (vgl. Vv. 11–12). Allerdings ist dabei nicht einfach von Juden und Heiden pauschal die Rede, so, als ginge es um allgemeine Völkerverständigung. Nein, es geht vom Zusammenhang her um die Einheit beider in Christus! Ehemals geistlich tote Heiden und geistlich tote Juden werden durch Christus mit neuem Leben beschenkt (Vv. 1–6); diese nun werden in der Gemeinde miteinander vereinigt, so daß die neutestamentliche Gemeinde aus geretteten Juden und geretteten Heiden besteht. »Da gilt nicht mehr Jude noch Grieche …, sondern allzumal einer in Christus!« (Gal 3,28).

Das Zweite, was Paulus – nun ausführlicher – über das Friedenswerk Christi schreibt, findet sich in den Vv. 14c-16. Die Grundaussage in Vv. 14c-15a ist nicht leicht zu verstehen: *Er »hat die trennende Mauer abgebrochen, die Feindschaft, indem er in seinem Fleisch das in Satzungen bestehende Gebotegesetz wegtat«.* Als erstes begegnet uns hier eine bildhafte Aussage, wenn vom Abbrechen der Trennmauer die Rede ist. Das Gesetz Moses konnte im Frühjudentum schon einmal als eine Trennmauer zu den Heiden beschrieben werden (vgl. den Aristeasbrief aus dem 1.Jh. v.Chr., § 139: »Da nun der Gesetzgeber als Weiser, der von Gott zur Erkenntnis aller Dinge befähigt wurde, dies klar erkannte, umgab er uns mit undurchdringlichen Wällen und eisernen Mauern, damit wir uns mit keinem anderen Volk irgendwie vermischen, sondern rein an Leib und Seele bleiben«; ebd., § 142: »Damit wir nun nicht besudelt und durch schlechten Umgang verdorben werden, umgab er uns von allen Seiten mit Reinheitsgeboten in bezug auf Speisen und Getränke und Berühren, Hören und Sehen«). Noch greifbarer kommt als Hintergrund für diese bildliche Rede vom trennenden Gesetz die Trennmauer im Jerusalemer Tempel in Frage, die Josephus (Bellum 5, 193 f) folgendermaßen beschreibt (ohne allerdings das gleiche griech. Wort für ›Trennmauer‹ zu benutzen wie Paulus im Eph): Ging man über den Vorhof der Heiden in Richtung zum eigentlichen Tempelheiligtum, »so fand man dieses von einer steinernen Schranke umgeben, die drei Ellen hoch und vortrefflich gearbeitet war. Auf ihr standen in gleichen Zwischenräumen Steintafeln, die teils in griechischen, teils in lateinischen Lettern das die Reinheit schützende Gebot bekannt machten, kein Nichtjude dürfe die heilige Stätte betreten«. 1871 und 1936 fand man bei Ausgrabungen im Tempelbezirk solche Tafeln. Darauf steht: »Daß kein Fremder eintrete innerhalb der Schranke und Einfriedung des Heiligtums! Wer ergriffen wird, ist für den Tod, der darauf folgen wird, selbst verantwortlich!« Jeder Heide, der diese Trennmauer überschritt, hatte damit zu rechnen, gelyncht zu werden. Nichts machte dem Heiden deutlicher als dieses Bauwerk, daß er keinen Zugang zum Gott Israels hatte (es sei denn, er schloß sich als Proselyt dem Volk Israel an). Zu dem Zeitpunkt, als Paulus den Eph schrieb, stand diese Mauer noch; und natürlich hat Christus sie nicht im äußeren Sinn eingerissen. Von ihr wird hier eben nur bildhaft gesprochen. Aber geistlich hat Jesus in seinem Sterben diese Trennmauer längst eingerissen, so fest sie äußerlich in Jerusalem auch noch stehen mochte. (Schon hier sei auf V. 18 verwiesen: In Christus haben jetzt beide gleichermaßen Zugang zu Gott; und V. 21: die Gemeinde ist ein neuer heiliger Tempel, in dem es offenbar keine Trennmauer mehr gibt.) Kein Wunder, daß Paulus diese ärgerliche, diskriminierende Trennmauer als »*die Feindschaft*« bezeichnete. Welche Gefühle der Enttäuschung mögen einen Heiden bewegt haben, der den Jerusalemer Tempel besuchte und dann an die harte Grenze dieser Mauer stieß! Welcher Heidenhaß mochte in der Volksseele hochkochen, wenn das Volk meinte, einen heidnischen Übertreter dieser Grenze gefaßt zu haben. Paulus hatte mit seinem Begleiter Trophimus aus Ephesus ja erst vor kurzem selbst erlebt, welche Feindschaft an dieser Mauer ausbrechen konnte (siehe Apg 21, 27 ff; 24, 6). Die Epheser mochten davon gehört haben. Aber in Christus ist die Trennmauer, an der sich die Entfremdung zwischen Juden und Heiden bis zur Feindschaft verdichten

konnte, abgebrochen, und zwar – nun nicht mehr bildlich, sondern heilsgeschichtlich gesprochen –, »indem er in seinem
Fleisch das in Satzungen bestehende Gebotegesetz wegtat«.
Das »*in Satzungen bestehende Gebotegesetz*« (wörtlich: »das Gesetz der Gebote in Satzungen«) ist das Gesetz Mose, die Torah.
Sie war die zentrale Grundlage des jüdischen Glaubens. Die
vielen Gebote und Verbote – das Judentum zählte insgesamt
612! – kennzeichneten dieses Gesetz. Für den Gottesdienst Israels und das Leben als einzelne und als Volk enthielt es bis ins
Kleinste gehende Satzungen, also Regelungen oder Vorschriften. Soweit ist das, was Paulus hier schreibt, ganz klar. Wie aber
soll man die Aussage verstehen, daß Jesus dieses Gesetz »*wegtat*«? Hat er nicht in der Bergpredigt selbst gesagt, er sei nicht gekommen, das Gesetz aufzulösen, sondern zu erfüllen (Mt
5,17)? Ja, ›aufgelöst‹ – wie die Pharisäer es mit ihrer oft spitzfin-
digen Umgehung und Verwässerung des Gesetzes taten – hat
Jesus das mosaische Gesetz wirklich nicht. Das Gesetz sollte für
Gottes Volk Israel so gültig bleiben, wie Gott es ursprünglich gemeint hatte. Keiner darf willkürlich Gottes Wort verändern! Allerdings hatte Jesus diesem alttestamentlichen Gesetz etwas
›hinzuzufügen‹ – das Wort »erfüllen« (Mt 5,17b) kann auch mit
»auffüllen, ergänzen« übersetzt werden: nämlich die neue messianische Torah (»… ich aber sage Euch …!«, Mt 5,22 u.ö.).
Für Paulus ist klar, daß die Torah im wörtlichen Sinne für Israel
als alttestamentliches Gottesvolk gegeben war. 430 Jahre nach
dem Bund Gottes mit Abraham war das Gesetz »zwischenhin-
eingekommen«, um die Sünden Israels aufzudecken und so das
Volk von seiner Erlösungsbedürftigkeit zu überführen und auf
das Kommen des Messias vorzubereiten (Gal 3,17-24). Seit
dem Kommen Christi sind die Erlösten aber nicht mehr unter
dem Gesetz (Gal 3,25; 4,1-5). Christus ist des Gesetzes Ende
(Rö 10,4). Zwar bleibt die ganze Heilige Schrift, einschließlich
des Gesetzes, als Gottes Wort nützlich, auch für die neutestamentlichen Gläubigen (2 Tim 3,16; Rö 15,4). Aber wie der
Christ im einzelnen zu handeln hat, wird von der neutestamentlichen Ordnung Gottes für seine Gemeinde her bestimmt. Deshalb mußten sich die Judenchristen nicht mehr um ihrer Reinheit willen von der Tischgemeinschaft mit Heiden(christen)

zurückziehen (Gal 2,11 ff). Daher wurde den Heidenchristen das Gesetz des Mose nicht mehr auferlegt (Apg 15). Und daher konnte Paulus auch sagen: »Denen, die unter dem Gesetz sind, bin ich wie einer unter dem Gesetz geworden — obwohl ich selbst nicht unter dem Gesetz bin —, damit ich die, die unter dem Gesetz sind, gewinne. Denen, die ohne Gesetz sind, bin ich wie einer ohne Gesetz geworden — obwohl ich doch nicht ohne Gesetz bin vor Gott, sondern bin unter dem Gesetz des Messias ...« (1 Kor 9,20 f). Darum gab es für Paulus in Christus, der vom Gesetz befreit, auch keinen Unterschied mehr zwischen Juden und Heiden — was unter dem Gesetz ganz anders gewesen wäre (Gal 3,25 - 28). Paulus betrachtet das Gesetz heilsgeschichtlich: Es war für Israel gegeben für die Zeit von Mose bis Christus. Nun aber hat Gott in Christus für seine neutestamentliche Gemeinde eine neue Ordnung verfügt. In diesem Sinne hat schon Luther in seinem ›Sermon, wie sich die Christen in Mosen sollen schicken‹ (1526) gegenüber den Schwärmern betont, die eine buchstäbliche Durchführung alttestamentlicher Bestimmungen forderten: »Das Gesetz geht die Juden an, welches uns forthin nicht mehr bindet. Denn das Gesetz ist allein dem Volk Israel gegeben, und Israel hat es angenommen für sich und seine Nachkommen, und die Heiden sind hie ausgeschlossen ... Man muß also den Rottengeistern das Maul stopfen, die da sagen: Also spricht Moses, da stehet's im Mose geschrieben, und dergleichen. So sprich du: Mose geht uns nicht an. Wenn ich Mosen annehme in einem Gebot, so muß ich den ganzen Mosen annehmen; also würde daraus folgen, wenn ich Mosen zum Meister und Gesetzgeber annähme, so müßte ich mich lassen beschneiden, die Kleider waschen nach jüdischer Weise, und also essen und trinken, mich kleiden, und solches Wesen alles halten, wie den Juden im Gesetz geboten war. Also sollen wir Mosen nicht halten noch annehmen ... Die Heiden sind dem Mose nicht schuldig, gehorsam zu sein; Moses ist der Juden Sachsenspiegel.« Daß das Gesetz deswegen trotzdem auch von Christen nicht zur Seite zu legen ist, sondern vielmehr für sie vom Neuen Testament her auszulegen ist, steht auf einem anderen Blatt. Es hat damit zu tun, daß — unabhängig davon, was Gott für eine ganz bestimmte Heilsepoche angeord-

net hat und in dieser normativ gilt – die ganze Bibel für alle
Gottes Wort ist und bleibt. Als normative Ordnung hat Christus
das »Gebotegesetz« weggetan; es steht von daher in der neutestamentlichen Gemeinde nicht mehr trennend zwischen Juden
und Heiden.
Dies ist durch den Kreuzestod Jesu geschehen, in dem der
Neue Bund geschlossen wurde, der nun auch für die Gemeinde
gilt. Auf das Sterben Jesu am Kreuz in menschlicher Schwachheit und Niedrigkeit spielt Paulus mit dem Ausdruck *»in seinem
Fleisch«* an (vgl., V.16b: die Versöhnung »in einem Leib . . .
durch das Kreuz«). Als Jesus durch sein Sterben in der Niedrigkeit des Fleisches das Gebotegesetz wegtat, verfolgte er damit
ein bestimmtes Ziel, das im folgenden unter zwei ganz ähnlichen Gesichtspunkten vorgestellt wird: Er tat das Gesetz nämlich, erstens, weg, »*. . . damit er die zwei in ihm zu einem einzigen
neuen Menschen schaffe, indem er Frieden machte«* (V.15b);
»und«, zweitens, damit er *»die beiden versöhne in einem Leib mit
Gott durch das Kreuz, indem er an ihm die Feindschaft tötete«*
(V.16). Sprechen wir zunächst über den ersten Aspekt. Jesus
»schafft« in seinem Sterben aus geistlich toten Heiden und Juden (vgl. Vv.1-5) »einen neuen Menschen« (vgl. Gal 3, 26-28).
Wieder – wie schon in V.10 – wird Schöpfungssprache verwandt, um das Wunder der Neuschöpfung zu beschreiben.
Diesmal ist allerdings nicht der einzelne im Blickfeld, sondern
die Gemeinde als Leib Christi: sie ist der »neue Mensch«, dessen Haupt (nach 1, 22 f) Christus ist. (Vgl. dazu 4, 15-16, wo von
Christus, dem Haupt, die Rede ist, von dem her der ganze Leib
der Gemeinde, durch Gelenke und Bänder verbunden, wächst.)
Diese Neuschöpfung des Leibes Christi war nur möglich, indem
Christus zwischen Juden und Heiden in der Gemeinde *»Frieden
machte«* und sie so in einer neuen Heilskörperschaft zusam-
menbrachte. Die unerhörte Botschaft dieses Verses ist: Um zum
Gottesvolk zu gehören, müssen Heiden nicht erst Proselyten
werden und sich so dem Volk Israel anschließen; nein, es gibt
eine Neuschöpfung, ein neues Gottesvolk, bestehend aus in
Christus geretteten Juden und Heiden! – Der zweite Aspekt,
den der Apostel in V.16 nennt, ist ganz ähnlich. Christus hat
durch seinen Kreuzestod die Trennmauer des Gesetzes weg-

getan, damit er »die beiden (Juden und Heiden) versöhne in einem Leib mit Gott durch das Kreuz, indem er an ihm die Feindschaft tötete«. War eben (V.15b) davon die Rede, daß Christus aus geretteten Juden und geretteten Heiden »einen neuen Menschen schaffe«, wird nun parallel dazu von der Versöhnung beider »in einem Leib« gesprochen. In dem Leib Christi, der Gemeinde (vgl. 1,22f), gibt es keine Feindschaft, keine Diskriminierung zwischen Juden und Heiden mehr. Beide sind miteinander »versöhnt« — ihr vorher zerrissenes Verhältnis ist zum Guten völlig verändert (so die Grundbedeutung von »Versöhnen«). Aber sie sind nicht nur miteinander versöhnt, sondern in dem einen Leib Christi zugleich »mit Gott« versöhnt (vgl. Kol 1,20+22; Rö 5,10; 2Kor 5,18-20). Die heilsgeschichtlich wichtige Versöhnung von Juden und Heiden in der Gemeinde ist gar nicht denkbar ohne die grundlegende Versöhnung mit Gott. Dieses Versöhnungswerk, das verlorene Juden und Heiden miteinander und mit Gott in Gemeinschaft bringt, geschieht »durch das Kreuz, indem er an ihm (nämlich: dem Kreuz) die Feindschaft (zwischen Jude und Heide, Mensch und Gott) tötete«. Damit ist bildhaft gesagt, daß das Kreuz Christi das Ende jener doppelten Feindschaft ist. Die Gemeinde als Leib Christi ist damit beschrieben als der Raum der Versöhnung: hier leben mit Gott und mit dem Bruder Versöhnte zusammen.

Erinnern wir uns: V.14a stellte die grundlegende Aussage in den Raum, daß Christus unser Friede ist. Die folgenden Verse sollten zeigen, inwiefern das so ist. Eine erste Beschreibung des Friedenswerkes Christi brachte V.14b; eine zweite die Vv.14c-16. Nun, in den Vv.17-18, wird abschließend über dieses Friedenswerk gesprochen. Christus hat nicht nur »aus beiden eins« gemacht; er hat nicht nur die Trennmauer zwischen Juden und Heiden in seinem Kreuzestod beseitigt und beide im Raum der Gemeinde miteinander und mit Gott versöhnt. Zu Christi Friedenswerk gehört auch ein Drittes: »Und er hat, indem er kam, Frieden verkündet euch, den Fernen, und Frieden den Nahen ...« (V.17). Mit seinem Kommen erfüllt Christus die messianischen Weissagungen etwa aus Jes 55-60, die von der Teilhabe der Heiden an der Verheißung sprechen. Und Jesus Christus schafft den Frieden nicht nur in seinem Kreuzestod, sondern er verkündet den Frieden auch. Hat Jesus das so schon in seinem irdischen Leben getan? Ein Blick in die Evangelien zeigt uns, daß er damals noch nicht zu den Heiden gesandt war, sondern »nur zu den verlorenen Schafen des Hauses Israel« (Mt 15,24). Der irdische Jesus hat noch nicht die Botschaft von der Vereinigung geretteter Juden und Heiden in der Gemeinde als neuer Heilskörperschaft verkündet. Aber der auferstandene Herr hat verheißen, durch seinen Geist zu seinen Boten zu kommen, damit sie in der Kraft dieses Geistes seine Zeugen sind und als »Botschafter an Christi Statt« unter Juden und Heiden verkündigen: »Laßt euch versöhnen mit Gott!« (Joh 14,17f; Apg 1,8; 2Kor 5,20). Das »Kommen« Christi, von dem hier in V.17 die Rede ist, bezieht sich also wohl darauf, daß er als der Erhöhte in seinem Geist zu seinen Boten kommt und durch sie die Friedensbotschaft verkündigt »den Fernen«, d.h. den Heiden, und *»den Nahen«*, d.h. den Juden. – Er kann dies tun, weil aufgrund seines Versöhnungswerkes am Kreuz als neue Wirklichkeit gilt: *»Denn durch ihn haben wir beide den (gleichen) Zugang in einem Geist zu dem Vater«* (V.18). Wie anders war die Situation im Tempel des Alten Bundes! Die Heiden hatten früher nicht den gleichen Zugang zu Gott wie die Juden. Sie waren ohne Gott (V.12), und wenn sie in den Jerusalemer Tempel gingen, stießen sie auf eine Trennmauer, die ihnen den Zugang zu den Vorhöfen der israelitischen Frauen und Männer verwehrte (vgl. V.14c). In Christus gibt es jetzt aber keinen Unterschied mehr. Der Heide muß nicht erst jüdischer Proselyt werden, um zu Gott kommen zu können. Der Jude hat keinen Vorzug mehr. Mehr noch: Selbst die normalen Israeliten hatten im Tempel ja keinen Zugang zum Allerheiligsten, wo Gott seine Gegenwart verheißen hatte. Nur die Priester konnten in das Heiligtum gehen; und nur der Hohepriester konnte einmal im Jahr, am Großen Versöhnungstag, in das Allerheiligste treten. Nun aber, in der Gemeinde, haben gerettete Juden und gerettete Heiden als Gotteskinder und gleichberechtigte Glieder des Gottesvolkes des Neuen Bundes den gleichen Zugang zum himmlischen Vater – und zwar *»in einem Geist«*. Seit Pfingsten gilt die Verheißung der messianischen Zeit. Nicht mehr nur einzelne in Israel empfangen den Heiligen Geist, sondern er ist »auf alles Fleisch ausgegossen« (Joel 3,1). Durch diesen Geist sind alle Glaubenden, Juden wie Heiden, in den einen Leib Christi, »hineingetauft« worden (1Kor 12,13). Und als gleichberechtigte Glieder der neutestamentlichen messianischen Gemeinde verbindet sie der Geist gleichermaßen mit dem Vater und hilft ihnen, im Gebet vertrauensvoll zu Gott selbst zu kommen (vgl. Rö 8,14-17.26f).»Durch Christus« – »im Geist« – »zum Vater«: das ist der neu eröffnete Weg für alle Glieder der Gemeinde des Neuen Bundes.

Vorschlag zur Bibelarbeit über Epheser 2,11-18

1. Einleitung

Einleitend möchte ich für diejenigen, die über diesen Text eine Bibelarbeit zu halten haben, auf eine Schwierigkeit aufmerksam machen. Wie die Auslegung oben zeigte, werden in diesem Text Heiden daran erinnert, wie ihr Zustand vor Gott und in Beziehung auf das Gottesvolk Israel war und wie sich mit ihrer Bekehrung ihre Beziehung nicht nur zu Gott, sondern auch zu Gliedern des jüdischen Volkes heilsgeschichtlich verändert hat. Hier tut sich eine doppelte Schwierigkeit auf: Zum einen werden viele Menschen in unserem Land nicht verstehen, was ›Heiden‹ sind. Dies muß biblisch geklärt und auf die Hörer angewendet werden. Zum andern war damals für alle die spannungsreiche Beziehung zwischen Heiden und Juden ein vorrangiges Problem. Die Juden waren exklusiv Gottes Volk. Nach 2000 Jahre Kirchengeschichte betrachten die meisten Leute – wenn sie überhaupt darüber nachdenken! – die Kirche als das Volk Gottes; und daß das Volk Israel und die Juden auch etwas mit Gott zu tun haben könnten, kommt ihnen kaum in den Sinn. Hier ist – je nach Hörerschaft – zunächst biblische Aufklärungsarbeit zu leisten. Dann aber, wenn biblisch-heilsgeschichtlich klar ist, wie es um Heiden und Juden steht, stellt sich immer noch die Frage nach der Anwendung. Wenn im Zusammenhang der Vv. 13-18 die Gemeinde als Raum der Versöhnung zu erklären ist, kann man zwar gut über die Versöhnung mit Gott sprechen; aber wie soll das, was über Versöhnung zwischen geretteten Heiden und Juden im Text gesagt wird, angewendet werden? Zunächst läßt sich biblisch deutlich erklären, daß die christliche Gemeinde aus geretteten Juden – ja, es gibt auch messianische Juden! – und geretteten Heiden besteht. Aber: Soll die Anwendung nur auf die Versöhnung zwischen Heiden und Juden in der Gemeinde zielen – was zu neutestamentlicher Zeit solch ein brennendes Problem war? Oder soll auch die Überwindung antisemitischer Tendenzen unter Christen und die Liebe zu Israel zur Sprache kommen? (Beides geht allerdings über die unmittelbare Textaussage hinaus.) Oder sollte die Anwendung noch weiter gehen und die Konsequenz der Tatsache der Gemeinde als Raum der Versöhnung auch darauf übertragen, daß Trennmauern, Feindseligkeiten und gestörte Beziehungen unter Christen allgemein in der Gemeinde überwunden werden müssen und können? Alle diese Anwendungen sind möglich, wenn zunächst klar die Textaussage mit ihrer ursprünglichen Abzweckung den Hörern ausgelegt worden ist.

2. Durchführung

Thema: *Der große Wechsel: Vom heidnischen Leben zum Leben in der Gemeinde*

a) *Einst: Das Leben als Heide (Vv. 11-12)*

V. 11 sagt: Ihr wart einst Heiden! Stimmt das auch für die aktuellen Hörer heute? Was stellen sie sich unter ›Heiden‹ vor? Was Heiden, biblisch gesehen, sind, muß erklärt werden (vgl. V. 11b: die Beschneidung als Bundeszeichen des alttestamentlichen Gottesvolkes Israel – und demgegenüber die ›Unbeschnittenen‹). – Wie sieht,

von Gott her gesehen, der Zustand der Heiden aus?
(V. 12). Gilt das, was hier gesagt wird, auch für uns, die
wir im (zumindest: ehemals) christlichen Abendland
aufgewachsen sind? Ist auch der in einem evangelischen
oder katholischen Land Aufgewachsene »ohne Christus« – oder doch von vornherein Christ? Ist er jenseits
des Volkes Gottes – oder von klein an zugehörig? Ist er
– vielleicht, weil seine Eltern Christen waren – im Bund
mit Gott, oder doch fern der Bündnisse? Hat er natürlicherweise ewige Hoffnung, oder nicht? Hat er von Anfang an ein natürliches Gottesverhältnis, oder ist er
ohne Gott? – Wenn das, was die Bibel in V. 12 von den
Heiden sagt, für alle nicht-jüdischen Menschen von Geburt an so gilt, was ändert dann die Lage des Menschen
vor Gott? Mit dieser Fragestellung können wir zum
nächsten Teil überleiten.

b) *Jetzt: Das Leben in der Gemeinde (Vv. 13-18)*

»In Christus« ist »nun« alles anders (V. 13). Wann ist ein
Mensch »in Christus«? Wodurch kommt die radikale
Veränderung von »einst« zu »jetzt« zustande? Die ehemaligen Heiden in und um Ephesus hätten im Blick auf
ihr Leben nur eine Antwort gewußt: Aufgrund der
Gnade durch den Glauben an das ihnen verkündigte
Evangelium vom Heilswerk Christi! Je nach Hörerschaft
muß gegen verschiedene abweichende Verständnisse –
»Alle Menschen haben ein natürliches Gottesverhältnis!« »Das Aufwachsen in einer christlichen Familie
macht mich zum Christen!« »Durch sakramentale Riten
bin ich schon als Baby Christ geworden!« usw. – dieses
neutestamentliche Verständnis durchgehalten werden.
Der Mensch »in Christus« ist nicht mehr »fern«, sondern »nah«: und zwar im Blick auf Gott und das Volk
Gottes wegen des Friedens- und Versöhnungswerkes
Christi. Er bringt in der Gemeinde entfremdete Menschen zusammen (zur Anwendung siehe die Bemer-
kungen oben in der Einleitung zu dieser Bibelarbeit):

Juden und Heiden; aber (mit Gal 3,28) auch Männer
und Frauen, arm und reich, Arbeiter und Unternehmer;
frühere Feinde; Menschen, die voneinander enttäuscht
waren. Als Glieder der Gemeinde leben sie als Versöhnte. Sie sind gleichermaßen mit Gott versöhnt. Und
haben einen gemeinsamen Zugang zu Gott. Diese Botschaft von der Gemeinde als Ort der Versöhnung will
Christus heute überall verkündigt haben (vgl. V.17).

Paulus beschließt den Abschnitt, indem er schlußfolgernd in
den Vv.19-22 den neuen Stand der miteinander und mit Gott
Versöhnten — und damit die neue Wirklichkeit der Gemeinde —
in verschiedenen Bildern schildert:
**(19) Folglich seid ihr nun nicht mehr Fremde und Randbewoh-
ner, sondern seid Mitbürger der Heiligen und Hausgenossen
Gottes,**
**(20) auferbaut auf dem Fundament der Apostel und Propheten,
dessen Eckstein Christus Jesus ist.**
**(21) In ihm wächst das ganze Gebäude zusammengefügt zu
einem heiligen Tempel im Herrn,**
**(22) in welchem auch ihr mitauferbaut werdet zu einer Wohnung
Gottes im Geist.**

In diesen Versen präsentiert Paulus das Resultat (*»Folglich nun«*)
dessen, was er in den Vv.11-18 entfaltet hat. *»Nicht mehr Fremde
und Randbewohner«* (V.19a) spielt auf die in Vv.11-12 beschrie-
bene ursprüngliche Entfremdung der Heiden an. Die hier ge-
brauchten Begriffe stammen aus dem zivilen Bereich des Stadt-
lebens, werden nun aber im übertragenen Sinne — also mit
geistlicher Bedeutung — verwandt. »Fremde« sind Menschen,
die in einer Stadt kein Bürgerrecht haben. »Randbewohner«
sind von den Bürgern geduldete Ortsfremde, die u.U. außerhalb
der Stadtmauern wohnen mußten. Im geistlichen Bereich leben
die ehemals heidnischen Empfänger des Eph nicht mehr so. Sie
gehören voll und ganz zum Gottesvolk — verbunden sowohl mit
den übrigen Gliedern des Volkes Gottes als auch mit Gott
selbst. Dieser Doppelaspekt wird beschrieben mit der Aussage:

». . . sondern (ihr) seid Mitbürger der Heiligen und Hausgenossen Gottes.« Manche Ausleger meinen, daß mit den »Heiligen« die Engel gemeint seien. Verwiesen wird dann auf die jüdische Gemeinschaft von Qumran, die sich mit den u.a. als »Heilige« bezeichneten Engeln verbunden wußte (»denen, die Gott erwählt hat, hat er gegeben zu ewigem Besitz, und Erbteil hat er ihnen gegeben am Los der Heiligen, und mit den Söhnen des Himmels hat er verbunden ihre Gemeinschaft zur Gemeinde der Einung, zum Kreis des heiligen Baus«, 1QS XI, 7f; »Und die Gemeinde deiner Heiligen ist in unserer Mitte zu ewiger Hilfe«, 1QM XII, 7; »Und den verkehrten Geist hast du gereinigt von vieler Missetat, damit er eintrete in den Standort mit der Heerschar der Heiligen und komme in die Einung mit der Gemeinde der Himmelssöhne«, 1QHod III, 21f). Und doch würde dieser Hinweis auf die Gemeinschaft von Menschen und Engeln in der Gemeinde an dieser Stelle im Eph überraschen. In 1, 1 sind mit den »Heiligen« eindeutig die Glieder der christlichen Gemeinde bezeichnet; und so doch wohl auch in 1, 18b. Dann würde aber überraschen, wenn hier in 2, 19 die »Heiligen« plötzlich, ohne nähere Erläuterung, als Engel verstanden werden sollten. Zudem knüpft V. 19 ja zusammenfassend an die vorangehenden Verse an, und dort war nicht von der Vereinung von Menschen und Engeln in der Gemeinde die Rede, sondern von einander früher entfremdeten Menschen. Damit ist der Gedankengang klar: Waren die Leser früher dem Gottesvolk entfremdet, sind sie nun vollberechtigte Glieder in der Schar der Heiligen, d.h. in der glaubenden Gemeinde, dem Gottesvolk. Zugleich sind sie »Hausgenossen Gottes«, also auch Gott nicht mehr entfremdet, sondern bei ihm zu Hause! (Vgl. auch in V. 16 den Doppelaspekt des Versöhntseins miteinander und mit Gott in der Gemeinde.)

In V. 20 wird das Bild gewendet. War von den Lesern eben noch bildlich als von Bürgern im Gottesvolk und Mitbewohnern im Gotteshaus die Rede, wird von ihnen nun gesprochen als Teil des Hauses selbst. Jeder einzelne wird quasi zum Stein, der seinen Platz im Gesamtbau des (geistlichen) Tempels Gottes hat. Schon im Frühjudentum, besonders wieder in Qumran, konnte die Gemeinde als geistlicher Tempel verstanden werden.

Die Qumransekte lehnte den durch die Makkabäer entweihten Tempeldienst ab (1QpHab 12,7ff; CD 4,15ff; 5,6f), trennte sich vom Jerusalemer Tempel (CD 6,11ff; 20,21ff) und mußte sich so — weil der Bau eines zweiten Tempels der Torah widersprochen hätte — schon im 2. Jh. v.Chr. in einer Welt ohne Tempel zurechtfinden. Für die Zeit, bis in Jerusalem wieder ein gereinigter Tempel existierte, verstand sich die Qumrangemeinde selbst als geistlichen Tempel, dessen ›Heiligtum‹ die Israeliten und dessen ›Allerheiligstes‹ die Priester aus dem Geschlecht Zadoks in Qumran bildeten (1QS 5,6; 8,5f. 8f. 11; 9,5f; 11,8). In diesem geistlichen Tempel würden anstelle der äußeren Opfer Taten des Gesetzes und Gebete als sühnende Opfer dargebracht (1QS 8,1-10; 9,3ff; 10,6.8.14; u.ö.). Ganz ähnlich bezeichnet das Neue Testament die Gemeinde des Neuen Bundes immer wieder als geistlichen Tempel (vgl. vor allem 1Pt 2,4ff). So auch hier und in den beiden folgenden Versen. Das Fundament, auf dem die einzelnen Gemeindeglieder wie Bausteine aufgebaut werden, besteht aus den von Christus autorisierten und inspirierten Trägern der Offenbarung des Neuen Bundes. Sie, die neutestamentlichen »*Apostel und Propheten*«, sind der »*Grund*«, auf dem für die gesamte Zeit der Gemeinde aufgebaut wird. Daß mit den »Propheten« hier die neutestamentlichen Propheten gemeint sind, legt sich von zwei Überlegungen her nahe: Erstens fällt auf, daß die Propheten nach den Aposteln erwähnt werden. Wären die alttestamentlichen Propheten gemeint, würden sie von der Reihenfolge her zuerst genannt worden sein. Zweitens scheint die Wortverbindung »Apostel und Propheten« hier an die Stelle des gängigen Ausdrucks »Gesetz und Propheten« getreten zu sein, mit dem im Judentum die alttestamentliche Offenbarung bezeichnet wurde (Mt 7,12; 22,40; vgl. Lk 16,29+31). »Apostel und Propheten« bezeichnet entsprechend die inspirierten Träger der neutestamentlichen Offenbarung. (Zum Apostel-Begriff s. die Erklärung zu Eph 1,1.) Auch nach 4,11 hat Christus seiner Gemeinde als Gabe in erster Linie einmal Apostel und Propheten geschenkt. Was normativ für die Gemeinde gelten sollte, wurde durch sie offenbart. Paulus hat seinen eigenen Dienst als autoritativ für die Gemeinden angesehen und immer wieder seine göttliche Berufung zum

Apostelamt betont. Daß durch die Apostel und Propheten das Fundament für den gesamten Bau der Gemeinde gelegt ist, hat eine große Bedeutung auch für die Frage nach dem neutestamentlichen Kanon: Fundamente werden nicht immer wieder gelegt, sondern grundlegend am Anfang. Und so bedarf die Gemeinde des Neuen Bundes im Lauf ihrer Geschichte auch nicht immer neuer grundlegender Offenbarungen — nein, mit den Aposteln und Propheten wurde unwiederholbar der Grund gelegt, auf dem im folgenden gebaut wird. Die Apostel gaben als autorisierte Augen- und Ohrenzeugen das normative Zeugnis von Jesus; seither gibt es kein weiteres ursprüngliches Zeugnis von ihm. Die Apostel selbst und von Gott inspirierte Propheten vermittelten in ihrer Verkündigung und in den Schriften, die wir im Neuen Testament finden, Weisung für Glauben und Leben der Gemeinde. Das ist der Grund, auf dem gebaut wird. Von diesem »Grund der Apostel und Propheten« gilt, daß sein »*Eckstein Christus Jesus ist*« (V. 20b). Das Wort, das wir hier mit »Eckstein« übersetzt haben, kann eben diese Bedeutung »Eckstein« haben (also den maßgeblichen Stein bezeichnen, von dem aus sich die Richtung des Fundaments im Blick auf die Länge und Breite ausrichtet), oder aber den »Schlußstein« bezeichnen (der bei einem Torbogen oder Gewölbe keilförmig als letzter eingesetzt wurde und das ganze Gebäude zusammenhielt). Der Schlußstein bildet den Abschluß oben in einem gewölbten Bauwerk; der Eckstein liegt im Fundament. Das meint der Text hier: es ist ja von dem Fundament die Rede, »dessen« (!) Eckstein Christus ist. Wenn es um die Grundlagen der neutestamentlichen Gemeinde geht, ist Jesus maßgebend und richtungweisend. Den Hintergrund bildet eine prophetische Verheißung aus dem Buch Jesaja: »Darum spricht Gott, der Herr: Siehe, ich lege in Zion einen Grundstein, einen bewährten Stein, einen kostbaren Eckstein, der fest gegründet ist. Wer glaubt, der flieht nicht« (Jes 28, 16).

Daß Jesus gewissermaßen das ›A und O‹ der Gemeinde ist, wird auch in den Vv. 21+22 deutlich. Die Hinweise auf ihn werden geradezu aufeinandergetürmt: »*In ihm*« wächst das ganze Gebäude zu einem heiligen Tempel »*in dem Herrn*«, »*in welchem*« auch ihr mitauferbaut werdet . . .! Der geistliche Tempel der neutestamentlichen Gemeinde ist nicht Menschenwerk, sondern Werk Christi. Kraft seines Werkes und Wirkens, durch ihn — das ist mit »in ihm« / »in dem Herrn« gemeint — entsteht, besteht und entwickelt sich dieser Bau. Das ganze Bauwerk wächst, »zusammengefügt« aus vielen erretteten Juden und Heiden, um ein »heiliger Tempel« zu werden (dazu siehe oben zu V. 20 die Ausführungen zur Vergeistigung des Tempelbegriffs in Qumran und im Neuen Testament). Nach der allgemeingültigen Aussage in V. 21 macht Paulus in V. 22 nochmals deutlich, daß auch seine konkreten Leser zu diesem Tempel gehören und in ihm zusammen mit allen übrigen Heiligen auferbaut werden »zu einer Wohnung Gottes im Geist«. Wieder zeigt sich, daß sich das Wirken Christi (V. 22a) nicht trennen läßt vom Wirken seines Geistes (»im Geist«, V. 22b): Kraft des Werkes Jesu durch das Wirken des Geistes wird die Gemeinde mit allen ihren Gliedern eine Wohnung Gottes. Hat Gott im Alten Testament noch verheißen, er werde inmitten seines Volkes Israel in der Stiftshütte bzw. im Tempel zu Jerusalem wohnen (2Mo 25, 8; 29, 45; 1Chro 23, 25), so wohnt er nun inmitten seiner neutestamentlichen Gemeinde, an der bekehrte Heiden vollen Anteil haben. (Vgl. Kol 1, 26-27, wo Paulus es als das früher völlig unbekannte, jetzt aber geoffenbarte Geheimnis bezeichnet, daß der Christus nun unter den Heiden wohnt!)

Vorschlag zur Bibelarbeit über Epheser 2, 19 - 22

---

1. Einleitung

Auch wenn in diesen Versen von »Gemeinde« nie ausdrücklich die Rede ist, geht es in der Sache — wie im ganzen Kapitel 2 (eingeleitet durch 1, 22-23) — doch um nichts anderes. Gemeinde wird im Neuen Testament mit einer Fülle von Ausdrücken und Bildern beschrieben. Es lohnt, einmal zu überlegen, was uns heute bei dem Begriff »Gemeinde« oder »Kirche« einfällt. — Paulus hat in 1, 23 die Gemeinde schon

mit einem Leib verglichen, hat sie in 2,13ff als Ort des Friedens und der Versöhnung beschrieben und sie in 2,15 als
einen »neuen Menschen« bezeichnet. Nun reicht er uns zum
Abschluß dieses Kapitels noch einen bunten Strauß von Bildern, um uns deutlich zu machen, was Gemeinde ist.

2. Durchführung

Thema: *Bilder der Gemeinde*

a) *Die Gemeinde als Heimat (V. 19a+b)*

In Deutschland und in anderen Ländern der westlichen
Welt gibt es heute viele (und oft unschöne) Diskussionen um ›Ausländer‹. Vermutlich können wir neueren
Zeitungsberichten entnehmen, wie mit ihnen z.t. um-
gegangen wird. — In 2,11-12 hatte Paulus geschildert,
wie seine Leser früher gegenüber dem Volk Gottes wie
Ausländer waren. Auch hier klingt dieser Gedanke
nochmals an: Fremde, Randsiedler! Aber jetzt unter
dem Vorzeichen: Das ist vorbei! Ihr habt jetzt volles Hei-
mat- und Bürgerrecht im Volk Gottes. — Hier lohnt sich
das Nachdenken darüber, was alles zu den ›Bürgerrech-
ten‹ der Kinder Gottes in der Gemeinde gehört. (Vgl.
zum Kontrast nochmals V.12.)

b) *Die Gemeinde als Zuhausesein bei Gott (V. 19c)*

Als Gotteskinder sind die Glieder der Gemeinde
»Hausbewohner Gottes«. Mancher hat lang an der fal-
schen Stelle gesucht, bis er sein Zuhause fand bei Gott.
Zuhausesein bei Gott spricht auch vom Angenommen-
sein. (Bedenken könnten wir auch, daß Gott in seinem
Haus die Hausordnung bestimmt; vgl. 1Tim 3,15. —
Vielleicht kann man ja auch Eph 4-6 als solch eine
›Hausordnung‹ verstehen.)

c) Die Gemeinde als Gottes Bauplatz (Vv. 20-21)

Von »Fundament« und »aufbauen« und einem wach-
senden »Bau« ist hier die Rede. Was baut Gott denn
da? V.21: einen heiligen Tempel! Als Paulus den Eph
schreibt, steht der Tempel in Jerusalem noch, aber
schon baut Gott an einem neuen Tempel. Und er baut
daran bis heute: Es ist wie bei einer Kathedrale, an der
Jahrhunderte gebaut wird. Wir können hier die einzelnen Teile des Baus ansehen: das Fundament – den Eckstein – die Steine, die zusammengefügt werden – und
den Baumeister, durch den alles zustande kommt. –
Was heißt es nun, daß Gott sich mit der Gemeinde einen
geistlichen Tempel baut? Wozu war der Tempel da? (In
ihm war Gott gegenwärtig; in ihm geschah Versöhnung;
in ihm wurde Gottes Wort bewahrt und weitergegeben;
in ihm wurde Gott gelobt; in ihm wurde ...)

d) Die Gemeinde als Ort, wo Gott zu Hause ist (V. 22)

Nicht nur wir sind zu Hause bei Gott (V.19c), sondern
Gott ist zu Hause inmitten seiner Gemeinde. In der Gemeinde will Gott nicht fern, sondern gegenwärtig sein.
Er ist seinem Volk nah. Gott ist nicht mehr nur an einem
bestimmten Ort zu suchen; sondern, wo seine Gemeinde sich versammelt, ist er in ihrer Mitte (vgl. Joh
4,19-23; Mt 18,20).

D) Im Rahmen eines abschließenden Gebetsberichts wird die Gemeinde als ein erst jetzt in der Heilsgeschichte geoffenbartes Geheimnis erklärt (3,1 – 21)

1) Paulus, der Heidenapostel, eröffnet seinen Gebetsbericht (3,1)

Der erste Vers dieses Kapitels bleibt ein unvollständiger Satz:
(1) Deshalb, ich Paulus, der Gefangene Christi Jesu für euch Heiden – ...

Nicht alle Übersetzungen lassen erkennen, daß es sich hier um einen unvollständigen Satz handelt, der nach V.1 plötzlich abbricht. Sie fügen ein Tätigkeitswort ein (»Deshalb sage ich ...«, »Deshalb bitte ich ...«, usw.). Tatsächlich setzt Paulus seinen Satzanfang aber erst in V.14 fort (»Deshalb beuge ich meine Knie ...«). Kann es sein, daß sich in Gottes Wort unvollständige Sätze finden? Früher haben manche gemeint, die Bibel als von Gottes Geist eingegebenes völlig wahres Gotteswort müsse auch sprachlich einem Vollkommenheitsideal entsprechen. Aber Gott offenbart sich in Niedrigkeit – wie in Jesus Christus, der Niedrigkeitsgestalt annahm (Joh 1,14; Phil 2,7), so auch in seinem Wort. Das Neue Testament ist nicht in klassischem Griechisch geschrieben, sondern in der Umgangssprache von damals. Man spürt den Stil der verschiedenen Schreiber. Und hier in Eph 3,1 merkt man etwas von der Lebendigkeit des mündlichen Wortes, denn Paulus hat das, was er im Auftrag Gottes weiterzugeben hatte, nicht literarisch ausgefeilt und mehrfach überarbeitet. Er hat seine Briefe ja nicht am Schreibtisch entworfen, sondern einem Sekretär in die Feder diktiert (vgl. Rö 16,22). Mitten im Satz veranlaßt ihn da ein Stichwort, einen weiteren Gedankengang einzuschieben.

An sich hat Paulus seine grundlegenden Ausführungen über die Gemeinde abgeschlossen: Vom ewigen Heilsplan Gottes und dem Heilswerk Christi ausgehend (Kap.1) hat er geschildert, wie geistlich tote Heiden und Juden in Christus gerettet

und in dem lebendigen Organismus der Gemeinde gleichbe-
rechtigt zusammengefügt werden, so daß sie als neues Volk
Gottes mit Christus und miteinander verbunden sind (Kap. 2).
Angesichts dessen (»*Deshalb*«) drängt es Paulus zum Gebet.
Wie aus der Fortsetzung von V. 1 in V. 14 ff ersichtlich ist, be-
richtet der Apostel, daß ihn das in Kap. 1 u. 2 geschilderte Han-
deln Gottes zum Bau seiner Gemeinde in die Fürbitte für seine
Leser treibt (vgl. wieder das »*Deshalb*« in V. 14).

Zu Beginn dieses Gebetsberichtes deutet er erstmals auch etwas von seiner eigenen Lage an. Er ist »*Gefangener Christi Jesu
für euch Heiden*« (V. 1b; vgl. 4,1; 6,20; Phil 1,12f; Phlm 9). Der
Ausdruck »Gefangener Christi Jesu« ist etwas schwierig. Was
will der Genitiv »Christi Jesu« besagen? Es könnte sich um
einen besitzanzeigenden Genitiv handeln (sinngemäß: »ein Gefangener, der Jesus Christus gehört«), oder um einen Urheber-
Genitiv (»ein Gefangener durch Jesus Christus« / bzw. »um
Jesu Christi willen«). Von 4,1, Phil 1,13, vielleicht auch Phlm 9
her legt sich letzteres nahe. Nicht einfach die Willkür der Menschen, sondern Christus und sein Auftrag haben ihn ins Gefängnis gebracht. Konkret ist er in Ausübung seines Heidenapo-
stolats in Gefangenschaft geraten, weshalb er sich als Gefangenen »*für euch Heiden*« bezeichnet. Sein Heidenapostolat hatte
ihm den Zorn und die Verfolgung der Judenschaft eingebracht,
die schließlich zu seiner Gefangennahme in Jerusalem führten.
Hier in der Einleitung seines Gebetsberichtes will Paulus gar
nicht näher seine persönlichen Umstände erklären; er will nur
kurz andeuten, warum er für seine heidenchristlichen Leser intensiv Fürbitte einlegt: eben, weil er ihr Heidenapostel ist. Daß
sein Herr ihn in Ausübung dieses seines Dienstes hat in Gefangenschaft geraten lassen, wird mehr beiläufig erwähnt.

Die Erwähnung seines Dienstes für die Heiden am Ende von
V. 1 veranlaßt Paulus nun aber, den begonnenen Gedanken zu
unterbrechen und in einem Einschub vertieft darzustellen, welche heilsgeschichtliche Sicht und Aufgabe ihm als Heidenapostel anvertraut ist. Das führt uns zu dem Einschub der Vv. 2-13.

2) Paulus schiebt eine Erklärung über die Gemeinde als Geheimnis Christi ein (3,2 – 13)

Paulus ist also, wie er in V. 1 erwähnt, im Dienst »für euch Heiden« in Gefangenschaft geraten. Für uns ist das selbstverständlich: Paulus, der große Heidenapostel! (Vgl. Rö 11,13; 1Tim 2,7.) Damals war es aber keineswegs selbstverständlich, daß ein Jude unter Heiden missionierte. Man war zwar bereit, einen Heiden, der sich der Beschneidung, einem Tauchbad, der Verpflichtung auf die Gesetze und der Darbringung eines Opfers unterzog, als Proselyten aufzunehmen, legte ihm aber – so ist es zumindest aus der Zeit nach der Zerstörung des Tempels bekannt – zunächst eher Hindernisse in den Weg: Der Heide muß von selbst kommen; ihm wird vorgehalten, welche schweren Verantwortungen er auf sich nimmt; seine Beweggründe werden geprüft; ja, nach Meinung mancher Rabbinen muß er erst dreimal um Aufnahme als Proselyt bitten, bevor man aufhört ihn abzuweisen. Je länger, je mehr verschloß sich Israel gegen die Heiden. Anfang des 2. Jh. legt Rabbi Aqiba Hohelied 6,1 (»Wohin hat sich dein Liebster gewandt, daß wir ihn suchen mit dir?«) allegorisch als Bitte der Heiden aus, zusammen mit Israel Gott suchen zu dürfen, und läßt Israel antworten: »Ihr habt keinen Teil an ihm, sondern mein Lieber gehört mir und ich ihm« (Mekhilta zu Ex 15,2 / 44b). Und Rabbi Schmuel ben Nachman (3. Jh.) soll gesagt haben: »Wenn alle Völker der Welt zusammenkämen und sprächen: Wir wollen alle unsere Habe verkaufen und die Torah und die Gebote halten, so würde Gott antworten: Wenn ihr auch eure Habe verkauft, um die Torah zu erwerben – Verachtung über euch!« (NumRabba 2 / 138b). – Wie uns die ersten Kapitel der Apostelgeschichte zeigen, war es auch für die junge judenchristliche Gemeinde zunächst schwer, sich an den Gedanken der Heidenmission zu gewöhnen. Wieviel mußte Gott aufwenden, um Petrus dazu zu bringen, dem römischen Hauptmann Kornelius das Evangelium zu sagen (Apg 10)! Und erst recht dauerte es lange, bis die Judenchristen einsehen lernten, daß ein gläubiger Heide Glied der neutestamentlichen Gemeinde werden kann, ohne zuerst als Proselyt auf das Gesetz verpflichtet zu werden (Apg 15). Obwohl man aus dem Alten

Testament wußte, daß am Ende der Zeit die Heiden kommen würden, um dem Gott Israels gehorsam zu werden (Jes 2,2 ff; 66,18; Jer 3,17; Sach 14,16), verstanden die Juden ihren Glauben nie als Missionsreligion im Sinn der Sendung Israels zu den Nationen.

Von daher muß Paulus zunächst erklären, inwiefern er jetzt, in der Zeit der Gemeinde,»für euch, die Heiden«, lebt und leidet:
(2) – wenn ihr ja gehört habt von dem Heilsplan der Gnade Gottes, der mir im Blick auf euch anvertraut wurde,
(3) daß mir gemäß Offenbarung das Geheimnis bekanntgemacht wurde, wie ich es vorher kurz beschrieben habe;
(4) daran könnt ihr, wenn ihr es lest, meine Einsicht in das Geheimnis Christi erkennen,
(5) das in früheren Generationen den Söhnen der Menschen nicht bekanntgegeben wurde, wie es (aber) jetzt seinen heiligen Aposteln und den Propheten im Geist offenbart wurde:
(6) daß die Heiden Miterben und Mit-Leib und Mitteilhaber der Verheißung in Christus Jesus sind durch das Evangelium.

Das Einleitungswort in V.2, das wir mit *»wenn (ihr) ja«* übersetzt haben, drückt die Überzeugung aus, daß es sich wirklich so verhält, wie Paulus im folgenden vermutet. Andererseits macht es deutlich, daß er dies nicht mit letzter Sicherheit sagen kann. Die Ausdrucksweise des Apostels an dieser Stelle hängt wohl damit zusammen, daß der Eph ein Rundschreiben an eine ganze Reihe von Gemeinden in Kleinasien ist, die Paulus nicht in jedem Fall persönlich kennen (s. die ›Einleitung‹ zu diesem Kommentar; vgl. auch 4,21 und Kol 2,1). Er kann zwar davon ausgehen, daß sie um sein Heidenapostolat wissen; doch muß dies nicht unbedingt für jeden seiner Leser zutreffen. Was er – mit der genannten Einschränkung – bei seinen Lesern voraussetzt, ist, daß sie gehört haben *»von dem Heilsplan der Gnade Gottes, der mir im Blick auf euch anvertraut wurde«*. Von diesem Heilsplan (griech.: Oikonomia, mit der Grundbedeutung ›Hausverwaltung‹) war schon einmal in 1,10 die Rede (s. dort die ausführlichen Erklärungen zu diesem Wort). Wie ein Hausverwalter in seinem Anwesen plant, verwaltet und gestaltet, so auch Gott in der Heilsgeschichte. Dieser sich dort verwirklichende Plan hat seinen Grund in der Gnade Gottes, ist also eine Manifestation der Gnade. Was Gott in der Heilsgeschichte plant und tut, geschieht nicht aus Notwendigkeit, ist vom Menschen auch nicht verdient; es ist nichts als frei schenkende Zuwendung Gottes. Daher kann Paulus vom »Heilsplan der Gnade Gottes« sprechen. Dieser gnädige Heilsplan Gottes hat nun etwas mit den Heiden zu tun; er ist dem Paulus *»im Blick auf euch«* (eben die Heiden bzw. Heidenchristen) anvertraut worden. In V.6 wird dann ausführlich erklärt werden, was damit gemeint ist.

Kein Zweifel, wer dem Paulus diesen Heilsplan »anvertraut« hat: Gott selbst. Als Jude drückt er dies durch die Passivform (bzw. die Leideform) aus: *»der mir anvertraut wurde«*. Weil Juden den Gottesnamen nicht unnütz im Munde führen wollten, ersetzten sie oft durch die Leideform die ausdrückliche Erwähnung Gottes. Also, statt »Gott hat mir anvertraut«: »mir wurde anvertraut«! Wie dieses Anvertrauen des Heilsplans Gottes vor sich ging, macht V.3 deutlich: *»daß mir gemäß Offenbarung das Geheimnis bekanntgemacht wurde«*. Wieder wird (durch die Passivform) Gott als der Handelnde angedeutet. Er ist es, der das Geheimnis bekanntgemacht hat. Wie schon in 1,9 erwähnt (s. dort die ausführliche Erläuterung), hat Gott jetzt ein »Geheimnis«, das von Ewigkeit her verborgen war, geoffenbart – nicht, damit man es in einem kleinen Kreis von Eingeweihten hütet, sondern daß es nun in der Evangeliumsverkündigung überall proklamiert wird. Paulus hat dieses Geheimnis nicht von Menschen überliefert bekommen, sondern es wurde ihm (»mir«) von Gott selbst geoffenbart. Den gleichen Sachverhalt spricht er – noch ausführlicher – in Gal 1,11-16 an: nicht von Menschen, sondern von Gott selbst, wurde ihm, dem Christenverfolger, Jesus als der Sohn Gottes geoffenbart und der Auftrag gegeben, ihn unter den Heiden zu verkünden. Wie dort in Gal 1 spielt Paulus auch hier auf seine Bekehrung vor Damaskus an. Dort sah er Jesus als den Sohn Gottes in Herrlichkeit, erkannte, daß es wahr ist, wenn die Christen Jesus von Nazareth als den verheißenen Messias und auferstandenen Herrn verkünden; dort vor Damaskus zerbrach ihm seine eigene Gesetzesgerechtigkeit, als er erkannte, daß er gerade im Bestreben, sich mit größ-

tem Eifer für das Gesetz einzusetzen, zum Gewalttäter und
Gotteslästerer wurde; dort erfuhr er durch Jesus aber auch Vergebung aus reiner Gnade und empfing seinen Auftrag, als Diener des Neuen Bundes den Heiden das Evangelium zu verkünden (s. dazu die Bekehrungsberichte und -andeutungen des
Paulus in Apg 9,5.15; 26,15-18; Gal 1,11-17; 1Kor 9,1+16f;
15,8ff; 2Kor 3,4-4,6; 5,16,21; Phil 3,4-11; 1Tim 1,11-14).

Dieses Geschehen steht im Hintergrund, wenn er nun in Eph 3
davon spricht, daß ihm »durch Offenbarung« das »Christusgeheimnis« erschlossen wurde. Was ist dieses Geheimnis? Zunächst fällt auf, daß das Mysterion, von dem auch schon in V.3
die Rede war, als »Christusgeheimnis« bezeichnet wird, d.h. als
ein Geheimnis, das von seinem Inhalt her mit Christus zu tun
hat. (Vgl. die folgenden Verse, wo es im Blick auf den Inhalt dieses Geheimnisses immer wieder um Christus geht: V.6b »in
Christus«; V.8b »der unausschöpfliche Reichtum Christi«; V.11b
»in Christus Jesus, unserem Herrn«.) Aber worum geht es konkret? Hier hilft uns die Andeutung im Text weiter, Paulus habe
sich über den Inhalt des Geheimnisses schon in den beiden vorangehenden Kapiteln des Eph geäußert (»wie ich es vorher kurz
beschrieben habe«, V.3b). Nach 1,9 geht es um den von der Ewigkeit her in Gott verborgenen Heilsplan, in der Fülle der Zeiten alles in Christus zusammenzufassen. Konkret schließt dies ein,
was Paulus in Eph 2 beschrieben hat, nämlich daß in Christus
aufgrund der Gnade gläubiggewordene Juden und Heiden errettet und gleichberechtigt in der Gemeinde zusammengefügt werden (vgl. 2,5f und 3,6 sowie die Ausführungen über das Wirken
Christi in 2,11-22). Es geht also um das Geheimnis der durch
Christus ermöglichten und geschaffenen neuen Heilskörperschaft, der neutestamentlichen Gemeinde, oder – um es mit Be-
griffen aus Eph 1+2 zu sagen – um den Leib Christi, um die Bürger und Hausgenossen Gottes, die Behausung Gottes im Geist,
den einen Neuen Menschen, gebildet aus erretteten Juden und
Heiden in Gleichheit und Einheit. Auf die entsprechenden Ausführungen zum Thema in Eph 1+2 weist der Apostel nun seine
Leser hin (»daran könnt ihr, wenn ihr es lest, meine Einsicht in das
Geheimnis Christi erkennen«, V.4). Ab V.6 wird er dann weitere
Ausführungen zum Inhalt dieses Geheimnisses bringen.

Zuvor aber stellt er in V. 5 klar, daß es — heilsgeschichtlich gesehen — im Blick auf dieses Geheimnis einen großen Unterschied zwischen früher und heute gibt: *»(Das Geheimnis wurde) in früheren Generationen den Söhnen der Menschen nicht bekanntgegeben (. . .), wie es (aber) jetzt seinen heiligen Aposteln und Propheten im Geist offenbart wurde . . .«* Zunächst: Spricht dieser Vers von einem nur relativen Unterschied zwischen früher und heute (also: ›Das Geheimnis wurde früher nicht so klar bekanntgegeben, wie es jetzt den Aposteln bekanntgemacht wurde‹)? Oder spricht er von einem absoluten Gegensatz (nämlich: ›Dieses Geheimnis war früheren Generationen nicht bekannt, jetzt aber ist es offenbart worden‹)? Sprachlich ist beides möglich. Das *»nicht . . . , wie jetzt«* könnte den relativen Unterschied zwischen zwei Größen bezeichnen, die miteinander verglichen werden. (Also: »nicht so . . . , wie jetzt«). Das *»wie«* in V. 5b kann im Griech. aber auch einen Gegensatz ausdrücken. (Vgl. Apg 2,15: »Diese sind nicht betrunken, wie ihr meint!« — wo vom Zusammenhang her ja nicht gemeint sein kann: »Diese sind nicht so sehr betrunken, wie ihr meint!«, also ein relativer Vergleich, sondern nur der Gegensatz: »Diese sind überhaupt nicht betrunken, wie ihr das fälschlich meint!«) Verschiedene Gründe sprechen dafür, daß es in Eph 3,5 um solch einen Gegensatz geht: 1.) Das Geheimnis ist eine ausgesprochen ›neutestamentliche‹ Offenbarung. Schon in 1,8f betont Paulus, daß das Geheimnis »uns«, den durch Christus Erlösten (V. 7), bekanntgemacht wurde. Dies präzisiert er nun in 3,3, 3,5 und 3,8 noch dahingehend, daß es (zunächst) ihm bzw. den Aposteln und urchristlichen Propheten durch Offenbarung erschlossen wurde. 2.) Die Parallelstelle in Kol 1,26 formuliert eindeutig einen Gegensatz zwischen früher und heute. Sie spricht von dem »Geheimnis, das seit Äonen und Generationen verborgen war, *nun aber* seinen Heiligen offenbart wurde« (ähnlich Rö 16,25-26). Vieles ist im Alten Testament hinsichtlich des Evangeliums von Jesus schon offenbart worden: daß er als der Messias, der Davids- und Gottessohn zum Heil erscheinen wird (Rö 1,1ff; vgl. beispielsweise 2Sam 7,12ff; Jes 9,6f; 53); daß in der messianischen Friedenszeit die Heiden nach Jerusalem kommen und nach Gottes Wort fragen werden (Jes 2,2ff; vgl. Rö 9,24-26).

Zudem erwähnt das Neue Testament immer wieder alttestamentliche Weissagungen, die auf Christus zielen und in ihm erfüllt sind. Und doch ist *ein* Geheimnis im Alten Testament nicht
geoffenbart worden: das Geheimnis der Gemeinde! Daß in der
Zeit des Messias auch die Heiden das Wort Gottes hören werden, war Bibelkennern bekannt. Aber aufgrund der alttestamentlichen Offenbarung hätte man nicht mehr vermuten können, als daß sich Heiden, die sich dem Messias zuwenden, dem
(alttestamentlichen) Gottesvolk Israel anschließen würden.
Völlig neu war Gottes Plan mit der Gemeinde: In Christus sollte
aus messiasgläubigen Juden und Heiden eine neue Heilskörperschaft, ein neues Gottesvolk, nämlich die Gemeinde geschaffen
werden (bzw. – wie Paulus es in Kol 1,26f ausdrückt – daß
Christus in Heiden als solchen Wohnung nimmt und ihnen die
Hoffnung auf die Herrlichkeit schenkt, ohne daß sie sich zuvor
als Proselyten dem Volk Israel anschließen müssen). Es war von
Ewigkeit her ein Geheimnis, das jetzt erst gelüftet wurde.

Wie Paulus in den Vv.3+8 berichtet, wurde das Geheimnis
ihm persönlich offenbart. Zugleich weist er in V.5b aber auch
darauf hin, daß es nicht nur ihm, sondern ebenso den anderen
»heiligen Aposteln (Christi) und den (urchristlichen) Propheten«
offenbart wurde. (Vgl. dazu auch Gal 1, wo Paulus betont, das
Evangelium direkt von Christus erhalten zu haben, wobei es
sich aber um kein anderes Evangelium handelt als das auch den
Jerusalemer Aposteln geoffenbarte.) Die Apostel werden hier
ausdrücklich als *»seine (d.h. Christi) heiligen Apostel«* bezeichnet. Das Wörtchen »seine« bezieht sich im Grundtext nur auf
die Apostel, nicht auf die Propheten, ja es tritt zwischen beide
Gruppenbezeichnungen und hebt damit die Apostel als eigene,
zum Dienst Jesu ausgesonderte (d.h. »heilige«) Gruppe betont
hervor. Daß die »Propheten« an zweiter Stelle genannt werden,
mag (wie in 2,20) als Hinweis darauf dienen, daß die urchristlichen – nicht die alttestamentlichen – Propheten gemeint sind.
Das geht ja auch eindeutig daraus hervor, daß ausdrücklich ver-
merkt wird, die Offenbarung an sie sei »jetzt« ergangen (V.5b).
Beiden, Aposteln wie Propheten, hat Christus sein Geheimnis
offenbart. Diese Offenbarung geschah »*im Geist*«, d.h. unter der
Inspiration des Heiligen Geistes. In 1Kor 2,9-13 erklärt Paulus

etwas ausführlicher, wie er das meint. Er sagt dort: »Was kein Auge gesehen und kein Ohr gehört hat und keinem Menschen im Herzen aufstieg, was Gott bereitet hat denen, die ihn lieben, das hat uns Gott geoffenbart durch den Geist ... Wir aber haben ... den Geist aus Gott empfangen, damit wir wissen, was uns von Gott geschenkt ist. Davon reden wir auch – nicht mit Worten, die von menschlicher Weisheit gelehrt sind, sondern mit Worten, die vom Geist gelehrt sind ...«. So, wie die übrigen Apostel erfahren haben, daß sie der Geist an alles erinnert hat, was ihnen Jesus offenbarte, und sie weiter in die volle Offenbarung des Neuen Bundes einführte (vgl. Joh 14,26; 16,13), hat es auch Paulus erlebt, daß Gottes Geist ihm das bis ins einzelne hinein erschlossen hat, was ihm in seinem Damaskuserlebnis grundsätzlich offenbart worden war.

In V. 6 wird nun der Gedanke von V. 4 fortgesetzt und das Geheimnis Christi weiter erklärt. Es hat zum Inhalt »*daß die Heiden Miterben und Mit-Leib und Mitteilhaber der Verheißung in Christus Jesus sind durch das Evangelium*«. Das Christusgeheimnis hat also wesentlich damit zu tun, was in Christus für die Gemeinde möglich und wirklich geworden ist. Schon in 1,11 f war gesagt worden, daß christusgläubige Juden mit dem Erbteil beschenkt wurden, zum Lob der Herrlichkeit Gottes zu leben. Darüber hinaus sind auch die (gläubiggewordenen) Heiden »*Miterben*«. Es gehört also zum Geheimnis der Gemeinde, daß in ihr Juden und Heiden die gleiche Bestimmung haben, zum Lob Gottes zu leben. – Zugleich sind sie, die vorher dem Gottesvolk entfremdet waren (2,12), in dem einen Leib Christi, der Gemeinde (1,23), mit ihren an Jesus gläubigen jüdischen Geschwistern zusammengeschlossen. Und zwar sind sie »Mit-Leib«, d.h. genauso zum Leib Christi gehörig wie jene. Es gehört mithin zum Geheimnis der Gemeinde, daß in ihr Juden und Heiden gleichberechtigt zusammengehören. – Schließlich wird gesagt, daß die Heiden, die früher den Verheißungen der göttlichen Bündnisse fremd gegenüberstanden und ohne Hoffnung in der Welt leben mußten (2,12), mit ihren jüdischen Glaubensgeschwistern zusammen »*Mitteilhaber der Verheißung*« sind – und das heißt doch, ihnen gelten alle Verheißungen, die Gott dem Volk des Neuen Bundes gegeben hat. Zum

Geheimnis der Gemeinde gehört daher, daß ihren ursprünglich
jüdischen und heidnischen Gliedern die gleichen Verheißungen
geschenkt sind. Hier ist wirklich »nicht mehr Jude oder Grieche, sondern allzumal einer in Christus!« (Gal 3,28). Wohlgemerkt: Diese Einheit kommt »in Christus Jesus« zustande
»durch das Evangelium«. Es geht also nicht einfach um das Verhältnis von Heidenchristen zum Volk oder Staat Israel. Gewiß
sollen Christen auch Israel lieben, denn es ist Gottes auserwähl-
tes Volk des Alten Bundes und hat Verheißungen als Volk und
hinsichtlich seines Landes. Von daher schon können Christen
keine Antisemiten sein! Hier im Eph geht es heilsgeschichtlich
aber nicht um die Stellung der Christen zu Israel, sondern um
etwas anderes: nämlich um die mit dem Evangelium geschenkte Offenbarung, daß in der Gemeinde als einer neuen
Heilskörperschaft messianische Juden und christusgläubige
Heiden eine organische Einheit bilden mit gleichem Auftrag,
gleicher Stellung und gleicher Hoffnung.

Vorschlag zur Bibelarbeit über Epheser 3,2-6

---

1. Einleitung

Einleitend müßte zunächst einmal deutlich gemacht werden, daß es in diesen Versen um das ›Geheimnis‹ der Gemeinde‹ geht. Der Begriff ›Gemeinde‹ fällt ja gar nicht ausdrücklich in diesen Versen. Um sein Heidenapostolat zu begründen, kommt Paulus hier auf das »Geheimnis Christi«
zu sprechen, das er inhaltlich in den vorangehenden Abschnitten des Eph schon näher erklärt hat. Es hat mit dem
»Heilsplan der Gnade Gottes« zu tun, daß nämlich gläubige
Juden und Heiden in einem Leib zusammengeschlossen
sind. Damit wird deutlich: es geht um die Gemeinde.
Andere würden hier vielleicht von ›Kirche‹ sprechen. Es
könnte sich lohnen, vor der Einzelauslegung einmal darüber
nachzudenken, in welchen Zusammenhängen besser von

›Kirche‹, und in welchen von ›Gemeinde‹ gesprochen werden sollte. Manche unterscheide die ›Kirche‹ als verfaßte
Großorganisation von der ›Gemeinde‹ als der örtlichen
(Kirch-)Gemeinde. Neutestamentlich gesehen würde es vielleicht naheliegen von ›Gemeinde‹ zu reden, wenn man (ört-
lich oder überörtlich) die sichtbare Ausprägung des Leibes
Christi, d.h. die Schar der an Jesus gläubigen Wiedergebore-
nen, im Blick hat, die sich in — aber auch unterschieden von
— den geschichtlich gewordenen, organisatorisch verfaßten
Kirchen findet.

2. Durchführung

Thema: *Das Geheimnis der Gemeinde*

a) Das Geheimnis der Gemeinde hat Gott lange verschwiegen

Ein guter Einstieg könnte mit V. 5 gegeben sein. Es wäre
zunächst zu erklären, daß das Geheimnis der Gemeinde
in früheren Generationen von Gott nicht geoffenbart
worden war. Im Alten Testament ist von dem, was neutestamentliche Gemeinde ihrem Wesen nach ist, noch
nicht die Rede. Neutestamentliche Gemeinde ist etwas
anderes als das alttestamentliche Gottesvolk Israel —
und umgekehrt. Vieles ist im AT im Blick auf das Evangelium von Jesus schon prophezeit, aber nicht das Geheimnis der Gemeinde als einer neuen, aus christusgläubigen Juden und Heiden bestehenden Heilskörperschaft. — Das heißt aber auch: Wenn man wissen will,
wie Gemeinde Jesu aussehen soll, muß man in das Neue
Testament schauen. Im Lauf der Kirchengeschichte hat
man den Unterschied zwischen dem alt- und neutestamentlichen Gottesvolk nicht immer klar gesehen. Man
hat deshalb die Kirche in verschiedener Hinsicht nach
alttestamentlichem Muster gestaltet: denken wir einmal
an die Priestergewänder, an (Meß)-Opfer, an den Altar,
an die durch die Taufe ersetzte Beschneidung am achten

Tag, an Weihrauch usw. Was finden wir zu diesen Fragen der Gestaltung des Gemeindelebens im Neuen Testament?

b) *Das Geheimnis der Gemeinde wurde den Aposteln offenbart*

In den Vv. 3 und 5 macht Paulus deutlich, daß das von ewig her verhüllte Geheimnis der Gemeinde ihm und den anderen Aposteln und urchristlichen Propheten erschlossen wurde. Wie hat Jesus das Geheimnis der Gemeinde Aposteln wie Petrus nahegebracht? (Vgl. Mt 16, 16ff; 28, 18ff; Apg 2. 8. 10. 15.) Wie hat er es Paulus erschlossen? (Vgl. die o.g. Berichte zum Damaskuserlebnis.) — Wir sehen hier, daß es in der Heilsgeschichte eine fortschreitende Offenbarung gibt. Nicht alles ist schon im Alten Testament offenbart. Es gibt neue Offenbarung, die die bisherige Offenbarung weiterführt. Gott offenbart auch Neues, das nach seinem Willen an die Stelle des Bisherigen tritt. Wohlgemerkt: Dabei geht es aber nicht darum, daß Menschen sich etwas ausdenken, das ihnen besser gefällt als das, was bisher nach Gottes Willen galt. Es ist immer Gott, der sagt, was gilt.

c) *Das Geheimnis der Gemeinde hat einen uns verpflichtenden Inhalt*

Es geht bei dem Geheimnis Christi (V. 4) um den Heilsplan der Gnade Gottes speziell für die Heiden (V. 2), die in der Gemeinde gleichberechtigt mit christusgläubigen Juden vereint sind in gleichem Auftrag, gleicher Stellung und gleicher Hoffnung (V. 6; vgl. in Vv. 3b+4 die Hinweise auf Kap. 2). Das war damals ein völlig neuer, völlig fremder Gedanke. Was das heißt, können die Hörer unserer Bibelarbeit nur ermessen, wenn wir deutlich erklären, wie tief die Kluft zwischen Juden und Heiden vorher war. (Siehe dazu oben in der Einführung zu diesem Abschnitt; vgl. auch Gal 2,1ff; Apg 10; 11,1-18; 15.) In der Gemeinde ist durch Jesus diese Kluft zwischen Angehörigen verschiedener Völker überwunden (vgl. Gal 3,28). – Heute gibt es auch solche Klüfte, die gegen das Wesen der Gemeinde streiten. Überlegen wir einmal: Was bereitet denn praktisch Schwierigkeiten, wenn Angehörige verschiedener sozialer Schichten in einer Gemeinde zusammen sind? Wo sind konkret die Reibungspunkte, wenn Christen verschiedener Kulturen und Völker zusammen leben und Gott dienen sollen? Gibt es in unserer Gemeinde entsprechende Erfahrungen? Wenn nun aber in der Gemeinde Juden und Heiden ebenso gleichberechtigt zusammengehören, wie Arme und Reiche, Deutsche und Ausländer – wie kann man konkrete Schritte unternehmen, daß die völker- und kulturüberschreitende Einheit, die zum Wesen der Gemeinde gehört, sichtbar wird?

In den Vv.7-13 geht es nun um Paulus als den Heidenmissionar und um die Heidenmission. Mit der Offenbarung des Geheimnisses, daß gläubige Heiden zur neutestamentlichen Gemeinde den gleichen Zugang haben wie messiasgläubige Juden, ohne daß sie sich dem Volk Israel anschließen müssen, bricht ein Zeitalter der Heidenmission an, wie es in Israel nie denkbar gewesen wäre. Was in den Vv.2-6 über die Offenbarung dieses Geheimnisses (der Gemeinde) erklärt wurde, ist nur die Grundlage für die nun folgenden Ausführungen des Apostels zum Thema Heidenmission.

Die frohe Botschaft, daß die Heiden in der Gemeinde den gleichen Auftrag, die gleiche Stellung und die gleiche Hoffnung haben wie die Judenchristen, ist ihnen im Evangelium verkündigt worden.

(7) »Dessen Diener bin ich geworden nach dem Geschenk der Gnade Gottes, die mir verliehen wurde nach dem Wirken seiner Kraft.

(8) Mir, dem Geringsten von allen Heiligen, wurde diese Gnade verliehen, den Heiden den unaufspürbaren Reichtum Christi als frohe Botschaft zu verkünden

(9) und alle zu erleuchten im Blick darauf, was der Heilsplan des Geheimnisses ist, das von den Äonen her in Gott, dem Schöpfer des Alls, verborgen war,

(10) damit nun den Mächten und den Gewalten in den Himmeln durch die Gemeinde die vielfältige Weisheit Gottes bekanntgemacht würde,

(11) die dem ewigen Vorsatz entspricht, den er gefaßt hat in Christus Jesus unserem Herrn.

(12) In ihm haben wir Freimut und vertrauensvollen Zugang durch den Glauben an ihn.

(13) Darum bitte ich, nicht zu verzagen angesichts meiner Drangsale für euch, die euch zur Ehre gereichen.

Paulus, ein »*Diener des Evangeliums*« (V. 7; vgl. Kol 1, 23), – das war nicht immer so! Daß er sein Leben, das früher ganz dem Einsatz für das Gesetz gewidmet war (Gal 1, 13 f; Phil 3, 5 f), in einer totalen Kehrtwendung dem Dienst am Evangelium verschrieb, betrachtet der Apostel im Rückblick als Ergebnis des mächtigen und gnädigen Eingreifens Gottes in sein Leben. Es ist für ihn ein »*Geschenk der Gnade*«, die mit göttlicher Macht (»*nach dem Wirken seiner Kraft*«) in sein Leben einbrach. Der Grund, warum er in diesem Zusammenhang die Gnade und die Macht Gottes so betont, ist in V. 8a angedeutet. Er spricht da von sich als »*dem Geringsten von allen Heiligen*«, dem »*diese Gnade verliehen*« wurde.

In dieser Selbsteinschätzung schwingt die Erinnerung des Apostels mit, daß er einmal ein Verfolger der Gemeinde, ein Gewalttäter und Gotteslästerer war, der sich angesichts dieser Vergangenheit als Größten der Sünder und Geringsten der Gläubigen empfand (1Kor 15, 9; 1Tim 1, 12 - 15). Er konnte von daher zweierlei gut einschätzen, nämlich welcher Macht der Gnade es bedurfte, ihn zu einem Diener des Evangeliums zu machen, und welch unverdientes Geschenk Gottes es war, gerade ihn so als ein Werkzeug der frohen Botschaft zu gebrauchen.

So wurde der Apostel aufgrund der mächtigen Gnade Gottes zum Heidenmissionar. Was nun von V.8b bis V.11 beschrieben wird, schildert den Heilsplan Gottes für das neue Missionszeitalter, das mit der Offenbarung des neuen Verhältnisses von Heiden und Juden in der Gemeinde angebrochen ist. Der Auftrag zur Mission ergibt sich geradezu notwendig aus dem Wesen der Gemeinde. Solange Israel als Nation allein das erwählte Gottesvolk war, gab es keine Heidenmission größeren Stils. Allenfalls konnten sich einzelne Heiden als Proselyten dem Volk Israel anschließen. Erst für die Endzeit erwartete man ein Herzuströmen von Heiden nach Israel auf breiterer Basis. Anders jetzt im Gemeindezeitalter, wo Heiden genauso wie Juden durch Jesus gerettet und in die Gemeinde eingegliedert werden können. Heilsgeschichtlich ist jetzt ein Zeitalter der Mission angebrochen. Sein prominentester Vorkämpfer war kein anderer als der Heidenapostel Paulus.

In wenigen Versen beschreibt er hier, worum es beim Thema ›Mission‹ geht: Mission ist Evangelisation und Belehrung mit dem Ziel, daß Gemeinde als Anschauungsbeispiel der Weisheit Gottes entsteht.

Erstens geht es bei Mission um Evangelisation. Paulus wurde von Gott die Gnade verliehen, »den Heiden den unaufspürbaren Reichtum Christi als frohe Botschaft zu verkünden« (V.8b). Gewiß, der Apostel hat auch seinen jüdischen Volksgenossen die Botschaft von Jesus gebracht (1Kor 9,20; Rö 1,14; 9,1ff). Aber seine eigentliche Sendung ging zu den »Heiden«, d.h. den Angehörigen der nicht-jüdischen Völker (Gal 2,9; 1Tim 2,7). Ihnen darf er »die frohe Botschaft verkünden«, was im griech. Grundtext an dieser Stelle mit dem Wort »evangelisieren« bezeichnet ist. Inhalt dieser frohen Botschaft ist der »unaufspürbare Reichtum Christi«. Wohlgemerkt, es heißt hier nicht: den »unerschöpflichen«, sondern den »unaufspürbaren« Reichtum Christi! Welche Fülle an Heil und Segen Gott in Christus für die Menschen bereit hat, konnte kein Mensch von sich aus ergründen. Es war Gottes geheimer Ratschluß, unaufspürbar für menschliche Spekulation. Aber nun wird dieser Reichtum Christi offen als frohe Botschaft verkündet! Worum es bei diesem »Reichtum Christi« geht, kann man schon sehr gut erkennen, wenn man im Eph nur einmal nachschlägt, was uns alles »in Christus« geschenkt ist: in ihm erwählt, zur Gotteskindschaft vorherbestimmt, begnadet, erlöst; in ihm wird einmal alles zusammengefaßt im Himmel und auf Erden; in ihm sind wir zu Erben Gottes gemacht, mit dem Heiligen Geist versiegelt, zu neuem Leben erweckt, in eine himmlische Stellung versetzt, zu guten Werken geschaffen, in das Gottesvolk eingefügt, mit den jüdischen Glaubensgeschwistern verbunden und mit dem gleichen Zugang zu Gott, dem Vater, beschenkt (1,3-13; 2,5f.10.13.16.18). Dies alles — und gewiß noch mehr — ist in dem »Reichtum Christi« eingeschlossen, der nun den Heiden als Evangelium verkündet wird. Ohne dieses Evangelium von Christus ist christliche Mission nicht vorstellbar.

Zweitens geht es bei Mission um Belehrung: »*... und alle zu erleuchten im Blick darauf, was der Heilsplan des Geheimnisses ist, das von den Äonen her in Gott, dem Schöpfer des Alls, verborgen war*« (V.9). Mission ist nicht nur Ruf zum Glauben an Jesus, sondern zugleich Vermittlung von Erkenntnis über die Heilswege Gottes. »*Alle*«, also Juden und Heiden, Männer und Frauen, alt und jung, arm und reich, sollen den jetzt geoffenbarten Heilsplan Gottes, nämlich das Geheimnis der Gemeinde, das Gott so lange verborgen hatte (Vv.4-5), verstehen lernen. (Ähnlich wurde ja schon in 1,17ff von der Erleuchtung der Gläubigen und weiter wachsender Erkenntnis gesprochen.) Warum Paulus in diesem Zusammenhang Gott als den »*Schöpfer des Alls*« bezeichnet, läßt sich nicht sicher sagen. Vielleicht soll damit angedeutet werden, daß Gott schon bei der Schöpfung aller Dinge den Plan der Neuschöpfung bzw. den Heilsplan für die Gemeindezeit gefaßt hatte.

Das Ziel der Mission, das hier genannt wird, ist schließlich, daß »*nun den Mächten und den Gewalten in den Himmeln durch die Gemeinde die vielfältige Weisheit Gottes bekanntgemacht würde*« (V.10). Ähnlich wie in Eph 1 (Vv.4.6.12+14), wo wir die Ehre und Verherrlichung Gottes als Ziel des göttlichen Heilshandelns kennenlernten, geht es hier nun darum, daß im Kosmos an der Gemeinde (als Frucht der Mission) seine Weisheit sichtbar wird. Dabei ist hier gar nicht einmal an die Menschen gedacht, die die Gemeinde beobachten und daraus ihre

Schlüsse ziehen. Nein, die *»Mächte und Gewalten in den Himmeln«* – und damit sind wohl, wie in 1,21f und 6,12, die widergöttlichen Mächte in der unsichtbaren Welt gemeint, die in den von Astrologie, Magie und Mystik bestimmten Religionen Kleinasiens so eine große Rolle spielten – sollen an der Gemeinde die Weisheit des Heilsplans Gottes wahrnehmen. Ähnlich wie in 1Kor 4,9 und 1Petr 1,12 wird uns hier gesagt, daß die unsichtbare Welt der Engel und Mächte die Gemeinde beobachtet. Wenn Paulus in diesem Zusammenhang von der *»vielfältigen«* Weisheit Gottes spricht, die sich in der Gemeinde ausprägt, hat er gewiß nicht nur einen Aspekt im Blick. In seinem gesamten Plan für die Gemeinde, in allen von ihm geoffenbarten Grundlagen und Ordnungen, manifestiert sich Gottes Weisheit: ob es nun darum geht, daß er geistlich tote Sünder aus Gnade errettet und zu seinen Erben macht, ob er das, was schwach ist vor der Welt, erwählt und in seinen Dienst stellt, ob er mit Menschen aus allen Völkern, Geschlechtern und Schichten seine Gemeinde baut oder anordnet, wie Dienste und Ämter in der Gemeinde wahrgenommen werden sollen und wer zur Gemeinde gehören und nicht gehören soll – in all diesen und vielen anderen Weisungen des Neuen Testaments zum Thema ›Gemeinde‹ zeigt sich Gottes Weisheit! Man kann durchaus fragen, ob das von Gott gewollte Ziel der Mission noch erreicht wird, wenn man sich bis heute in der Kirchengeschichte immer wieder über die neutestamentlichen Weisungen zum Wesen und Leben der Gemeinde hinweggesetzt hat und Gemeinde nach eigenen Vorstellungen baute. Vielleicht wird dann in der sichtbaren und unsichtbaren Welt mehr von menschlicher als von göttlicher Weisheit sichtbar.

Die jetzt an der Gemeinde sichtbar werdende Weisheit Gottes ist nach V.11 Entfaltung des von Ewigkeit her bestehenden Vorsatzes Gottes (vgl. V.9b sowie 1,4f.9.11). Diesen Heilsratschluß konnte er nur *»in Christus Jesus unserem Herrn«* fassen, denn: ohne Heilbringer kein Heil! Von Ewigkeit her war Jesus als der Erlöser vorherbestimmt (1Petr 1,19f); von Ewigkeit her konnte deshalb Gott den Heilsplan bezüglich der Gemeinde fassen.

Aber nicht nur für das Zustandekommen des Heilsratschlusses Gottes in der Ewigkeit hatte Jesus Bedeutung. Vielmehr, so

V. 12, ebnet er heute seinen Boten den Weg zu Gott und den Menschen: *»In ihm«*, so Paulus, *»haben wir Freimut«* – nämlich die Freiheit zu unerschrockener Offenheit in der Verkündigung des Evangeliums (Eph 6, 19 - 20; vgl. 1 Thess 2, 2). Auch wenn der Missionsdienst den Boten ins Leiden führt (3, 1+13), schenkt Jesus ihm die für sein Zeugnis nötige Freudigkeit zum Verkündigungsdienst an den Menschen. Zugleich schenkt er ihm aber auch zu Gott den *»vertrauensvollen Zugang«*. Von sich aus kann der sündige Mensch dem heiligen Gott nicht nahen (vgl. Jer 30, 21: »Wer dürfte sonst sein Leben wagen und mir nahen?«). Diese Trennung ist nun überwunden *»durch den Glauben«* an Jesus, den Versöhner und Mittler zwischen Gott und Mensch (vgl. 2, 13 - 16). Trotz seiner schwierigen Lage als Gefangener bekennt sich hier der Heidenapostel zu der ihm nach wie vor in Jesus geschenkten Freudigkeit für die Verkündigung des Evangeliums und der ungetrübten Verbindung mit Gott. Nein, er ist nicht verbittert oder resigniert, sondern weiß sich reich beschenkt.

Entsprechend möchte er auch nicht, daß seine Leser den Kopf hängen lassen angesichts seines Gefangenseins. Mit einer eindringlichen Bitte schließt er daher in V. 13 seinen in V. 2 begonnenen Exkurs: *»Darum bitte ich, nicht zu verzagen angesichts meiner Drangsale für euch, die euch zur Ehre gereichen.«* Das *»Darum«* bezieht sich auf das in V. 12 geschilderte Beschenktsein des Apostels. Weil Jesus ihm trotz aller bedrängenden Not, die er als Gefangener durchleidet, das Wichtigste (nämlich die Freudigkeit zum Dienst und die Verbindung zu seinem Gott) erhalten hat, sollen die Leser nicht resignieren. Er hat ihnen nun ja (von V. 2 an) erklärt, welch herrlicher Auftrag ihn einen *»Gefangenen Christi Jesu für euch Heiden«* (V. 1) hat werden lassen; und wenn sie nun noch wissen, was ihm nach wie vor geschenkt ist (V. 12), brauchen sie nicht den Mut sinken zu lassen oder sich gar seines Gefangenseins zu schämen. Im Gegenteil, ihnen, den heidenchristlichen Lesern, darf es *»zur Ehre gereichen«*, daß er in Ausübung seines Dienstes für sie in Gefangenschaft geraten ist. So können sie trotz der schwierigen Situation im Blick auf Paulus wie im Blick auf sich selbst dankbar sein.

Vorschlag zur Bibelarbeit über Epheser 3, 7 - 13

1. Einleitung

Das Zeitalter der Gemeinde, von dem in den Vv. 2-6 die Rede war, ist von Gott als Missionszeitalter geplant. Mission steht ganz oben auf Gottes Tagesordnung! Von uns Christen — besonders in Deutschland — kann man das nicht gerade behaupten. Auf evangelischer Seite hat erst der Pietismus die Außenmission entdeckt (August Hermann Francke, 1663-1727; Nikolaus Graf von Zinzendorf, 1700-1760). Richtig voran ging es mit der Mission erst, als im letzten Jahrhundert freie Glaubensmissionen (Hudson Taylor, 1832-1905) neben die kirchlichen Missionen traten. Aber bis heute ist die Missionsstatistik Deutschlands nicht rosig: Pro Million protestantischer Kirchenmitglieder hat Norwegen 378 Missionare ausgesandt, die USA 374, die Schweiz 317, Großbritannien 127 — und Deutschland 49 (wobei seit der Wiedervereinigung Deutschlands das Zahlenverhältnis noch schlechter geworden ist)! Gott aber will Mission. Was ist sein ›Programm‹?

2. Durchführung

Thema: *Das Missionsprogramm Gottes*

a) *Mission setzt vorbereitete Mitarbeiter voraus (Vv. 7-8a)*

So, wie Paulus früher war, hätte er ein Aktivist oder ein Karrieremann werden können, aber nicht ein Missionar. Missionar konnte er erst werden, als folgendes bei ihm Wirklichkeit wurde: Er wurde Diener des Evangeliums (V. 7a), und zwar durch die Macht der Gnade Gottes. Das, was er früher war, nämlich ein Feind der Sache Gottes, veranlaßt ihn zwar immer noch zu einer sehr

bescheidenen Selbsteinschätzung (V. 8a); aber trotzdem
ist ihm durch Gottes Gnade der Missionsauftrag anvertraut. Vgl. Apg 22,11-15; 1Tim 1,12ff.
Zeuge Jesu kann nur der werden, der etwas zu bezeugen
hat, weil er durch Gottes Gnade ein neuer Mensch
wurde. – Und noch ein Gedanke: Mission war für Paulus offenbar kein trauriges Los. Er, den Gott aus einer
makabren Karriere riß, sieht seine Berufung als Gnadengeschenk. Sein Leben steht im Dienst des Evangeliums.

b) *Mission umfaßt Evangelisation und Lehre (Vv. 8b-9)*

Oben, in der Auslegung, hatten wir schon gesagt: Mission ist Evangelisation und Belehrung mit dem Ziel, daß
Gemeinde als Anschauungsbeispiel der Weisheit Gottes entsteht.
Mission umfaßt Evangelisation: »... den Heiden den
unaufspürbaren Reichtum Christi als frohe Botschaft zu
verkünden« (V. 8b). Ohne die Verkündigung des Evangeliums ist Mission undenkbar. Was alles umfaßt die reiche Fülle dessen, was Christus im Evangelium anbietet?
(Die in 1,3ff genannten geistlichen Segnungen. Gewiß
auch die in Kap. 4 (ff) genannten Veränderungen des Lebens. Was noch?)
Mission umfaßt auch Lehre: »... und alle zu erleuchten
im Blick darauf, was der Heilsplan des Geheimnisses ist
...« (V. 9). Paulus will allen Menschen, zu denen er gesandt ist, die Augen öffnen für den Heilsplan Gottes.
An seinen Briefen können wir sehen, daß Mission für
ihn nicht nur Ruf zur Bekehrung war, sondern immer
auch Einführung in den ganzen Ratschluß Gottes.

c) *Mission zielt auf Gemeinde als Schaustück der Weisheit
   Gottes (Vv. 10-11)*

V. 10 nennt als Ziel der Evangelisations- und Lehrtätig-
keit: »... damit nun ... durch die Gemeinde die vielfäl-

tige Weisheit Gottes bekanntgemacht würde...« (V.10).
Durch Mission soll Gemeinde entstehen – und zwar
Gemeinde nach Gottes Bauplan. An solcher Gemeinde
sollen selbst die Gott widerstrebenden Mächte etwas
von Gottes ewiger Weisheit ablesen können.
Was ›lesen‹ Mächte oder Menschen heute, wenn sie unsere Gemeinde(n) anschauen? Sind es noch Gemeinden nach Gottes Bauplan? Erkennt man da noch Gottes
weise Handschrift? Oder nur unsere Ideen und den Nie-
derschlag langer geschichtlicher Entwicklungen?

d) *Mission verträgt keine Resignation (Vv. 12-13)*

Mission ist kein leichtes Geschäft. Paulus erfährt das gerade am eigenen Leib als Gefangener (vgl. V.13). Er und
diejenigen, die ihn ausgesandt und in seinem Missionsdienst unterstützt haben könnten angesichts solcher
Probleme resignieren. Aber der Frust darf das frohe
Zeugnis des Evangeliums nicht bremsen. Paulus sind
durch den Glauben an Jesus zwei für den Missionar
überlebenswichtige Dinge geschenkt: 1.) Freimut für
den Dienst, und 2.) der beständig freie Zugang zu Gott
(V.12).
Aber auch die Unterstützer des Missionars dürfen sich
nicht entmutigen lassen. Gründe dafür (»Darum«, V.13a)
sind all die genannten Tatsachen von V.2 bis V.12: Auch
wenn ihr Missionar jetzt durch viele Nöte geht, ist er
doch berufener Mitarbeiter in dem großen Gemeinde-
und Missionsprogramm Gottes und steht auch froh und
frei in diesem Dienst. Treten in solchem Dienst Schwierigkeiten und Rückschläge auf, braucht man sich ihrer
nicht zu schämen. Man darf sie als eine Ehre betrachten. So wird der Missionshemmer Nr.1, die Resignation, überwunden.

3) Paulus berichtet von seiner Fürbitte und preist den überreich schenkenden Gott (3,14 – 21)

Den Gebetsbericht, der schon in V.1 begonnen wurde, dann aber durch den Einschub über das jetzt geoffenbarte Gemeinde- und Missionsprogramm Gottes unterbrochen wurde, setzt Paulus nun fort. Zunächst spricht der Apostel von seiner Fürbitte:

(14) Deshalb beuge ich meine Knie vor dem Vater,
(15) von dem jedes Volk in den Himmeln und auf Erden seinen Namen hat:
(16) Er gebe euch nach dem Reichtum seiner Herrlichkeit, daß ihr mit Kraft gestärkt werdet durch seinen Geist am inneren Menschen,
(17) daß Christus durch den Glauben wohne in euren Herzen, (daß ihr) in der Liebe verwurzelt und gegründet (seid),
(18) damit ihr voll imstande seid, mit allen Heiligen zu erfassen, was die Breite und Länge und Höhe und Tiefe ist,
(19) (nämlich) zu erkennen die alles Erkennen übersteigende Liebe Christi, damit ihr erfüllt werdet hin zur ganzen Gottesfülle.

Das »Deshalb« in V.14 verweist in diesem Fall auf eine Fülle von guten Gründen für die Fürbitte und die Anbetung Gottes. Es greift das »Deshalb« von V.1 wieder auf, das seinerseits auf all den Segen verweist, von dem in Kap.1+2 die Rede war: Weil Gott nach seinem ewigen Heilsplan geistlich tote Sünder aus den Juden und den Heiden errettet, reich beschenkt und in der Gemeinde zusammengebracht hat, »deshalb« hat es den Apostel schon in V.1 zum Gebet gedrängt. Dazu kommt nun noch, was in den Vv.2-13 beschrieben wurde: Weil Gott jetzt seinen ewig verborgenen Heilsplan von der universalen Gemeinde geoffenbart hat und seine Boten in einen weltweiten Missionsdienst sendet, damit Gemeinde entsteht, an der Gottes Weisheit sichtbar wird, »deshalb« betet der Apostel um vertiefte geistliche Erfahrung und eine immer umfassendere Erkenntnis der Liebe Gottes für seine Leser. Und er betet den Gott an, der weit mehr tun kann als wir bitten und denken.

Bildhaft wird dabei das »Beten« durch den Ausdruck »*ich beuge meine Knie*« umschrieben. Bei dieser Sprachfigur (›Metonymie‹ genannt) wird ein (abstraktes) Wort durch ein (konkretes) anderes ersetzt. Daß »knien« geradezu zur Umschreibung für »beten« schlechthin werden kann, hängt damit zusammen, daß das Knien im Alten wie im Neuen Testament zwar nicht die einzige, aber doch die gängige Gebetshaltung gewesen sein dürfte (Ps 95,6; Apg 21,5). Knien ist eine Demutshaltung, in der die ehrfürchtige Unterwerfung unter Gott zum Ausdruck kommt. Die Menschen der Bibel haben noch gewußt, daß in der äußeren Haltung die innere Einstellung Gestalt gewinnt.

Demut und Ehrerbietung sind im christlichen Gebet allerdings gepaart mit Vertrauen. Der Christ beugt seine Knie nicht vor einer furchterregenden Gottheit, sondern »vor (wörtl.: zu) *dem Vater*«. Er betet daher in kindlichem Vertrauen und nicht in ungewisser Scheu (Rö 8,15). Zugleich ist dieser Vater, zu dem wir beten, aber der allmächtige Vater. Das will die Aussage von V.15 deutlich machen: »... *von dem jedes Volk in den Himmeln und auf Erden seinen Namen hat.*« Im Namen-Geben drückt sich nach biblischer und altorientalischer Sicht Macht und Herrschaft aus. So benennt Adam die Tiere und betätigt damit seine Herrschaft über sie (1Mo 2,19f); man ruft seinen Namen über eine Stadt oder einem Land aus und macht damit deutlich, daß man es seiner Gewalt unterstellt (2Sam 12,28; Am 9,12). Und ebenso »benennt« Gott jedes »Volk« im Himmel und auf Erden. Damit ist natürlich nicht gemeint, daß er die eine Volksgruppe »Deutsche«, die andere »Schweizer« nennt. Vielmehr meint dies seine Verfügungsgewalt über alle Völker, denn niemand ist seiner Macht entzogen. Im Griechischen wird dieser übertragene Sinn des Wortes »Benennen« noch durch ein Wortspiel konkret gemacht: Gott als der *pater* = »Vater« gibt jeder *patria* = »Volk, Sippe, Geschlecht« den Namen (wobei unschwer zu erkennen ist, daß sich das Wort »patria« von »pater« ableitet). Damit ist – im Wortspiel – jede »patria« nach dem himmlischen »pater« genannt, und das heißt konkret im übertragenen Sinn: seiner Herrschaft unterstellt. Warum aber werden hier nicht nur die irdischen Völker, sondern auch die himmlischen genannt? Schon in 1,20-21 war betont worden, daß der auferstandene

Christus über alle Mächte, Gewalten, Kräfte und Herrschaften der Herr ist. Gerade die Leser des Eph in der Provinz Asia hatten ja mit einer Irrlehre zu tun, in der Engelmächte eine große Rolle spielten und verehrt werden sollten (vgl. Kol 2,18). Paulus hielt dagegen: Diese Mächte sind von Christus geschaffen (Kol 1,16) und am Kreuz besiegt (Kol 2,10+15); er ist in seiner Auferstehung über sie erhöht als der Herr (Eph 1,20f). Und was den Christen angeht, war er wohl früher diesen Mächten ausgeliefert (2,2), kann ihnen aber nun in der Macht Jesu widerstehen (6,10ff). So verwundert es nicht, wenn der Gott, zu dem Christen in ehrfürchtigem Vertrauen als zu ihrem Vater kommen dürfen, hier zugleich als der allmächtige Vater bezeichnet ist, der über allen sichtbaren und unsichtbaren Wesen steht.

Welche Anliegen trägt Paulus diesem allmächtigen Vater vor? Drei Gebetsanliegen bewegen ihn in seiner Fürbitte, drei Dinge, die Gott *»nach dem Reichtum seiner Herrlichkeit«* geben soll (V.16a), und das heißt doch: nicht kärglich, sondern so, wie es Gott nach der Fülle seiner Möglichkeiten entspricht. Drei Dinge, die mit der Kraft des Geistes, der Herrschaft Christi und der Liebe Gottes zu tun haben.

Das erste Anliegen ist, *»daß ihr mit Kraft gestärkt werdet durch seinen Geist am inneren Menschen«* (V.16b). Was brauchen Christen, die von Irrlehrern angefochten sind, mehr als dies? Und erst recht, wenn sie in solch schwierigen Zeiten in der Gefahr stehen, sich entmutigen zu lassen, etwa angesichts der Verhaftung des Apostels (vgl. V.13), ist solch eine innere Stärkung hoch willkommen. Die Fülle des bereitliegenden Segens Gottes (Kap.1) und das neue Leben mit all seinen Verheißungen (Kap.2) sollen zur vollen Auswirkung kommen. Angesichts dessen, was Gott von Ewigkeit her geplant und in Christus geschenkt hat, darf das geistliche Leben der einzelnen nicht auf Sparflamme dahinsiechen! Nein, sie sollen durch die Kraftwirkung des Heiligen Geistes (vgl. Apg 1,8) gestärkt werden. Schon in 1,19ff war von der überschwenglichen Kraft Gottes die Rede, die in der Auferweckung und Erhöhung Christi sichtbar wurde und für uns Glaubende da ist. Der Heilige Geist nun bringt diese Kraft Gottes in unser Leben — wie es ja überhaupt seine Aufgabe ist, die Heilswirkungen Gottes in Jesus Christus auf den einzelnen anzuwenden. Das heißt nun nicht, daß diese Kraft uns äußerlich stark, vital oder gesund macht. Muskelkraft, Vitalität und eine starke Gesundheit können gewiß auch Gaben Gottes sein, für die wir dankbar sein sollten, solange wir sie haben. Sie gehören aber zum »äußeren Menschen«, der zusehends verfällt (2 Kor 4, 16a) und unter dessen Verfall wir seufzen im Warten auf die Erlösung unseres Leibes (Rö 8, 23). Die Kraft Gottes entfaltet sich in unserem schwachen Leib als einem irdenen Gefäß, so daß es zu dem Paradox kommt: »Wenn ich schwach bin, bin ich stark!« (2 Kor 4, 7; 12, 9 f). Gestärkt werden wir mit der Kraft, die der Geist Gottes schenkt, »am inneren Menschen«. Der »innere Mensch« ist das Zentrum unseres Erkennens und Wollens (vgl. Rö 7, 22+23), das durch Christus erneuert wird und zu einem veränderten Denken und Verhalten führt (Rö 12, 2; Eph 4, 17+23 f). Dieser »innere Mensch«, der, während der »äußere Mensch« verfällt, täglich erneuert wird (2 Kor 4, 16b), bedarf der Stärkung — nicht durch menschliche Übungen, sondern durch die Kraft des Geistes Gottes.

Das zweite Anliegen ist, »daß Christus durch den Glauben wohne in euren Herzen« (V. 17a). Das Wort, das wir hier mit »Wohnen« übersetzen, bezeichnet ein ständiges Verweilen und also nicht nur eine augenblickliche Anwesenheit oder ein stetes Kommen und Gehen. (Vgl. die Aussage in Kol 1, 19 u. 2, 9, daß die Gottesfülle in Christus »wohnt / zu Hause ist« — womit eine dauer- und wesenhafte Verbindung bezeichnet werden soll.) Aber nicht nur die Dauer kommt bei dem Wort »Wohnen« zum Ausdruck. Wenn Christus in seinen Kindern »wohnt«, genießt er bei ihnen nicht nur Gastrecht, sondern Hausrecht. Es geht um ein dauerhaftes In-Besitz-Nehmen. — Daß Christus in diesem Sinn in seinen Kindern »wohnt«, in allen Bereichen ihres Lebens »zu Hause ist«, sie erfüllt, ist ein Ziel, das nur »durch den Glauben« wirklich werden kann. Im Vertrauen liefert sich der Gläubige seinem Herrn aus; im Glauben sagt er Ja dazu, daß Christus die Mitte seines Lebens werde, sein Denken, seine Motive und seinen Willen bestimme — kurz gesagt, »in seinem Herzen wohnt«. Allerdings müssen wir hier auch einem Mißverständnis wehren. Die Innewohnung Christi »durch den Glauben« »in unseren Herzen« bedeutet nicht, daß in unseren Herzen nur der Glaube an ihn ist, während er selbst fern im Himmel weilt. Seine Innewohnung »durch den Glauben« darf also nicht so verstanden werden, als sei er nur in der Weise in uns, wie jemand, an den wir gerade denken, in Gedanken bei uns ist. Der Ausdruck »durch den Glauben« bezeichnet also nicht schon die Art und Weise der Anwesenheit Christi, sondern das ›Mittel‹, die Voraussetzung, für sein Kommen zum Erfüllen aller Lebensbereiche. Der allgegenwärtige Herr nimmt durch seinen Geist tatsächlich Wohnung im Gläubigen (Joh 14,16-18; Rö 8,9f). Wie real dies zu denken ist, kann ein Kontrast deutlich machen: Das gleiche Wort »wohnen / bewohnen« wird in den Evangelien benützt, wenn es um das ständige Verweilen unreiner Geister in einem besessenen Menschen geht (Mt 12,45; Lk 11,26). Als Gegenstück dazu sprechen die neutestamentlichen Briefe vom »Wohnen« Christi oder seines Geistes im Glaubenden (hier u. Jak 4,5). – Den Christen in der Provinz Asia wurden von falschen Lehrern die Ohren vollgeschwatzt mit religiöser Philosophie, mit menschlichen Vorschriften und esoterischen Versprechungen (Kol 2,8.16ff.20f), die allesamt von Jesus Christus wegführten. Um so wichtiger war es dem Apostel für seine Leser, daß sie von Christus ausgefüllt würden und er ihr ganzes Leben bestimmte.

Das dritte Anliegen ist, »*(daß ihr) in der Liebe verwurzelt und gegründet (seid)*« (V. 17b). Den Ausdruck »*daß ihr... seid*« haben wir in Klammern gesetzt, weil im Griechischen an dieser Stelle – wie übrigens häufig – das Hilfsverb (›einai‹ = sein) ausgelassen ist. Im Deutschen müssen wir es ergänzen, damit der Satz sinnvoll ist. Darum geht es dem Apostel also, daß die Gläubigen ihren festen Wurzelgrund in der »Agape«, der frei schenkenden, keine Vorleistungen erwartenden, bedingungslos auf Vorschuß geschenkten Liebe Gottes haben. Nicht auf dem Sandboden eigener Verdienste steht der Glaube, auch nicht auf dem Einhalten aller möglicher religiöser Vorschriften, sondern auf dem festen Grund der unerschöpflichen Liebe Gottes. Wer in dieser Liebe wurzelt, wird diese Liebe auch ausleben. Er wird die Liebe, von der er lebt, liebend an andere weitergeben (vgl. 5,1ff). Wer in der Liebe »verwurzelt« ist, wird auch Früchte der Liebe tragen.

Die Verwirklichung dieser drei Anliegen (Vv. 16-17) soll nun, wie Paulus in Vv. 18-19 bittet, bestimmte Auswirkungen haben. Welche Auswirkungen würden wir erwarten, wenn ein Mensch verwurzelt ist in der Liebe Gottes, ganz erfüllt von Christus und innerlich stark durch die Kraft des Heiligen Geistes? In manchen Kreisen würde man vermutlich erwarten, daß so ein Mensch vor allem »Power« (Vollmacht) hat, daß Zeichen und Wunder geschehen, daß er einen unglaublich erfolgreichen Dienst hat, sagenhafte Gebetserhörungen erlebt, usw. Damit geht der Blick auf den religiös potenten Menschen. Paulus aber verfolgt mit seiner Fürbitte eine ganz andere Absicht.

Die Erfüllung seines dreifachen Gebetswunsches zielt auf tiefere Gotteserfahrung (vgl. 1, 17). Sie zielt, erstens, darauf, daß *»ihr voll imstande seid, mit allen Heiligen zu erfassen, was die Breite und Länge und Höhe und Tiefe ist, (nämlich) zu erkennen die alles Erkennen übersteigende Liebe Christi«.* Dies soll, zweitens, dazu führen: *»damit ihr erfüllt werdet hin zur ganzen Gottesfülle«* (Vv. 18-19).

Zunächst (Vv. 18-19a) geht es um das volle Erfassen der unfaßbaren Liebe Christi in all ihren Dimensionen. Dabei ist V. 18 von V. 19a her zu erklären: Bei der »Breite und Länge und Höhe und Tiefe«, die es zu erfassen gilt (V. 18), geht es um die allen Verstand weit übersteigende »Liebe Christi« (V. 19a). Während die Irrlehrer in und um Ephesus alle möglichen Erkenntnisse feilbieten (vgl. Kol 2, 16-23), richtet Paulus das Augenmerk seiner Leser auf die Liebe Christi als das, was umfassend erkannt werden soll. Diese Liebe erfaßt man nicht mit theologischer Theorie. Nur wer in der Kraft des Heiligen Geistes, unter der Herrschaft Christi und in der Liebe Gottes verwurzelt lebt (Vv. 16-17), wird als Resultat (»damit«!, V. 18a) die Liebe Christi ausloten können. »Erkennen« bedeutet biblisch gesehen, eine Sache oder Person wahrzunehmen, indem ich ihr begegne, mich auf sie einlasse. Wie kommt solche Erkenntnis zustande? Vom Zusammenhang her ergibt sich folgende Antwort. Erstens: Gott offenbart seinen von Ewigkeit her bestehenden Liebesplan durch das apostolische Wort (Kap. 1-3). Zweitens: Es bedarf des Gebets, damit das, was Gott in seinem Wort zusagt, durch den Glauben gelebte Wirklichkeit bei den Gläubigen wird (Vv.14-17) und sie von daher verstehen lernen, was menschlicher Verstand von sich aus nicht begreifen kann: nämlich wie umfassend groß die Liebe Christi ist (Vv.18-19a). Dabei ist noch eines wichtig: diese Liebe zu erkennen ist nicht nur einer kleinen christlichen Elite vorbehalten. Dieses Ziel ist vielmehr allen Christen in allen Gemeinden gesetzt: ».. . damit ihr mit allen Heiligen« diese Liebe erfassen könnt! Nicht Elitebildung, sondern Auferbauung der ganzen Gemeinde ist das Ziel des Apostels.

V. 19b nennt dann das höchste Ziel für alle Christen: »damit ihr erfüllt werdet hin zur ganzen Gottesfülle«. Nach Kol 2,9-10 wohnt die ganze Gottesfülle in Christus; und in ihm haben die Gläubigen (jetzt schon!) Anteil an dieser Fülle erhalten, indem sie (Kol 2,11-15) durch Christus ein neues Leben und Vergebung ihrer Sünden empfingen. In Eph 1,23 hatte Paulus zudem ausgeführt, wie Christus in allen Gliedern der Gemeinde alles, was geistlich mangelt, ausfüllt, so daß die aus solchen Christen bestehende Gemeinde geradezu »die Fülle Christi« heißen kann. Christus, in dem die ganze Gottesfülle wohnt, füllt alle Glieder der Gemeinde ganz aus, so daß sie »zur ganzen Gottesfülle« kommen. Das ist nichts anderes, als wenn es in 5,18 heißt, die Christen sollten vom Geist — der ja Geist Christi ist — erfüllt werden. Gewiß wird dieses Ziel, »die Fülle Gottes« — und das heißt doch: das ganze Wesen Gottes und nichts als Gottes Wesen — solle sichtbar werden, erst dann erreicht sein, wenn wir »ihm gleich sein« werden und »ihn sehen, wie er ist« (1Joh 3,2). Aber Paulus ist hier im Eph weniger mit der Vollendung als vielmehr mit der Heilsgegenwart beschäftigt. Diese Heilsgegenwart ist keine abgeschlossene, fertige, in sich ruhende Sache. Obwohl in ihr das neue, ewige Leben schon geschenkt ist, muß ein ständiger Prozeß der Erneuerung stattfinden (4,23-24). Auf diese Veränderung hin betet der Apostel. Sein Anliegen ist, daß in den Gliedern der glaubenden Gemeinde — durch das vom Geist bewirkte Gestärktwerden am inwendigen Menschen (V.16), durch das Wohnen Christi in ihren Herzen (V.17a), durch das Verwurzelt-Sein in der Liebe (V.17b) sowie im Ergebnis durch ein immer vollkommeneres Erkennen bzw. Erfahren der Liebe Christi — Gott selbst in seiner Fülle Gestalt gewinnt.

Welch eine Veränderung bewirkt Gott in seiner Gnade doch in
der Verwirklichung seines ewigen Heilsplans: aus Menschen,
die einmal geistlich tot und gottlos waren (2,1.5.12), sind nun
Menschen geworden, die unterwegs sind zu dem Ziel, daß Gott
in seiner ganzen Fülle Gestalt gewinnt in ihrem Leben!

Kein Wunder, daß angesichts dessen die Fürbitte des Apostels
in Anbetung Gottes übergeht:
**(20) Dem aber, der über alles hinaus, was wir erbitten oder er-
denken können, noch weit mehr zu tun vermag gemäß der Kraft,
die in uns wirkt,**
**(21) ihm (gehört) die Herrlichkeit in der Gemeinde und in Chri-
stus Jesus für alle Geschlechter des Äons der Äonen.**

Das Gebet des Apostels in den vorangehenden Versen war ja
nicht gerade zurückhaltend. Die drei Bitten in den Vv. 16b+17
hatte er mit dem Wunsch eingeleitet (V. 16a), Gott möge diese
Dinge »nach dem Reichtum seiner Herrlichkeit« – und das
heißt: in göttlicher Fülle! – gewähren. Die Bitte in den Vv. 18+
19a um volles Erfassen der Liebe Christi in all ihren Dimensionen war gleich mit dem Eingeständnis verbunden, daß es hier
um eine Erkenntnis geht, die alles Erkenntnisvermögen über-
steigt (V. 19a). Und das Gebetsziel von V. 19b, schließlich, von
Gott so erfüllt zu werden, daß nichts als sein Wesen mehr da ist,
kann ohnehin nicht übertroffen werden. Sind diese Anliegen zu
groß für Gott? Nein. Er ist so allmächtig, daß er »*noch weit mehr
zu tun vermag*« als Paulus hier gebetet hat – ja, darüber hinaus
nun auch die Gemeinde und ihre Anliegen und gar ihr Vorstel-
lungsvermögen mit einbeziehend: »*als wir erbitten oder erden-
ken können*«! Gott ist nie überfordert. Seine »*Kraft, die in uns
wirkt*«, ist nach 1,19ff die göttliche Allmacht, die Jesus von den
Toten auferweckte und ihn zum Herrn über alles Sichtbare und
Unsichtbare erhöht hat. Wer diesen Gott kennt, der kann getrost
beten. Gewiß, auch er weiß nicht, wie Gott antworten will; aber
er weiß, daß Gott erhören kann.
   Und so mündet das Gebet nicht in den Zweifel, sondern in
die Anbetung. 1.) Zunächst wird der Adressat des Lobpreises
genannt: »*ihm*«, Gott, kommt die Anbetung zu. 2.) Dann kommt

das eigentliche Preiswort, das den Inhalt des anbetenden Zuspruchs nennt. Gepriesen wird seine *»Ehre«* oder *»Herrlichkeit«*. Man könnte nun übersetzen: »Ihm (sei) die Ehre« – was gut zu dem folgenden passen würde: »in der Gemeinde«. Wenn es dann aber gleich weitergeht: »und in Christus Jesus«, ergibt dies als Wunschform übersetzt keinen guten Sinn. Von daher übersetzt man besser in der Wirklichkeitsform: *»ihm (gehört) die Herrlichkeit in der Gemeinde und in Christus Jesus«*. In der Anbetung wird immer preisend vor Gott anerkannt, wer und wie er ist. Hier nun geht es um die »Herrlichkeit« Gottes. »Herrlichkeit« (hebr. *kabod* = Wucht, Schwere, Gewicht, Würde, Glanz; griech. *doxa* = Ehre, Ruhm, Herrlichkeit) bezeichnet die ganze Wucht, Größe und Ausstrahlung des Gottseins Gottes. Diese Herrlichkeit Gottes, so rühmt der Apostel hier, wird sowohl in der Gemeinde sichtbar in den Auswirkungen seines Heilsplans und den Kraftwirkungen seines Segenshandelns als auch in Christus und seinem Heilswerk. Alle Herrlichkeit, die sich in der Gemeinde und in Christus zeigt, ist Gottes Herrlichkeit. 3.) Und sie bleibt Gottes Herrlichkeit, so wird als drittes Element des Lobpreises in der Ewigkeitsformel bezeugt, *»für alle Geschlechter des Äons der Äonen«*. Solange Menschen auf dieser Erde leben werden in dem jetzigen Zeitalter, das seinerseits eingebettet ist in die Zeitalter der Vergangenheit und aller Zukunft, wird die Herrlichkeit Gottes, die sich in Christus und seiner Gemeinde zeigt, anzubeten sein.

Mit diesem Lobpreis Gottes schließt nicht nur der Gebetsbericht des Apostels, sondern der ganze erste Hauptteil des Eph. So, wie die lehrmäßige Entfaltung des Heilsratschlusses Gottes zum Bau seiner Gemeinde mit Anbetung begonnen hat (1,3 - 14), endet sie nach drei Kapiteln auch mit Anbetung. Es ist nicht trockene Dogmatik, die der Apostel in diesem ersten, lehrmäßigen Teil seines Briefes dargeboten hat. Vielmehr ist es in preisendes Staunen gehüllte Entfaltung dessen, was Gott zum Bau seiner Gemeinde von Ewigkeit her geplant hat, in Christus verwirklicht hat und vollenden wird.

Vorschlag zur Bibelarbeit über Epheser 3,14-21

1. Einleitung

Wenn man Johann Albrecht Bengels Auslegung des Neuen Testaments (»Gnomon«) liest, fällt eines immer wieder auf: Seine Auslegung mündet wieder und wieder in kurze Gebete ein. Einmal kommt er über dem, was da in der Bibel steht, zum Danken; ein andermal veranlaßt ihn das Wort zum Bitten; wieder ein anderes Mal preist und anbetet er seinen Gott. Auch bei Paulus mündet das, was er schreibt, immer wieder ins Gebet ein. Davon können wir lernen.

2. Durchführung

Thema: *Fürbitte und Anbetung*

a)   Unsere Fürbitte (Vv. 14-11)

1. Wie wir beten (V.14a): Paulus betet in einer angemessenen Haltung. Er kniet vor Gott. Welche Gebetshaltungen kennen wir noch aus der Bibel? Was drückt die jeweilige Gebetshaltung aus? Gibt es auch unangemessene Gebetshaltungen? Welche Rolle spielt die Kultur im Blick auf die Gebetshaltung?
2. Zu wem wir beten (V.14b-15): Gott ist der liebende Vater − und zugleich der allmächtige Herr über alle irdischen und himmlischen Wesen. Beides ist hier im Blickfeld. Was passiert, wenn wir in ihm nur den liebenden Vater sehen? Was, wenn wir in ihm nur den gebietenden Herrscher sehen? Wie können einseitige Gottesbilder unser Glaubens- und Gebetsleben beeinflussen? Allein an der biblischen Offenbarung kann unser Gottesverständnis genesen.

3. Was wir beten (Vv. 16-19): (a) Paulus betet konkret. In diesem Fall nennt er drei Grundanliegen, die für die geistliche Reife wesentlich sind: 1. daß wir innerlich gestärkt werden durch den Geist (Frage: Welche Auswirkungen hat das? Vgl. Apg 1,8. Macht der Geist uns auch äußerlich immer ganz gesund und kräftig?); 2. daß Christus in allen Bereichen unseres Lebens zu Hause ist (Beispiel: Wer in einem Haus nur ein kleines Zimmer zugewiesen bekommt, bewohnt das Haus noch nicht); 3. daß wir fest verwurzelt sind in der Liebe Gottes als dem einzig tragenden Wurzelgrund unseres Glaubens (Frage: Welche anderen Wurzelgründe konkurrieren mit diesem Grund?). Die Erfüllung dieser konkreten Grundanliegen ist die Voraussetzung dafür, daß in der Gemeinde bestimmte Ziele erreicht werden.

Das führt uns zum nächsten Schritt: (b) Paulus betet mit klaren Zielen vor Augen. Letztlich möchte er zwei Ziele in der Gemeinde verwirklicht sehen. Ziel seiner Fürbitte ist für ihn nicht der religiös potente Mensch, sondern 1. die volle Erkenntnis der Liebe Christi und 2. das Erfülltsein von Gott. Ohne solche geistlichen Ziele werden wir ziellos beten; unser Gebet wird immer wieder um unsere momentanen Bedürfnisse kreisen.

b)   *Unsere Anbetung (Vv. 20-21)*

Anbetung und Lobpreis Gottes sind für Paulus das A und O. Mit Anbetung hat er in 1,3ff begonnen; mit Anbetung schließt er jetzt. Warum ist das so? Wir erinnern uns an 1,6.12.14, wo jeweils deutlich wurde, daß wir »zum Lob seiner Herrlichkeit« von Gott beschenkt wurden. Stumm preist ihn die Größe und Schönheit der Schöpfung (Ps 19,2-4); wir dagegen dürfen ihn mit unserer Stimme preisen. Dies kann in Anbetungsliedern geschehen (s. die himmlischen Loblieder im letzten Buch der Bibel); und es geschieht im Gebet. In der Anbetung preisen wir Gott für das, was er ist, was er tut, getan hat und tun wird. Es geht in der Anbetung um ihn. —

Eine Gefahr ist heute, daß aus der ›Anbetung‹ eine Masche wird, bei der es plötzlich wieder um uns geht: Man entdeckt, daß Anbetungslieder gut ankommen, daß Anbetungszeiten im Gottesdienst ›in‹ sind — und beschließt flugs, daß wir ›Anbetung‹ in unser Gemeindekonzept einbauen müssen, ›Anbetungsteams‹ schulen müssen, um Gemeindewachstum zu erreichen. Andere machen aus der ›Anbetung‹ ein Instrument zu unserem Wohl, indem sie meinen: wenn wir mit ›Anbetung‹ beginnen, wird Gottes Kraft veranlaßt, unter uns Zeichen und Wunder zu wirken. Also ›anbetet‹ man, weil man diese Wirkungen erleben möchte. — In unserer Bibelarbeit sollten wir zeigen, daß es darum nicht geht. Anbetung meint Gott — und preist Gott in seiner Macht und Herrlichkeit allein um seinetwillen.

II. Kapitel 4 – 6 (= Praktischer Teil):

Das Leben der Gemeinde soll dem neuen Heilsstand entsprechen

»Ich ermahne Euch nun« — mit diesen Worten beginnt in 4,1 der ermahnende oder praktische Teil des Eph. Wichtig ist, daß diese Ermahnung erst jetzt erfolgt, nachdem drei Kapitel lang entfaltet worden ist, was Gott in seiner Gnade in Christus zu unserem Heil geplant und getan hat. Die praktische Ermahnung setzt also voraus, daß geistlich tote Menschen zunächst mit neuem Leben beschenkt und in die Gemeinde eingegliedert worden sind und daß sie durch Gottes Wirken innerlich gestärkt und geistlich auferbaut werden. Ähnlich geht Paulus im Römerbrief vor, wo er erst acht Kapitel lang zeigt, was Gott zum Heil und zur Heiligung aller Menschen getan hat (Rö 1-8), dann drei Kapitel lang deutlich macht, was er für Israel tun wird (Rö 9-11), bevor er ab Rö 12 dazu aufruft, ganz praktisch und konsequent das auszuleben, was Gott möglich gemacht hat. Es zeigt sich: Ermahnungen sind im Neuen Testament kein Gesetz, das der Mensch aus eigener Anstrengung erfüllen müßte. Vielmehr wird jeweils vom Evangelium her angemahnt, das zu tun, was Gott durch Christus ermöglicht hat. Immer ist das neutestamentliche Gebot im Evangelium begründet.

Auch in dem nun beginnenden praktischen Teil bleibt der Apostel bei seinem Thema. Was er schreibt, ist keine allgemeine Ethik. Es geht ihm vielmehr darum, daß alle so leben, daß die Gemeinde das darstellt, was sie nach Gottes Heilsplan sein soll und sein kann, und zwar in den konkreten Lebensbedingungen, in die sie hineingestellt ist. Und so geht es in diesem zweiten Teil des Briefes ganz praktisch um die Einheit der Gemeinde (4,1-16), die Reinheit der Gemeinde (4,17-6,9) und den Kampf der Gemeinde (6,10-18). Mit einem kurzen Schlußteil (6,21-24) endet der Brief.

A) Die Einheit der Gemeinde soll zum Wohl des Leibes Christi in gegenseitiger Ergänzung gewahrt werden (4,1–16)

1) Die vom Heiligen Geist vorgegebene Einheit der Gemeinde soll gewahrt werden (4,1–6)

(1) Ich ermahne euch nun, ich, der Gefangene im Herrn, euer Leben würdig der Berufung zu führen, zu der ihr berufen wurdet, (2) mit aller Demut und Sanftmut, mit Langmut einander in Liebe ertragend, (3) wobei ihr euch eifrig dafür einsetzt, die Einheit, die vom Geist (gewirkt ist), zu bewahren durch das Friedensband: (4) ein Leib und ein Geist, wie ihr auch berufen worden seid in einer Hoffnung eurer Berufung; (5) ein Herr, ein Glaube, eine Taufe; (6) ein Gott und Vater aller, der über allen und durch alle und in allen ist.

»*Nun*«, nachdem den Lesern von Eph 1–3 her klar vor Augen steht, was Gott zum Bau seiner Gemeinde geplant und verwirklicht hat, und deutlich ist, daß sie selbst an diesem Heil Anteil bekommen haben und mit Gottes Hilfe darin wachsen – »nun« ist die Zeit gekommen, ihnen zu sagen, was sie auf dieser Grundlage ihrerseits tun sollen. Zu diesem Zweck »*ermahnt*« sie Paulus. Das Wort, das wir hier mit »ermahnen« übersetzt haben (*parakaleo*), hat ein breites Bedeutungsspektrum: »ermahnen, ermuntern, trösten« kann es heißen. Dieses Ermahnen hat also weniger mit Drohen zu tun; vielmehr mit ernstem Zureden, mit Motivieren. Alles, was im folgenden bis Eph 6 gesagt werden wird, ist solch eine ›Paraklese‹, ein eindringliches Aufmuntern zu ganz konkreten, von Gott ermöglichten Verhaltensweisen.

Dieser Ermahnung verleiht der Apostel durch den Hinweis auf seine Gefangenschaft (V. 1b) noch persönlichen Nachdruck; denn von 3,1 her ist ja klar, daß er als ein Gefangener um Christi willen leidet. Die Ermahnung kommt also von jemandem, der sich selbst unter Einsatz seines Lebens als Christ bewährt und nicht nur bloße Worte macht. Ganz allgemein geht es bei der Ermahnung (bis Kap. 6!) darum, daß die Gemeindeglieder *»ein Leben würdig der Berufung«* führen, *»zu der (sie) berufen«* wurden (V. 1c). Adel verpflichtet — Gotteskindschaft und die Berufung als Glied der neutestamentlichen Gemeinde verpflichten auch. Denken wir nur an 1,4 und 1,12, wo deutlich wurde, daß es die Berufung der Kinder Gottes ist, als »Heilige und Untadelige vor ihm« zu leben und da zu sein »zum Lob seiner Herrlichkeit«. Gerade dort in 1,3-14 hatte Paulus im einzelnen entfaltet, wozu Gott seine Erwählten berufen hat (s. dort den Kommentar; vgl. auch 2,15-21; 3,6.10.16-19). Im ganzen Eph spielt die Frage nach der Lebensführung — negativ und positiv — eine wichtige Rolle (vgl. 2,2+10; 4,1+17; 5,1.8.15). Das macht deutlich, daß der Brief kein bloßes Idealbild der Gemeinde zeichnen will: es geht um den konkreten Wandel der Gemeindeglieder, früher und jetzt!

In den Vv. 2-3 nennt der Apostel nun die ersten Elemente, die zu einem würdigen Wandel gehören. Sie alle haben mit einem Verhalten zu tun, das die Einheit in der Gemeinde fördert.

Würdig wandeln — das heißt erstens, *»mit aller Demut und Sanftmut«* mit den Glaubensgeschwistern umgehen (V. 2a). *»Demut«* hat nichts mit Selbstverachtung oder einer krankhaften Selbsterniedrigung zu tun. Manche Menschen haben Schwierigkeiten, sich selbst so anzunehmen, wie Gott sie gemacht hat; sie trauen sich nichts zu. Aber das ist keine Demut. Demut ist nüchterne Selbsteinschätzung, die sich nicht über den anderen erhebt, nicht die eigenen Qualitäten gegen den anderen ausspielt, sondern sich mit den Gaben, die Gott geschenkt hat, annimmt und ohne Selbstüberhebung in die Gemeinschaft einbringt. Ohne das Wort »Demut« zu gebrauchen, beschreibt Paulus in Rö 12,3 sehr gut, was es heißt, demütig zu sein: »Denn ich sage durch die mir gegebene Gnade jedem von euch, daß er nicht hoch von sich denken soll über das hinaus, was sich zu denken gebührt, sondern daß er seine Gedanken darauf richtet, besonnen zu sein, wie Gott einem jeden das Glaubensmaß zugeteilt hat.« Wo man so in Demut miteinander umgeht, wird die Gemeinschaft gestärkt. Ebenso auch bei einem von »*Sanftmut*« geprägten Verhalten. Sanftmut hat nichts mit mangelnder Festigkeit und charakterschwacher Leisetreterei zu tun. Auch Jesus war sanftmütig (Mt 11,29) – trotz seiner Autorität und Führungsstärke. Sanftmut ist eine nicht-aggressive Einstellung dem anderen gegenüber, ein mildes Verhalten, das nicht verletzt, ein wohltuender Umgang, der selbst beim Zurechtweisen auf Hiebe und Stiche verzichten kann (vgl. Gal 6, 1). Wir merken schon bei diesem ersten Begriffspaar, daß der hohen Berufung als Glied der Gemeinde Gottes ein Umgang miteinander entspricht, der den anderen achtet.

Das zweite Element eines würdigen Wandels ist: »*mit Langmut einander in Liebe ertragend, wobei ihr euch eifrig dafür einsetzt, die Einheit, die vom Geist (gewirkt ist), zu bewahren durch das Friedensband*« (Vv. 2b- 3). Nach wie vor geht es um ein Verhalten, das die Einheit untereinander fördert. Jetzt aber steht die Frage im Vordergrund: Wie verhalte ich mich, wenn menschliche Schwächen und Fehler die Harmonie untereinander auf eine harte Probe stellen? Paulus ruft zu einer ausdauernden Bereitschaft, den jeweils anderen mit seinen Eigenarten zu tragen. Das Wort »Langmut« bedeutet von der Grundbedeutung im Griech. her gesehen, den Zorn weit weg sein zu lassen. Wenn der andere sich also in einer Weise verhält, die mir Mühe macht, soll ich dies mit einem langen Atem ertragen, auch wenn sich die Situation nicht kurzfristig bessert. Wie kann man so »in Langmut einander ertragen«? Nur mittels der »Liebe« (griech.: der Agape), die den anderen nicht um seiner Vorzüge willen liebt und ihn auch nicht nur liebt, solange er sich wohlverhält. Vielmehr tut die Agape auf Vorschuß hin Liebes, auch wenn noch kein Wohlverhalten sichtbar wird – und das immer wieder. Aus dieser ausdauernd geduldigen und liebevollen Haltung heraus soll es zu einem eifrigen Einsatz für die Einheit der Gemeinde kommen. Offenbar ist es gar nicht so selbstverständlich, daß eine christliche Gemeinde in Einheit lebt! Es bedarf eines eifrigen Engagements für den Frieden untereinander, wenn die Einheit nicht den zwischenmenschlichen Querelen und menschlichen Eigenheiten der einzelnen zum Opfer fallen soll. So, wie man eine Garbe durch ein Band zusammenbindet, so soll der »Friede« die so unterschiedlichen Glieder der Gemeinde wie ein Band zusammenhalten. Wo immer die Einheit gefährdet ist, wo immer die Gemeinschaft der Gotteskinder auseinanderzufallen droht, sind alle in der Gemeinde gefordert, sich für diesen Frieden untereinander einzusetzen. Im Kolosserbrief sagt Paulus es so: im Konfliktfall soll das, was einem Christus gemäßen Frieden dient, den Ausschlag geben (Kol 3,15). Überhaupt kennt Paulus nur eine Grenze für das Bemühen um friedvolle Einheit: wo Sünde oder Irrlehre im Spiel ist, kann es keine Einheit um jeden Preis geben (vgl. 1Kor 5,7‑13; 11,19). Im übrigen aber ist es Gottes Ziel für die Gemeinde, daß »im Leib (Christi) keine Spaltung sei, sondern die Glieder in gleicher Weise füreinander sorgen« (1Kor 12,25).

Nun wird durch diesen eifrigen Einsatz die Einheit der Gemeinde nicht erst hergestellt. Die »Einheit des Geistes« bzw. die »Einheit, die vom Geist (gewirkt ist),« ist der Gemeinde vorgegeben. Die Gemeinde ist von Anfang an auf Einheit hin gemacht. Und diese geistgewirkte Einheit gilt es festzuhalten.

Was Paulus im einzelnen mit dieser »Einheit, die vom Geist (gewirkt bzw. vorgegeben ist)«, meint, sagt er in den Vv.4‑6. Diese Verse erklären näher, wie die vom Geist vorgegebene Einheit (V.3b) zustande kommt. Sieben ›Einheitsfaktoren‹ begründen diese geistliche Einheit, die Menschen nicht machen, sondern nur bewahren können: ein Leib, ein Geist, eine Hoffnung, ein Herr, ein Glaube, eine Taufe, ein Gott (Vv.4‑6). Paulus wird dies alles nicht umsonst so betonen. Das religiöse Klima damals, auch in der Provinz Asia, war von einer starken Tendenz zur Religionsvermischung (= Synkretismus) bestimmt. Im totalen Gegensatz dazu läßt sich der Glaube der christlichen Gemeinde aber nicht viele Wege offen. Es gibt für ihn jeweils nur eine Wahrheit, nicht viele. Die eine Heilswirklichkeit, zu der die Gemeinde sich bekennt, ist ihre Basis und ihr Einheitsband. Daran festzuhalten gehört zu dem »würdigen Wandel« (V.1) eines Christen.

In der Aufzählung der Vv.4‑6 herrscht, wie wir gleich sehen werden, Dreigliedrigkeit vor. Die ersten drei Begriffe, die zusammengehören, sind »ein Leib«, »ein Geist« und »eine Hoffnung« (V.4). Diese Begriffe tauchten schon in 2,11‑22 auf — einem Abschnitt, in dem die Einheit der Gemeinde behandelt wurde: gerettete Juden und Heiden wurden in dem einen Leib zusammengefügt, haben in dem einen Geist Zugang zum Vater und haben nun die gleiche Hoffnung. Der »eine Leib« ist der Leib Christi, d.h. die aus der Gesamtheit aller Glaubenden gebildete universale Gemeinde (1,22-23). Es gibt nur diese Gemeinde, keine andere! – Der »eine Geist« ist der Heilige Geist, den jedes Glied der Gemeinde empfangen hat, als es gläubig wurde (1,13). Und jedem Glaubenden wurde dieser Geist bei seiner Berufung als Christ als ein Angeld der kommenden Herrlichkeit – und damit als Vergewisserung der christlichen Hoffnung – verliehen (1,13-14). Das eint! Alle haben das gleiche Ziel, alle gehören zu der gleichen universalen Gemeinde, und alle haben den gleichen Geist empfangen, durch den sie (nach 1Kor 12,13) in den Leib Christi hineingetauft wurden, und der nun Garant ihrer Hoffnung ist.

Die nächsten drei Begriffe, die zusammengehören, sind »ein Herr«, »ein Glaube«, »eine Taufe« (V.5). Der eine »Herr«, den die Gemeinde kennt und dem sie gehört, ist Jesus. Er ist der Kyrios (= griech. Wort für »Herr«). Der Kyrios-Titel hatte für die apostolischen Gemeinden in doppelter Hinsicht eine besondere Bedeutung: a) In der griechischen Übersetzung des Alten Testaments wurde der Gottesname »Jahwe« in der Regel mit »Kyrios« übersetzt. Da die ersten Christen das griechische Alte Testament als ihre Bibel hatten, schwang für sie im Bekenntnis zu Jesus als dem Kyrios immer das Bekenntnis zu seiner Gottheit mit. b) Zugleich war ihnen bewußt, daß der Kaiser in Rom sich als »Kyrios und Gott« bezeichnete. Für sie als Christen war es aber völlig klar, daß es nur einen Kyrios gibt: Jesus! Sie bekannten: Auch wenn es in der Welt »viele Götter und viele Herren gibt, so haben wir doch nur einen Gott, den Vater, . . . und einen Herrn, Jesus Christus« (1Kor 8,5f). Und: »Niemand kann Jesus als Kyrios bekennen, außer durch den Heiligen Geist« (1Kor 12,3). – Dem einen »Herrn« entspricht der eine »Glaube« an diesen Herrn. Nach apostolischem Verständnis glaubt nicht einfach jeder, was er will. Es gibt nur das eine Evangelium, daß der Mensch durch den Glauben an den Herrn Jesus Christus gerechtfertigt wird vor Gott. Wer etwas anderes glaubt, steht unter Gottes Fluch (Gal 1,8f u. 3,1ff). Diesen Glauben – oder, wie

man auch übersetzen könnte, dieses Vertrauen auf Jesus bzw.
diese Treuebindung an ihn ‒ wirkt der Heilige Geist (Gal 5,22)
durch die Verkündigung des Wortes Gottes (Rö 10,17). ‒ Und
so, wie es nur einen »Herrn« gibt und den einen »Glauben« an
ihn, gibt es ‒ biblisch gesehen ‒ auch nur »eine Taufe«. Es ist
die Taufe auf den Namen des Herrn Jesus Christus bzw. den
Namen des Vaters, des Sohnes und des Heiligen Geistes (Apg
2,38; Mt 28,19; vgl. 1Kor 1,13-16), die alle anderen Taufriten ‒
wie etwa die der dort und damals verbreiteten Mysterienreligionen ‒ ausschloß und selbst an die Stelle der Johannestaufe trat
(vgl. Apg 19,1-5). Zu neutestamentlichen Zeiten finden wir folgende Praxis sicher bezeugt: Wer durch das Evangelium zum
Glauben an den Herrn Jesus Christus kam, wurde auf seinen
Namen getauft (Mk 16,16; Apg 2,37-41; 8,35-38; 9,17f; 10,44-
48; 18,8; 19,1-5). Glaube und Taufe gehörten zusammen. Eine
Taufe ohne Glauben wäre auch angesichts dessen, was die
Taufe inhaltlich ausdrücken will, schwer zu verstehen. Denn in
der Taufe auf den Namen des Herrn sollte unter anderem bezeugt werden, daß dieser Täufling diesem Herrn als sein Eigentum zugehörte. Vom Evangelium her kann diese Zugehörigkeit
zu Christus aber weder die Abstammung von gläubigen Eltern
garantieren noch irgendeine wirkkräftige heilige Handlung,
sondern nur der Glaube, der aus einem verlorenen, von Gott ge-
trennten Sünder ein gerechtfertigtes Gotteskind macht, das mit
allen auf den Namen des gleichen Herrn getauften Gläubigen
in Einheit verbunden ist. Manche Ausleger des Neuen Testaments haben allerdings gefragt, ob es zu neutestamentlicher
Zeit nicht eine Ausnahme von der Gläubigentaufe gab, nämlich
die ›Haustaufen‹, die in der Apostelgeschichte verschiedentlich
erwähnt werden (Apg 16, 14-15 + 31-33). Wurden zu diesen
Anlässen möglicherweise auch die kleinen Kinder der Gläubigen getauft? Die Frage ist aber, ob dies inhaltlich die gleiche
›eine Taufe‹ mit der gleichen Bedeutung wäre wie die Taufe von
Gläubigen. Zu beachten ist zudem, daß im Zusammenhang der
›Haustaufen‹ nie ausdrücklich von einer Taufe von Kleinkin-
dern die Rede ist. (In Apg 16,31ff wird sogar ausdrücklich die
Taufe mit dem Glauben verbunden: Allen ›im Hause‹ des Ker-
kermeisters wurde das Evangelium verkündigt, V.32; er und

sein ›Haus‹ wurden getauft, V.33; und er ›samt allen in seinem Haus‹ freute sich, daß er zum Glauben gekommen war. – Und auch in Apg 10 ist von einer ›Hausbekehrung‹ die Rede: alle im Haus sind fromm und gottesfürchtig, V.2; allen wird das Evangelium verkündigt, V.34ff; alle, die das Wort hören, werden gläubig, V.44f; und schließlich werden alle, die den Geist empfangen haben, getauft, V.47-48.) Kann man, wenn man dies sieht, mit Zuversicht sagen, daß die ›Haustaufen‹ in der Bibel ein zweites Modell der Taufe darstellen, das nicht den Glauben der zu Taufenden voraussetzt, sondern auf Hoffnung hin tauft oder gar Heil ohne persönlichen Glauben vermittelt? Andererseits ist sicher, daß es in der Kirchengeschichte nicht bei der Taufe der Glaubenden geblieben ist. Dies macht es in der Christenheit heute schwer, mit Paulus von der einen Taufe zu sprechen. Es bleibt daher die Aufgabe, darum zu ringen, was die eine Taufe nach dem Neuen Testament ist.

Schließlich kommt es zu einem dritten Dreiklang (V.6). Die Rede ist von dem einen »*Gott und Vater*«, von dem gesagt wird, daß er 1.»über allen«, 2.»durch alle« und 3.»in allen« ist. Daß es nur *einen* Gott gibt, war schon inmitten einer heidnischen Umwelt mit ihrer Vielgötterei das unerschütterliche Zeugnis des alttestamentlichen Bundesvolkes.»Höre, Israel, der Herr, unser Gott, ist der eine Herr!« (5Mo 6,4). Dieses Bekenntnis sprach jeder Israelit täglich aus. Auch die gesamte neutestamentliche Gemeinde bekennt sich zu dem einen Gott. Dieses gemeinsame Bekenntnis eint sie. – Wenn er hier als Gott-Vater angesprochen wird, dann an dieser Stelle nicht im Sinn von:»der Vater Jesu Christi« (wie etwa in Rö 15,6); sondern er wird als der »Vater aller« bezeichnet. Bei dem jüdischen Philosophen Philo ist dieser Ausdruck häufig die Bezeichnung für Gott als den Schöpfer aller Menschen (spec leg 1,13f; ebr 81; u.ö.; vgl. im AT auch Mal 2,10). Hier ist damit aber wohl gemeint: Vater aller *Gläubigen*, denn von diesen ›allen‹ wird im gleichen Vers gesagt, daß er »in« ihnen ist. Und (im Gegensatz zu allen pantheistischen Vorstellungen hellenistischer Philosophen) ist nach dem Neuen Testament die Innewohnung Gottes ja nicht etwas, das für alle Menschen zutrifft, sondern etwas, das dem Glaubenden geschenkt ist, indem Gott durch seinen Geist in dem einzelnen

Wohnung nimmt (vgl. Hes 36,27; Joh 14,17+23; Rö 8,9; 1Kor 3,16; Eph 2,22). Manche Ausleger beziehen das Wort »alle« in V. 6b auf unterschiedliche Menschen: zunächst sei von Gott als dem Vater aller Menschen die Rede, insofern er als ihr Schöpfer über allen steht (vgl. 3,9+15); dann aber sei von allen Gläubigen die Rede, da Gott speziell durch die Glieder der Gemeinde in die Welt hinein wirke und durch den Glauben in ihnen wohne. Diese Auslegung sieht in V.6 eine Steigerung von außen nach innen: gewissermaßen am Rand ist Gott der Vater aller, insbesondere aber ist er der Vater derer, die zu seiner Gemeinde gehören (vgl. 1Tim 4,10). Bleibt die Schwierigkeit bei dieser Auslegung, daß – ohne nähere Hinweise im Text selbst – das Wort »alle« im gleichen Halbvers Unterschiedliches bedeuten müßte, was mir hier nicht naheliegend zu sein scheint. – Ähnlich wie in 3,14f wird Gott vertrauensvoll als Vater genannt, aber eben als der über alles erhabene, allwirksame und allgegenwärtige Vater. Er ist *»über allen«*, d.h. hoch erhoben über alle seine Kinder. Keiner steht in privilegierter Sonderstellung neben ihm. Gleichermaßen unterstehen sie alle dem einen Herrn. – Zugleich ist er *»durch alle«* am Werk, d.h. seine Kinder sind Werkzeuge seines Wirkens. Keiner kann sich rühmen, allein von Gott gebraucht zu sein. Gleichermaßen sind sie zu seinem Dienst berufen; und was immer an Frucht im Dienst des einzelnen sichtbar wird, es ist Wirkung des einen himmlischen Vaters. – Schließlich ist er auch *»in allen«*, d.h. er wohnt aufgrund des Glaubens durch seinen Geist in jedem Gläubigen. Kein Kind Gottes kann beanspruchen, Gott sei nur in ihm. Gleichermaßen empfangen alle Menschen, die sich im Glauben zu Jesus bekennen, den Geist und damit die Gegenwart Gottes, die sich lebensverändernd – etwa in einem von der Liebe geprägten Leben – äußert (vgl. 1Joh 4,15+16b).

All dies ist die vom Geist der Gemeinde vorgegebene Grundlage der Einheit. Und dieses Geschenk der Einheit gilt es zu bewahren.

Vorschlag zur Bibelarbeit über Epheser 4,1-6

1. Einleitung

Denken wir einmal an die christlichen Kreise und Gemeinden, die wir kennen. Wie oft sind uns da schon Beispiele von Unfrieden und Uneinigkeit begegnet!? Man ist voneinander enttäuscht, redet nicht mehr miteinander (dafür aber übereinander!), es gibt Gruppierungen, Konflikte, vielleicht Spaltungen. In dieses Problemfeld spricht das Thema dieser Verse. Es wird hilfreich sein, diesen Problemhorizont zunächst ganz konkret und realistisch vor den Hörern aufzurollen.

2. Durchführung

Thema: *Die Einheit bewahren*

a) *Unser Einsatz für die Einheit (Vv. 1-3)*

Das Problem der Uneinigkeit unter Christen sollen wir nicht nur allgemein bedauern. Spannungsreiche Beziehungen, in denen wir mit Mitchristen stehen, dürfen wir nicht einfach in Kauf nehmen. Wir würden sonst unserer Berufung als Christen nicht gerecht. Warum? V.1 weist in diesem Zusammenhang zurück auf Eph 1-3. Was hat Gott getan? Wozu hat er uns berufen? Angesichts der Zerrissenheit und der vielen unnötigen Spannungen unter Christen ist unser Einsatz gefragt. Wie soll dieser Einsatz aussehen? Vv.2-3 geben die Antwort. Demut, Sanftmut, langmütiges und liebevolles Ertragen werden als Einheitsvitamine genannt. Was jeder dieser Begriffe bedeutet, ist oben in der Erklärung ausgeführt. Für jede dieser Verhaltensweisen sollten Sie jetzt ein Beispiel finden, das Ihre Hörer motiviert, sich auch so zu verhalten. Über diese Verse darf nicht nur lehrhaft gesprochen werden. Wenn Sie diese Verse auslegen, müssen Sie ein Anstifter zum Frieden und zur Einigkeit werden!

b) *Gottes Vorgaben für die Einheit (Vv. 4-6)*

Die christliche Einheit zu bewahren ist schwer genug. Wir müssen zum Glück die Einheit der Gemeinde nicht erst schaffen. Das hat Gott durch seinen Geist längst getan. Wenn wir uns für die Einheit einsetzen, ist es allerdings nützlich, daß wir uns selbst und unseren Hörern in Erinnerung rufen, was Christen trotz aller Probleme grundlegend verbindet. In den Vv. 4-6 werden uns dreimal drei Fakten genannt, die uns Christen in viel tieferer Weise einen als menschliche Schwächen und Fehler uns trennen können. Diese Bindeglieder müssen wir Punkt für Punkt betonen. Wo diese gemeinsamen Grundlagen da sind, lohnt es sich, alles für die Einheit zu tun.
Es lohnt sich aber auch, darüber nachzudenken, wie es um die ›christliche Einheit‹ bestellt ist, wenn diese Punkte fehlen. Dann wird es vielleicht noch eine menschlich organisierte Einheit geben, aber nicht mehr die »Einheit des Geistes«.

2) Die von Christus der Gemeinde geschenkte Vielfalt der Gaben soll zur gemeinsamen Erbauung des Leibes Christi eingesetzt werden (4,7–16)

Die Gemeinde Jesu Christi ist eine Einheit. Und sie soll diese Einheit bewahren. Denn Gott hat sie sich als eine einige Gemeinde gedacht (Vv.1-6). Aber die Gemeinde ist kein unterschiedsloses Einerlei. Innerhalb der gemeindlichen Einheit hat Gott eine große Vielfalt gegeben. Wer in seinem Einsatz für christliche Einheit alle Unterschiede unter Gotteskindern einebnen will, tut ganz gewiß nicht das, was Eph 4 meint. Gott hat sich die Einheit viel bunter gedacht. Gerade durch die Vielfalt wird eine Einheit höherer Ordnung erzielt, wie die Vv.7-16 zeigen.

Im folgenden stellt Paulus zunächst in V.7 dem Thema der Einheit die These von der Gabenvielfalt in der Gemeinde gegenüber. Dies begründet er in V.8 mit einem Zitat, das auf Ps 68,19 anspielt und das er in Vv.9-11 auslegt:

(7) Jedem einzelnen aber von uns wurde die Gnade gegeben nach dem Maß der Gabe Christi.
(8) Deshalb heißt es: Aufgestiegen in die Höhe nahm er gefangen die Gefangenschaft, gab Gaben den Menschen.
(9) Das (Wort) aber ›aufgestiegen‹: was bedeutet es anderes, als daß er auch hinabstieg in die Niederungen der Erde?
(10) Der hinabstieg: Derselbe ist es, der auch aufstieg über alle Himmel, damit er alles erfülle.
(11) Und er ›gab‹ die Apostel, die Propheten, die Evangelisten, die Hirten und Lehrer...

In den Versen vorher war von der ganzen Gemeinde als Einheit die Rede. Betont wurde, was alle gemeinsam haben. Jetzt aber kommt jeder einzelne mit seiner ganz persönlichen Begabung ins Blickfeld. *»Jedem einzelnen wurde die Gnade gegeben«* (V.7a). Uns fällt auf, daß der Geber nicht ausdrücklich genannt ist. Keine Frage, Gott ist der Geber! Im Judentum wollte man aber den Gottesnamen nicht unnötig oft gebrauchen. Und so hat sich unter den Juden die sogenannte ›göttliche Leideform‹ (Passivum divinum) entwickelt, indem man z.b. statt »Jedem einzelnen hat Gott ... gegeben« sagte: »Jedem einzelnen wurde ... gegeben.« − Das, womit Gott jeden einzelnen beschenkt, ist völlig unverdiente *»Gnade«*. Die Gaben, mit denen Gott jedes seiner Kinder ausrüstet, hat sich keiner als eigene Leistung verdient. Gnadengaben kann man sich noch nicht einmal aussuchen und von Gott erzwingen, sonst wäre Gnade nicht mehr Gnade (vgl. 1Kor 12,11+18). Die Gnade der Errettung (2,8) ist für jedes Gotteskind gleich. Das Gnadengeschenk der Dienstgaben aber, von denen jetzt in Vv. 7-12 die Rede ist, ist für jeden unterschiedlich bemessen (vgl. Rö 12,6). Diese Gnade ist »nach dem Maß der Gabe Christi« (V. 7b), d.h. nicht mehr und nicht weniger und nicht anders als Christus sie im Einzelfall bemißt und gibt. Man könnte es auch so sagen: Die Errettungsgnade ist für jeden gleich; die Dienstgnade ist für jeden individuell bemessen. In diese Schar der zum Dienst begabten Glieder der Gemeinde reiht Paulus sich ausdrücklich mit ein, indem er nicht mehr − wie in den vorangehenden Versen − nur von »euch« spricht, sondern von *»uns«* (V. 7a). Mit diesem »Uns« ist zugleich das ganze Spektrum der in V. 11 genannten Gabenträger abgedeckt: der Verfasser als Apostel − und in den Empfängergemeinden Amtsträger wie Propheten, Evangelisten, Hirten und Lehrer.

Um seine These, daß Gott einem jeden Gaben gegeben hat, für seine Leser weiter zu untermauern, führt Paulus nun in V. 8 mit der Formel »Deshalb heißt es« (vgl. 5,14) ein Zitat aus der frühchristlichen Tradition an, das offenbar im Anklang an Ps 68,19 geprägt wurde. Ps 68 wird dabei nicht wörtlich zitiert. Die Lutherübersetzung (1984) gibt den hebräischen Text von Ps 68,19 so wieder: »Du bist aufgefahren zur Höhe und führtest Gefangne gefangen; du hast Gaben empfangen unter den Menschen.« Ähnlich übersetzt die griechische Übersetzung des AT (die Septuaginta / LXX). Der Sinn des Psalms, der hier auf Jahwes Sieg im Kampf Deborahs gegen Sisera (Ri 4+5) anzuspielen scheint, ist in diesem Vers, daß Gott unter den Menschen Gaben erbeutet hat.

Im Frühjudentum wurde dieser Psalmvers radikal umgedeutet. In einer rabbinischen Auslegung des Psalmverses heißt es:

»Du bist zur Höhe emporgestiegen, hast Gefangenschaft gefangen geführt. Das ist es, was die Schrift gesagt hat: ›Zu einer von Helden verteidigten Stadt steigt der Weise empor und bringt das Bollwerk, auf das sie vertraut, zu Fall‹ (Spr 21,22). Das ist Mose, wie es heißt: ›Mose stieg zu Gott empor‹ (2Mo 19,3). ›Du hast Gaben empfangen für den Menschen‹: das ist die Torah, die als Geschenk umsonst Israel gegeben worden ist« (Midrasch Ps 68 § 11, 160a). Deutlich ist, daß der Psalm jetzt auf Mose statt auf Gott bezogen wird. Auch wird nicht mehr von dem Empfangen der Gaben »von den Menschen« gesprochen, sondern »für den Menschen«. Durch diese Änderung wurde es möglich, Ps 68 eine wichtige Rolle im jüdischen Pfingstfest (›Schevuoth‹) zu geben, das zu dieser Zeit bereits nicht mehr nur ein Erntefest war, sondern das Fest der Feier des Torahempfangs. Das Targum – d.h. die (freie) Übertragung des Hebräischen ins Aramäische – führt im 5./6. Jahrhundert diese Auslegung von Ps 68 fort: »Du bist zum Himmel emporgestiegen – das ist Mose, der Prophet. Du hast Gefangenschaft gefangengeführt – du hast die Worte der Torah gelernt. Du hast sie den Menschenkindern als Gaben gegeben, und auch bei den Widerspenstigen, wenn sie in Buße umkehren, wohnt die Schekina (= die Anwesenheit) der Herrlichkeit Jahwe-Elohims« (Targ. Ps 68,19).

Die frühchristliche Tradition hat sich von dieser rabbinischen Deutung des Psalms auf Mose wieder abgesetzt. Nicht Mose, sondern Christus ist zur Höhe hinaufgestiegen. Allerdings wird auch hier nicht davon gesprochen, daß Gott (Christus) Gaben erbeutet hat von den Menschen, wie es der alttestamentliche Text nahelegt. Vielmehr wird mit der Formulierung *»er gab Gaben den Menschen«* der Wortlaut des hebräischen Textes so verstanden: Gott hat »Gaben empfangen für den Menschen« – eine Übersetzung, die vom Hebräischen her durchaus möglich ist. Man kann fragen, ob der Vers in den frühen christlichen Gemeinden in dieser Form nun seinerseits eine Aussage zum Pfingstfest war, die an die Stelle der rabbinischen Verwendung von Ps 68 in der Pfingstliturgie trat. Insgesamt steht die frühchristliche Spruchform wieder näher beim Wortlaut von Ps 68 als die rabbinische Fassung:

Ps 68,19:	Rabbinische Fassung:	Christl. Spruchform:
Jahwe stieg auf.	Mose stieg auf.	Christus stieg auf.
Jahwe muß zuerst hinabgestiegen sein.	Mose mußte danach heruntergestiegen sein.	Christus stieg zuerst hinab.
Jahwe hat Gefangene gefangengeführt.	Mose hat die Torah »gefangen genommen«.	Christus hat die Mächte gefangen geführt.

Paulus schließt sich jedenfalls in V. 9 ff an die Form des Spruches an, die besagt, daß Gott nicht Beute genommen hat von den Menschen, sondern Gaben genommen hat für die Menschen. Und er interpretiert den Vers betont auf Christus hin. Auch er deutet den Vers nicht auf Mose, wie er zu Gott auf den Berg hinaufstieg, sondern auf die Erhöhung Christi. Und die Gabe Gottes für die Menschen ist nicht die Torah, das Gesetz; sondern die Gabe Christi für die Menschen sind die Offenbarer, Verkünder und Lehrer der Frohen Botschaft des Neuen Bundes (V. 11). – Der, der »aufgestiegen« ist, muß – so wird mit einem unter Auslegern damals üblichen Umkehrschluß gefolgert – zunächst hinabgestiegen sein; dann erst ist er aufgestiegen. Dies deutet der Apostel auf die Menschwerdung und Erhöhung Christi. Jesus stieg hinab »in die Niederungen der Erde«. Manche Ausleger übersetzen hier mit »unteren Örter der Erde« und beziehen dies auf das Totenreich. Doch ist diese Übersetzung sprachlich nicht zwingend, und im ganzen Zusammenhang ist vom Totenreich überhaupt nicht die Rede. Die »Niederungen der Erde«, in die Jesus in seiner Menschwerdung hinabstieg, stehen im Kontrast zu seiner Erhöhung »über alle Himmel«. Im Anklang an den Zusammenhang von Ps 68, der den Sieg Gottes rühmt, macht Paulus deutlich, daß Christus sich in seiner Erniedrigung und anschließenden Erhöhung den ganzen Kosmos unterworfen hat: von den Niederungen der Erde bis hoch über alle Himmel umfaßt er alles (»damit er alles erfülle«). Vermutlich interpretiert Paulus damit zugleich die Aussage aus Ps 68,19b (»und führtest Gefangne gefangen«): In der Aussage, daß der erhöhte Christus den ganzen Kosmos erfüllt, klingt doch sehr stark Eph 1,20-23 an, wo von der Erhöhung und dem Triumph des Auferstandenen über alle Mächte die Rede war, so daß ihm alles unterworfen ist und er alles erfüllt. (Ähnlich Kol 2,14f: Wie Gefangene führt der Gekreuzigte die Mächte im Triumphzug mit sich.)

Hat Paulus zunächst in den Vv. 9-10 das »Aufgestiegen in die Höhe nahm er gefangen die Gefangenschaft« (vgl. Ps 68,19a+b) auf die Erhöhung Christi hin ausgelegt, deutet er nun in V.11 die Aussage »er gab Gaben den Menschen« (vgl. Ps 68,19c): *»Und er gab die Apostel, die Propheten, die Evangelisten, die Hirten und Lehrer.«* Die Gabe Christi für seine Gemeinde sind begabte Menschen! Genannt werden verschiedene Personengruppen, die bestimmte führende Ämter in der frühchristlichen Gemeinde innehatten. Das ›allgemeine Priestertum aller Gläubigen‹ (vgl. 1Petr 2,5) schließt im Neuen Testament nicht aus, sondern vielmehr ein, daß Christus seiner Gemeinde bestimmte Amtsträger gibt, die (V.12ff) die einzelnen Gemeindeglieder für ihre Aufgaben zurüsten sollen. Auch Amt und Charisma sind nach dem Neuen Testament keine Gegensätze. Vielmehr setzt Christus von ihm begabte Personen in ganz unterschiedliche, fest umrissene Dienste ein und gibt seiner Gemeinde damit verschiedene Amtsträger als sein Geschenk.

Eine Gabe des erhöhten Herrn an seine Gemeinde sind *»die Apostel«*. Nicht zufällig werden sie hier zuerst genannt. Das Apostelamt ist einzigartig und unwiederholbar. In Entsprechung zu den zwölf Stammvätern des alttestamentlichen Bundesvolkes hat Jesus sich die zwölf Apostel als grundlegende Repräsentanten seines neutestamentlichen Volkes erwählt (Mk 3,13ff). Als Apostel, die er bevollmächtigte und aussandte, waren sie autorisierte Vertreter ihres Herrn. »Wer euch aufnimmt, der nimmt mich auf« (Mt 10,40). Ihre Aufgabe war, unter der Leitung des Heiligen Geistes alle Worte Jesu zu bewahren und zu lehren (Joh 14,26; Mt 28,20). Deshalb war es auch nötig, daß sie den Herrn gehört und begleitet hatten und Zeugen des Auferstandenen waren (Apg 1,21f). Auch Paulus, der nach dem

Ausscheiden des Judas als Ausnahme später zum Apostelkreis stieß (1Kor 15,8), mußte Zeuge des Auferstandenen sein und durch den Herrn persönlich mit dem Evangelium betraut worden sein (Gal 1,1+11 ff). Dazu wurde den Aposteln verheißen, daß Gottes Geist ihnen weitere Offenbarungen geben werde (Joh 16,13). Diese Offenbarungen (vgl. 1Kor 2,9-13) wurden zur Grundlage neutestamentlicher Lehre. Insofern gehören die Apostel zum ein für allemal gelegten Fundament der neutestamentlichen Gemeinde. Die Gemeinde ist »erbaut auf den Grund der Apostel und Propheten, wo Jesus Christus der Eckstein ist« (Eph 2,20). Im Sinne dieses Fundaments kann es nur apostolische, d.h. auf das ein für allemal ergangene Apostelwort gegründete Gemeinden geben – keine ›neuapostolischen‹. Das Apostelamt ist unwiederholbar. Daß das griechische Wort für Apostel auch als Nicht-Fachwort gebraucht worden ist, ist richtig: es heißt dann einfach ›der Bote‹, ›der Gesandte‹ (vgl. 2Kor 8,23). In Eph 4,11 ist aber nicht allgemein von ›Boten‹ die Rede, sondern von den ›Aposteln‹.

Eine zweite Gabe des erhöhten Herrn an seine Gemeinde sind *»die Propheten«*. Offenbar sind hier die neutestamentlichen Gemeindepropheten gemeint. Ginge es um die alttestamentlichen Propheten, wären sie sinnvollerweise vor den Aposteln genannt worden. Das Judentum war weithin der Meinung, daß seit dem Tod der alttestamentlichen Schriftpropheten der Geist der Prophetie von Israel gewichen war. Damit meinte man nicht nur das gelegentliche Fehlen eines Propheten (vgl. Ps 74,9: »Zeichen für uns sehen wir nicht. Kein Prophet ist mehr da, und keiner bei uns ist da, der weiß, bis wann«), sondern grundsätzlich das Aufhören der Prophetie: »Als Haggai, Sacharja und Maleachi, die letzten Propheten, gestorben waren, schwand der Heilige Geist aus Israel; gleichwohl ließ man sie die Bath Qol (= die Himmelsstimme) hören« (t.Sotah 13,2). Das Urchristentum wußte aber seit Pfingsten, daß der für die messianische Zeit verheißene Geist neu ausgegossen wurde und nun auch die Prophetie wieder da war (Apg 2,15-18). Die Gemeinden der apostolischen Zeit hatten kein Neues Testament. Sie waren durch die Evangeliumsverkündigung entstanden und hatten im besten Fall die eine oder andere Abschrift eines Apostelbriefs. In vielen Fragen brauchten sie Weisung durch prophetische Worte. Wie schon in alttestamentlicher Zeit (Spr 29,18) galt: »Wo keine Prophetie ist, wird das Volk wild und wüst.« Paulus wünscht vielen Gemeindegliedern das Charisma der Prophetie (1Kor 14,5), doch weiß er, daß Christus auch diese Gabe austeilt, wie er will (1Kor 12,10). »Der prophetisch Redende ... redet zu den Menschen zu ihrer Auferbauung, Ermahnung und Tröstung« (1Kor 14,3). Prophetie ist mithin ein geistgeleitetes Reden, das seelsorgerlich auf geistliches Wachstum der Gemeinde zielt. Auf verborgene Bedürfnisse, Nöte oder Sünden fällt so Licht von Gott, das zu geistlicher Veränderung führen will (1Kor 14,25). Konkrete Führung durch Gott kann erfolgen (Apg 16,6-10), wobei aber immer noch zu klären ist, worauf die Prophetie jeweils zielt (vgl. Apg 21,10-13). Prophetie wurde durch Eingebung von Gedanken oder auch durch Tag- bzw. Nachtgesichte von Gott vermittelt. Wichtig ist, daß der neutestamentliche Gemeindeprophet nie von vornherein mit dem Anspruch auftrat: »So spricht der Herr!« Während die alttestamentlichen Schriftpropheten mit dieser Botenformel autoritativ Gottes inspiriertes Wort weitergaben, geben neutestamentliche Gemeindepropheten Gedanken und Bilder, die sich ihnen aufdrängten, zur Prüfung weiter. Erst, wenn die dazu befugten Hirten und Lehrer die Prophetie geprüft hatten (1Kor 14,29ff), konnte die Botschaft als Weisung Gottes angenommen werden. Während die Propheten zunächst nicht-autoritativ sprachen (und entsprechend auch Frauen in den apostolischen Gemeinden Prophetinnen sein konnten, 1Kor 11,5; Apg 21,9), sprachen die Lehrer autoritativ aufgrund des geoffenbarten biblischen Wortes (wobei diese autoritative Funktion der Lehrentscheidung für Frauen nicht vorgesehen war, 1Kor 14,34ff; 1Tim 2,11f). Schon im Alten Testament gab es diesen Unterschied zwischen dem klaren inspirierten Gotteswort, wie es Mose zur Niederschrift in der Torah empfangen hatte, und den dunklen Worten einzelner Propheten, die ihre Träume und Weissagungen weitersagten (4Mo 12,6-8). Trotz ihres zunächst nicht-autoritativen Charakters ist die Prophetie eine Gabe Christi an die Gemeinde und als solche nicht zu verachten (1Thess 5,20f). Bis das Vollkommene kommt, wird die Gemeinde auch Prophetie brauchen (1Kor 13,9f).

Eine dritte Gabe des erhöhten Herrn an seine Gemeinde sind *»die Evangelisten«.* Relativ wenig lesen wir im Neuen Testament über diese Gruppe von Mitarbeitern. Philippus, der Jerusalemer Diakon, war Evangelist (Apg 21,8; vgl. Apg 8). Und Timotheus sollte das Werk eines Evangelisten tun (2Tim 4,5). Beide übten diesen Dienst nicht in ihrer Heimatgemeinde aus, sondern waren überörtlich (Samarien / Gebiet der dritten Missionsreise) tätig. Philippus verkündigte Nichtchristen das Evangelium, so daß sie zum Glauben kamen. Und der Dienst des Timotheus in Ephesus und Umgebung weist darauf hin, daß der Evangelist in den entstehenden und entstandenen Gemeinden noch seine Aufgabe bis hin zur Einsetzung und Unterstützung der örtlichen Ältesten hatte (vgl. 1Tim 3,1ff; 5,17ff). Die Evangelisten in Eph 4,11 werden vor den Hirten und Lehrern genannt, was auch darauf hinweisen könnte, daß ihr Dienst vor dem der örtlichen Gemeindeverantwortlichen kam und mit Gemeindegründung und dem anfänglichen Gemeindebau zu tun hatte. Auch die Evangelisten sind Gabe Christi zum Bau der Gemeinde. Wenn es in Gemeinden nur noch Pastoren gibt, die Bestehendes verwalten, aber keine Evangelisten mehr, die das Evangelium nach draußen tragen, Gemeinden gründen und aufbauen, darf es nicht verwundern, wenn es mit dem Gemeindebau nicht mehr vorwärts geht. Ohne Schaden für die Gemeinden kann auf solche Gaben Christi nicht verzichtet werden.

Eine vierte Gabe des erhöhten Herrn an seine Gemeinde sind *»die Hirten und Lehrer«.* Mit diesem Doppelbegriff ist eine Gruppe von Amtsträgern bezeichnet, nicht etwa zwei verschiedene. (Es heißt ja auch nicht:»die Hirten und die Lehrer«, sondern:»die Hirten und Lehrer«.) Die»Hirten und Lehrer« übten die geistliche Leitung in der örtlichen Gemeinde aus. Für das gleiche Amt kennt das Neue Testament noch andere Bezeichnungen. Sie konnten auch als »Leiter« bezeichnet werden (Hebr 13,17), als »Aufseher« (Phil 1,1; 1Tim 3,1), als »Vorsteher« (1Thess 5,12) oder als »Älteste« (Tit 1,5). Daß es jeweils um die gleichen Leute geht, zeigen folgende Verknüpfungen: Die Ältesten werden aufgefordert, Hirten der Herde zu sein und ihren Aufseherdienst in geistlicher Weise wahrzunehmen (1Petr 5,1ff; vgl. 2,25; Apg 20,28); die Ältesten müssen auf

jeden Fall lehrbegabt sein; manche von ihnen stehen im lehrmäßigen Verkündigungsdienst (1Tim 3,2; 5,17); und daß »Älteste« das gleiche sind wie »Aufseher« geht sowohl aus Apg
20,17+28 hervor als auch aus dem Vergleich der Ältestenliste Tit
1 mit der Aufseherliste 1Tim 3. Wir schließen daraus, daß »die
Hirten und Lehrer« die Ältesten bzw. Leiter bzw. Vorsteher der
örtlichen Gemeinde sind. In welchem Maße sie eine Gabe Christi für seine Gemeinde sind, wird deutlich, wenn man einmal
zusammenstellt, welche Aufgaben diese Leute in der Gemeinde
wahrnehmen: Sie mühen sich ab für die Gemeinde, stehen ihr
vor, treiben Seelsorge (1Thess 5,12); sie überführen Irrende mit
gesunder Lehre (Tit 1,9); sie wachen über die Seelen der Gemeindeglieder und sind Gott Rechenschaft schuldig für sie
(Hebr 13,17); wie ein Hirt die Herde weidet, so leiten, schützen
und nähren sie die Gemeinde (Apg 20,28ff; 1Petr 5,1f). Seelsorge und Lehre vereinen sich in diesem örtlichen gemeindeleiten-
den Amt.

So gibt Christus seiner Gemeinde eine Vielfalt von Gaben bzw.
begabten Leitern. Aber nicht, um eine Kluft zwischen dienstfä-
higen Amtsträgern und unfähigen Laien aufzureißen! Nicht, um
in der Gemeinde eine Zwei-Klassen-Gesellschaft von wissenden
Amtspersonen und unwissendem Fußvolk einzuführen. Die
Dienstgaben Christi zielen vielmehr auf ein gemeinsames Ziel
und tragen damit zu einer höheren Einheit der Gemeinde bei.

Die Apostel, Propheten, Evangelisten, Hirten und Lehrer sind
der Gemeinde gegeben
**(12) ... für die Zurüstung der Heiligen zum Werk des Dienstes,
zur Auferbauung des Leibes Christi,**
**(13) bis wir alle gelangen zur Einheit des Glaubens und der Er-
kenntnis des Sohnes Gottes, zum vollkommenen Mann, zum
Maß des reifen Alters der Fülle Christi,**
**(14) damit wir nicht mehr Unmündige sind, umhergeworfen und
umgetrieben von jedem Wind der Lehre durch das Trugspiel der
Menschen, durch Verschlagenheit, die zum Betrug des Irrtums
(führt);**
**(15) vielmehr, daß wir — der Wahrheit in Liebe verpflichtet — in
jeder Hinsicht hinwachsen zu ihm, der das Haupt ist, Christus.**

(16) Von ihm her vollzieht der ganz Leib, zusammengefügt und zusammengehalten durch alle der Stützung dienenden Sehnen, gemäß der Kraft, die jedem Glied zugemessen ist, das Wachstum des Leibes zu seiner eigenen Auferbauung in Liebe.

Manche Ausleger verbinden alle drei Teile von V. 12 noch mit V. 11: Die Apostel, Propheten usw. seien gegeben worden 1. zur Zurüstung der Heiligen, 2. zum Werk des Dienstes und 3. zur Auferbauung des Leibes Christi. Erst ab V. 13 würde dann gesagt, wie sich dieser Dienst auf die Gemeindeglieder auswirkt. Aktiv sind nach dieser Auslegung nur die in V. 11 genannten Amtspersonen; die übrigen Gemeindeglieder sind Empfänger und Nutznießer ihres Dienstes. – Doch die drei Satzglieder von V. 12 sind im Griechischen nicht einfach parallel formuliert (»zur Zurüstung« / »zum Werk des Dienstes« / »zur Auferbauung«), sondern für das erste Satzglied ist ein anderes Fürwort (griech.: *pros*) gebraucht, als für die beiden anderen Satzglieder (griech. jeweils: *eis*), weshalb wir übersetzt haben: »*für die* Zurüstung der Heiligen *zum* Werk des Dienstes, *zur* Auferbauung des Leibes Christi«. Damit ergibt sich folgender Sinn: Durch den Dienst der in V. 11 genannten Amtsträger sollen die Heiligen ihrerseits zu zweierlei zugerüstet werden: nämlich zum Dienen und (in der Folge) zur Auferbauung der Gemeinde. Dieser Sinn bestätigt sich von V. 16 her, wo zum Aufbau des Leibes Christi offenbar auch alle beitragen, nicht nur die ›Kleriker‹. Ähnlich kann Paulus dem Evangelisten Timotheus schreiben: »Was du gehört hast von mir . . ., das befiehl treuen Menschen an, die ihrerseits fähig sein werden, andere zu lehren« (2Tim 2,2). Auch Jesus selbst hat so gearbeitet. Er hat seine Jünger zugerüstet, damit sie in alle Welt gehen und andere lehren, was er ihnen befohlen hat (Mt 28,19f). Entsprechend sollen die Hirten und Lehrer durch ihren Dienst die verschiedenen Gemeindeglieder zum Dienst befähigen, damit durch den Dienst der vielen das geistliche Wachstum des Leibes Christi vorangebracht wird. Was hier geschildert wird, ist ein geistlicher Multiplikationsprozeß, der für jedes echte Gemeindewachstum von grundlegender Bedeutung ist. Nicht eine kleine Klerikerelite baut den Leib Christi auf, sondern die von Christus mit beson-

deren Ämtern betrauten Personen setzen ihre Gaben zur Befä-
higung der einzelnen ein, damit durch den so vervielfältigten
Dienst viel Frucht für das ganze der Gemeinde entsteht. – Zu
beachten ist, daß die Zurüstung zum *»Werk des Dienstes«* erfolgt. Es geht um das Dienen, um geistliche Diakonie. Dienst ist
Einsatz für andere, nicht Selbstverwirklichung. Dienst inve-
stiert die eigenen Begabungen in die Bedürfnisse des anderen.
Dienst ist mit Demut und Opfer verbunden, nicht mit dem Streben nach Einfluß und der Erwartung von Gewinn. Nur so, auf
dem Weg des Dienens, kommt es zur *»Auferbauung des Leibes
Christi«.* In dem Wort Auferbauung (*oikodome*) steckt im Griechischen der Gedanke des Hausbaus: wie ein Haus Stein um
Stein gebaut wird, so muß das geistliche Haus der Gemeinde
gebaut werden. (Vgl. 2,20-22 das Bild von der Gemeinde als
Tempel Gottes, der auferbaut werden soll.) Alles, was in der Gemeinde geschieht, namentlich aller Dienst – ob sichtbar oder
verborgen, ob bedeutend oder scheinbar unbedeutend –, soll
diesen geistlichen Aufbau im Auge haben. Wozu soll der Be-
suchsdienst dienen? Zur Auferbauung der Gemeinde. Wozu
das Singen im Chor, der Dienst in der Gemeindeküche, die Mit-
arbeit im Jugendkreis, der Beitrag im Hauskreis usw.? Zur
Auferbauung der Gemeinde.

Was ist das Ziel des Gemeindeaufbaus? Das wird in den
Vv. 13-15 deutlich gesagt. Das Ziel ist, daß alle Glieder der Gemeinde zur geistlichen Reife kommen (V. 13). Wie das aussieht,
wird in V. 14 nach der negativen und in V. 15 nach der positiven
Seite hin deutlich gemacht.

Mit V. 13 kommt Paulus in gewisser Hinsicht wieder zum
Thema der Anfangsverse von Eph 4 zurück. Dort hatte er vor allem die Einheit der Gläubigen betont (Vv. 3-6). Ab V. 7 war dann
zunächst von der Vielfalt innerhalb der Gemeinde die Rede.
Nun, mit V. 13, wird deutlich, daß die Vielfalt der Einheit nicht
widerspricht, sondern gerade die Einheit fördern soll. Die verschiedenen Gabenträger bringen sich in der Gemeinde ein, um
einzelne Gemeindeglieder zum gemeindebauenden Dienst zu
befähigen; und dieser Dienst soll dazu beitragen, daß *»alle ...
zur Einheit des Glaubens und der Erkenntnis des Sohnes Gottes«*
gelangen. Nicht die Herausbildung einer kleinen Elite von rei-

fen Christen ist das Ziel, sondern die Förderung jedes einzelnen Gläubigen mit dem Ziel, daß auch er zur geistlichen Reife gelangt. Die geistliche Reife wird zunächst (V. 13a) ohne Bild beschrieben als die »Einheit des Glaubens und der Erkenntnis des Sohnes Gottes«, dann (V. 13b+c) bildhaft als *»vollkommene(r) Mann«* bzw. als *»Maß des reifen Alters der Fülle Christi«*. Für Paulus geht es bei der Frage nach geistlicher Reife nicht einfach um eine intensivere Erlebnisfrömmigkeit, um stärkere religiöse Gefühle oder besondere Erfahrungen. Reife hat für ihn mit Glaubensinhalten zu tun. Bei der »Einheit des Glaubens« geht es um das gemeinsame Glaubensgut, das von allen erkannt werden soll. Im Blickfeld ist hier, was geglaubt werden soll, nicht wie geglaubt wird. Das wird durch den folgenden Zusammenhang deutlich, wo es um »Erkenntnis« (V. 13), um Festigkeit gegenüber Irrlehren (V. 14) und um das Festhalten der Wahrheit in Liebe (V. 15) geht. Kinder im Glauben sind für Paulus solche, die noch in den Grundlagen christlichen Glaubens unterwiesen werden müssen (1 Kor 3, 2; vgl. Hebr 5, 12 ff). Reife Gläubige dagegen sind gegründet im geoffenbarten Gotteswort. Das Ideal des Apostels ist es offenbar nicht, daß jeder seine eigene, jeweils unterschiedliche Erkenntnis hat, auch wenn Paulus um die Realität unserer nur stückwerkhaften Erkenntnis weiß (1 Kor 13, 9). Das Ziel ist aber, daß alle Gläubigen zur Erkenntnis des einen, ein für allemal den Heiligen überlieferten Glaubens kommen (vgl. Jud 3). Eigens betont wird dabei insbesondere die »Erkenntnis des Sohnes Gottes« (V. 13b). Das ist keine Einschränkung des zuvor gesagten, so, als ginge es bei der Christuserkenntnis bloß um die ›eiserne Ration‹ eines Christen, um einige zentrale Bekenntnissätze zu Christus, die wichtiger wären, als die übrigen Glaubensinhalte. Paulus denkt hier ganz anders: »In Christus liegen verborgen alle Schätze der Weisheit und der Erkenntnis« (Kol 2, 3). Die Christuserkenntnis vor Damaskus wurde für ihn zur Grundlage seiner gesamten Theologie. Von Christus her erschließt sich der ewige Heilsplan Gottes für Juden und Heiden; an ihm entscheidet sich der Weg des Heils und des Unheils; die Möglichkeit der praktischen Heiligung des Christen ist allein in Christus geschenkt, und vom Gesetz Christi her wird deutlich, was im Blick auf die Nachfolge für

Christen gilt. Auch alles, was es über Gemeinde zu sagen gibt, kann nur von Christus her entfaltet werden (siehe Eph 1-3!); und auch die Dinge der Zukunft sind nur als Entfaltung des Triumphs des Gekreuzigten und Auferstandenen zu verstehen. Ähnliches finden wir im Hebräerbrief: Wenn es dort heißt, daß es Zeit wird, über die Anfangsgründe der Lehre von Christus hinauszukommen und geistlich feste Speise zu bieten (Hebr 6,1f), schreitet dieser Brief nicht zu völlig anderen Themen fort, sondern entfaltet im folgenden die Lehre vom Amt Christi nur um so vertiefter (Hebr 7-10). Die »Erkenntnis des Sohnes Gottes« ist also kein Randthema und kein Minimalbestand christlichen Glaubens, sondern dessen Thema schlechthin. Und »Erkenntnis« ist nach dem Sprachgebrauch des Neuen Testaments auch nicht nur theoretisches Wissen, sondern ein Wahrnehmen durch Begegnung, indem man sich mit seinem ganzen Leben auf das einläßt, was es zu erkennen gilt. Von daher kann es nicht gleichgültig sein, was jeder glaubt und erkennt. Vielmehr ist das Ziel, daß alle »zur Einheit des Glaubens und Erkenntnis des Sohnes Gottes« kommen.

Dieses Ziel geistlicher Reife wird nun in V. 13b+c noch bildhaft gefaßt. Durch den auferbauenden Dienst der Diener sollen die Glieder der Gemeinde »zum vollkommenen Mann« werden, »zum Maß des reifen Alters der Fülle Christi« kommen. Was gemeint ist, wird von V. 14a her klar: »*damit wir nicht mehr Unmündige sind*«. Das Ziel geistlicher Auferbauung ist, daß die Christen nicht Kinder im Glauben bleiben, sondern zu reifen Männern und Frauen im Glauben werden – oder, wie es der 1Joh ausdrückt, daß die geistlichen Kinder zunächst Jünglinge und dann Väter in Christus werden (1Joh 2, 12-14). Wo jemand ganz von Christus erfüllt ist (also nach V. 13c das »reife Alter der Fülle Christi« erreicht hat, vgl. 3, 17+19), ist er nicht mehr Kind im Glauben, sondern ein geistlich reifer Mann. Was solch einen reifen Christen ausmacht, wird in den nächsten beiden Versen negativ und positiv dargelegt.

Negativ gesprochen, gilt für den reifen Christen, daß er »*nicht mehr ... umhergeworfen und umgetrieben (wird) von jedem Wind der Lehre durch das Trugspiel der Menschen, durch Verschlagenheit, die zum Betrug des Irrtums (führt)*« (V. 14b). Vom Bild des

Kindes und des Mannes wechselt Paulus zunächst zum Bild des
Windes und der Wellen. Wellen werden in die verschiedensten
Richtungen umhergeworfen, je nachdem, woher der Wind gerade weht. Kindern im Glauben geht es genauso. Sie sind beein-
flußbar und lassen sich leicht in diese oder jene Richtung verführen. Nicht so der in der Glaubenserkenntnis gefestigte reife
Christ. Er verfällt den Verführern nicht. Wenn Paulus in diesem
Zusammenhang die Machenschaften der Verführer skizziert,
wechselt er nochmals das Bild. Ihr Tun ist wie das trügerische
Würfelspiel (so wörtlich der Begriff, den wir mit »Trugspiel«
übersetzt haben). Hier sind Falschspieler am Werk, deren Tricks
man durchschauen muß, um nicht zu verlieren. Denn sie spie-
len ihr Spiel nicht plump. Vielmehr sind sie verschlagen, listig,
wenn sie versuchen, einen auf ihren betrügerischen Weg zu lok-
ken – der allerdings, so das klare apostolische Urteil, in den Irrtum führt. Nein, diesen Weg geht der geistlich reife Christ nicht.
Und diesen Weg sollte überhaupt kein Christ gehen! Das ist das
Ziel der geistlichen Auferbauung.

   »Vielmehr« – so nun positiv gesprochen – soll es für alle Christen dahin kommen, »daß wir – der Wahrheit in Liebe verpflichtet
– in jeder Hinsicht hinwachsen zu ihm, der das Haupt ist, Christus«
(V. 15). »In jeder Hinsicht zu Christus hinwachsen« ist dasselbe
wie die ganzheitliche, das ganze Leben einbeziehende Christuserkenntnis, von der in V. 13 die Rede war. Diejenigen, die einst
»ohne Christus« waren (2, 12), sind ihm »nahe gekommen«
(2, 13), haben schon Anteil an seinem Sterben und neuen Leben
bekommen (2, 5f) und sollen nun in ihrer tatsächlichen Lebensführung immer näher zu ihm hinwachsen – ein Bild, das Paulus
im folgenden nicht weiter ausführt und das auch nicht leicht zu
verstehen ist. Ist die Vorstellung, daß in der Entwicklung vom
Kind zum reifen Erwachsenen der Leib auf das Haupt zu-
wächst? Oder ist dieser Entwicklungsgedanke, der an V. 14 anknüpfen könnte, hier gar nicht mehr im Blickfeld, sondern eher
die Vorstellung, daß sich die Christen im Prozeß der geistlichen
Reife in allen Aspekten, in denen sie noch christusfern lebten,
auf ihren Herrn zubewegen? Danach kämen Christen ihrem
Herrn dadurch immer näher, daß sie alle Verhaltensweisen ablegen, die nicht zu Christus passen, und das in ihr Leben hinein-

nehmen, was Christus entspricht (vgl. 4,20ff). – In diesem Wachstumsprozeß müssen Wahrheit und Liebe gleichermaßen festgehalten werden. »Der Wahrheit in Liebe verpflichtet« (wörtl.: »wahr seiend in Liebe«) – nur so kann es geistliche Reife geben. Fehlt die Wahrheit, regieren Irrtum und Verführung statt der wahren Erkenntnis Christi, kommt man Christus keinen Schritt näher. Und hat man andererseits zutreffende ›Erkenntnisse‹ über Christus, sind diese aber nicht in Liebe zu ihm eingebettet und werden sie denen gegenüber, die diese ›Wahrheiten‹ noch nicht so erkennen, in liebloser Weise vertreten, trägt solche ›Erkenntnis‹ auch nichts zum geistlichen Wachstum bei. Wahrheit und Liebe gehören zusammen. Je nach Temperament kann der Mensch von sich aus jeweils für das eine oder andere eintreten – der eine eifert für die Wahrheit, der andere neigt dazu, alles mit der Liebe zuzudecken. Aber die Wahrheit in Liebe zu vertreten, das ist Kennzeichen dessen, der sich in echtem geistlichem Wachstum befindet.

Nun ist es aber nicht so, als ginge es nur um ein einseitiges Zu-Christus-hin-Wachsen. Man könnte das dann wieder als Leistung mißverstehen, die der fromme Mensch von sich aus erbringt. Diesem Mißverständnis wehrt Paulus von vornherein, indem er deutlich macht, daß dieses Hinwachsen »zu ihm« (V. 15b) nur als ein Wachsen »von ihm her« (V. 16a) zu verstehen ist: *»Von ihm her vollzieht der ganze Leib … das Wachstum des Leibes zu seiner eigenen Auferbauung in Liebe«* (V. 16). Wenn es um das Wachstum geht, von dem auch in V. 15 schon die Rede war, dann ist daran »der ganze Leib«, d.h. die gesamte Gemeinde Christi beteiligt. Damit wird der Gedanke von Vv. 12 - 13 wieder aufgegriffen (der Dienst der vielen trägt zur Auferbauung aller bei). Der Mittelteil von V. 16 macht das besonders deutlich, indem er das Bild vom Leib weiter ausmalt: Der ganze Leib ist *»zusammengefügt und zusammengehalten durch alle der Stützung dienenden Sehnen«* und schafft das Wachstum *»gemäß der Kraft, die jedem Glied zugemessen ist«* (V. 16b). In V. 16c schließlich werden zwei Bilder kombiniert, nämlich das organische Bild vom ›Wachstum‹ mit dem Bild vom ›(Haus-) Bau‹: ›Wachstum des Leibes‹ und ›Auferbauung‹ der Gemeinde gehen Hand in Hand. Was ermöglicht diesen geistlichen Prozeß?

Zweierlei wird genannt: a) Zentral ist, daß dieses Wachstum, diese Auferbauung, nur »von ihm her«, d.h. von Christus her möglich ist. Er allein schenkt geistliches Wachstum. Damit wird eine Grundaussage des Eph wiederholt, daß nämlich alles, was mit unserem geistlichen Leben zu tun hat – von der ewigen Erwählung an über unsere Erlösung bis zur Auferbauung der Gemeinde – allein durch Christus möglich ist (vgl. Eph 1,3. 4.5.6.7.9.10.11.12.13.17; 2,6.7.10.13.16.18.21.22; 3,6.11.12.21). b) Auf der menschlichen Seite ist zugleich Voraussetzung für dieses Wachstum, daß es »in Liebe« geschieht. Ohne Liebe wird es in der Gemeinde nicht zu einem gemeinsamen geistlichen Wachstum kommen.

Insgesamt liegt uns mit Eph 4,11-16 einer der wichtigsten Abschnitte des Neuen Testaments zum Thema Gemeindebau vor. Wird die Vielfalt der Gaben in der Gemeinde als Geschenk des erhöhten Herrn an seine Gemeinde erkannt und entsprechend eingesetzt, kommt es zu einer Multiplikation der Dienste, die der Auferbauung aller dienen. Ziel ist die geistliche Reife aller, die sich an der Christusgemäßheit der Erkenntnis und der Christusnähe des Lebens zeigt und die nur durch Christus und in einem liebevollen Festhalten an seiner Wahrheit erreicht werden kann.

Vorschlag zur Bibelarbeit über Epheser 4,7-16

---

1. Einleitung

Wo Gott am Werk ist, da entsteht Vielfalt. Denken wir nur einmal an unseren Körper: Wieviel unterschiedliche Glieder, die verschiedensten Organe, unzählige Substanzen. Und doch bildet alles eine große Einheit, ergänzen sich die verschiedenen Funktionen. Nichts ist entbehrlich. Fehlt nur das Geringste, so leidet das Ganze.

So ist es auch in der Gemeinde. Der Christ ist kein Massenprodukt von der Stange. Und die Gemeinde sieht nicht aus wie ein Rekrutentrupp auf dem Kasernenhof: alle in Uniform, alle im Gleichschritt.
Die Vielfalt in der Einheit erbaut die Gesamtheit.

2. Durchführung

Thema: *Die Vielfalt der Gaben zum Bau der Gemeinde*

a) Der Geber der Gaben (Vv. 7-10)

Gott gibt die Gaben — und zwar jedem einzelnen, und jedem wie er will (V. 7). Dies ist ganz wichtig. Wir suchen uns die Gaben nicht selber aus. Diesen Punkt sollten wir in einer Bibelarbeit vertiefen. Denn eine Gefahr im Umgang mit Gnadengaben ist, daß bestimmte Gaben besonders beliebt sind und jeder sie haben will. Leicht mischen sich dann ungeistliche Motive ein. Indem man die bestimmte Gabe hat, will man etwas beweisen und vielleicht Anerkennung und Geltung finden. Paulus hat sich schon in 1Kor 12 dagegen gewehrt: Der dreieinige Gott gibt die Gaben wie er will! (Auch 1Kor 12,31 spricht nicht für die Selbstbedienungsmentalität: Wenn Gott die Gaben gibt, wie er will, kann das Streben nach den ›besten Gaben‹ nur darin bestehen, daß ich bete: »Herr, gib mir die Gaben, die für meinen Dienst für Dich und für Deine Gemeinde nach Deiner Sicht die besten für mich sind!«)
Der Geber der Gaben ist der erhöhte — und zuvor erniedrigte — Herr, der über allem steht. Er hat alles im Griff zwischen Himmel und Erde. Souverän teilt er seinen Menschen Gaben aus.
Was sind seine Gaben? Im Judentum hat man Ps 68,19, auf den in V. 8 Bezug genommen wird, so gedeutet, daß Gott (durch Mose) den Menschen das Gesetz gab. Im Neuen Bund gibt Gott aber nicht einfach ein Gesetz, sondern etwas ganz anderes.

b) Der Inhalt der Gaben (V. 11)

Die Gabe Jesu an seine Gemeinde sind begabte Menschen! Apostel, Propheten, Evangelisten, Hirten und Lehrer werden genannt. Aber sie sind ja nicht die einzigen. Welche Ämter gibt es noch im NT? (Z.B. Diakone und Diakoninnen; 1Tim 3,7ff, Rö 16,1.) Und wie viele verschiedene Gaben werden nur schon in folgenden Abschnitten genannt: Rö 12,3-8; 1Kor 12,8-10+28ff! Man kann diesen Abschnitt nicht auslegen ohne zu fragen, welche Ämter heute in unseren Gemeinden existieren — und welche nach dem Neuen Testament existieren sollten. Und welche Gaben sichtbar werden — und welche Gaben sichtbar sein sollten. Dabei müssen wir immer im Auge behalten, was wir oben unter Punkt a) gesagt haben: Der erhöhte Herr gibt die Gaben (und Ämter) wie er will. Was er nicht für uns vorgesehen hat, können wir nicht erzwingen wollen. Umgekehrt könnten aber auch wir so in traditionellen Strukturen befangen sein, daß die für die neutestamentliche Gemeinde vorgesehenen Ämter und Gaben von uns von vornherein abgeblockt werden.

c) Der Zweck der Gaben (Vv. 12-16)

Der Zweck der Gaben ist weder, daß die Gabenträger groß herauskommen, noch daß sie allein bis zur Erschöpfung tätig sind in einer passiven und entmündigten Gemeinde. Gaben (und Ämter) sind dazu da, andere zu befähigen, an der Auferbauung aller mitzuarbeiten. Davon ist in V.12 grundsätzlich die Rede. Ziel ist, daß alle Glieder der Gemeinde zur geistlichen Reife kommen. Was dazu gehört, wird in Vv.13-15 gesagt: gefestigte Erkenntnis, Widerstandsfähigkeit gegenüber allen Irrströmungen, Ausrichtung auf Christus in jeder Hinsicht, ungeschmälertes Festhalten an Wahrheit und Liebe zugleich. Wie das möglich ist, faßt V.16 nochmal zusammen.

So soll sich die Gabenvielfalt in der Gemeinde auswir-
ken. Was ist oft die Realität heute? Entmündigte Gemeinden, wie ein Zug von Schlafwagen, gezogen vorne
von einer mächtig dampfenden Lokomotive; Anfällig-
keit für Irrlehren und immer neue Verführungen; we-
nige, die überhaupt merken, wo Verirrung droht – und
bei diesen selbst droht dann oft noch die Gefahr, daß sie
zwar für die Wahrheit eifern, aber ohne Liebe; und ohne
Liebe wird die Gemeinde nicht auferbaut.
Über diesen Abschnitt muß prophetisch gepredigt werden. Die Gemeinde und ihre Mitarbeiter müssen begreifen, was Gottes Ziel für sie ist. Sie müssen motiviert
werden, dieses Ziel erreichen zu wollen. Und sie müssen es sich von Christus her schenken lassen, konkrete
Schritte auf dieses Ziel hin zu gehen.

B) Die Reinheit der Gemeinde soll sich im persönlichen und sozialen Leben der Christen zeigen und bewähren (4,17 – 6,9)

Ging es im ersten größeren Abschnitt des praktischen Teils des Eph (4,1-16) um die Einheit der Gemeinde, widmet sich der nächste größere Abschnitt dem ethisch so wichtigen Thema Reinheit. Zunächst wird die Grundlage eines Lebens in der Reinheit der Nachfolge Christi gezeigt (4,17-24). Dann wird in vielen Einzelaspekten entfaltet, wie sich die Reinheit im persönlichen Leben des Christen einschließlich seiner sozialen Beziehungen äußert (4,25-6,9).

1) Der Grund dafür, daß Christen nicht mehr wie früher leben müssen, wird aufgezeigt (4,17 – 24)

(17) Dies nun sage und bezeuge ich im Herrn, daß ihr nicht mehr lebt wie auch die Heiden leben in der Nichtigkeit ihres Sinnes, **(18)** verfinstert in ihrer Gesinnung, entfremdet dem Leben aus Gott wegen der Unwissenheit in ihnen, wegen der Verhärtung ihrer Herzen, **(19)** die sich abgestumpft der Ausschweifung ergeben, um mit Gier jede Unreinheit zu tun. **(20)** Ihr aber habt Christus so nicht gelernt, **(21)** wenn ihr ja von ihm gehört habt und in ihm unterrichtet worden seid, wie es in Jesus die Wahrheit ist, **(22)** daß ihr den Alten Menschen, der dem früheren Lebenswandel entspricht, abgelegt habt, der den abwegigen Begierden entsprechend verderbt war, **(23)** daß ihr (beständig) erneuert werdet im Geist eures Sinnes, **(24)** und daß ihr den Neuen Menschen angezogen habt, der Gott gemäß ist, geschaffen in der Gerechtigkeit und Heiligkeit der Wahrheit.

Ein reines Leben — das ist wesentlicher Bestandteil einer Lebensführung, die der hohen Berufung der Kinder Gottes (vgl. 4,1) gerecht wird! Was Paulus dazu zu sagen hat, »*bezeug(t)*« er als einer, der nicht mehr im alten Sündenleben steckt, sondern »*im Herrn*« lebt, d.h. in Lebensgemeinschaft mit Christus steht. Paulus spricht bei diesem Thema also nicht wie ein Blinder von der Farbe, sondern er kann das Gesagte durch sein eigenes Leben bezeugen.

Das neue, reine Leben steht im Kontrast zu dem alten Sündenleben. Diesen Kontrast stellt der Apostel ausdrücklich heraus: Nicht mehr so ... leben (Vv. 17 ff), sondern so ... (V. 20 ff). Solche Gegensätze sind typisch für das biblische Denken, das noch alt und neu, gut und böse, Licht und Finsternis kennt und klar unterscheidet. Der moderne Mensch möchte oft beides zusammendenken. Er will die Synthese, wo die Bibel die Antithese setzt. Er will das Sowohl-Als-auch, wo die Bibel entweder – oder sagt. Er will das neue Leben erfahren, ohne das alte aufgeben zu wollen. — Anders Paulus. Die Grundstruktur seines Appells ist klar:». . . daß ihr nicht mehr lebt wie auch die Heiden . . .« (V. 17); sondern:»daß ihr den Alten Menschen abgelegt habt . . .« (V. 22) und »erneuert werdet . . .« (V. 23) und »den Neuen Menschen angezogen habt . . .« (V. 24).

Wie schon in 2,1-3 geschildert wurde, führten die ›Epheser‹ früher ein durch und durch heidnisches Sündenleben. Solch eine heidnische Lebensführung muß für sie heute ausgeschlossen sein. Als Christen können sie nicht genauso leben »*wie auch die Heiden*«. »Die Heiden«, das sind – nach 2,11 f – Menschen, die Christus nicht kennen, die außerhalb der Bundesbeziehung mit Gott stehen, nicht zu seinem Volk Israel gehören und ohne Gott, ohne Verheißung und ohne Hoffnung in der Welt leben. Hier, in 4,17, wird als erstes gleich festgestellt, daß ihr Sinn nichtig, leer, auf Vergebliches ausgerichtet ist. Sie haben Gottes Maßstäbe und Gottes Ziel nicht vor Augen. Keine Hoffnung treibt sie nach vorn. Kein göttliches Richtmaß bestimmt ihren Weg. Vergängliches bestimmt ihr Denken. Was hier, wie so oft in der Bibel, deutlich wird, ist, daß das Denken, die Erkenntnis, ganz wesentlich das Tun bestimmt – zum Bösen wie zum Guten (vgl. Rö 12,2; Kol 1,9f). Heidnisches Leben wurzelt in

einem auf das Vergängliche ausgerichteten Sinn. V. 18a vertieft
diesen Gedanken noch: Sie sind *»verfinstert in ihrer Gesinnung«*.
Die Gesinnung ist mehr als nur der Intellekt, auch wenn man
den zugrundeliegenden griech. Begriff ebenso mit »Denken,
Verstand« übersetzen kann. Es geht um das Denken, das den
ganzen Lebensstil bestimmt. Von diesen seinen lebensprägen-
den Gedanken her ist der heidnische Mensch alles andere als
göttlich erleuchtet. Nein, das Denken des Menschen ist nicht
schon das göttliche Licht. Bei dem in Sünde gefallenen Menschen ist das Denken vielmehr verfinstert. Geht es darum, die
göttlichen Lebensziele zu erkennen und auf Gottes Wegen zu
gehen, tappt der Heide im Dunkeln. – Er ist *»entfremdet dem Leben aus Gott«* (V. 18b). Das Wort »entfremdet« deutet per Kontrast noch an, daß der Mensch einmal für die Gemeinschaft mit
Gott geschaffen war. Aber er ist in die Fremde gegangen, hat
sich von dem göttlichen Leben entfernt und ist heute getrennt
von dem wahren Leben, dessen Quelle Gott ist. Das »Leben«,
von dem hier die Rede ist, ist mehr als die biologische Existenz.
Es ist Leben im Vollsinn: Leben mit Ewigkeitsqualität (vgl. Rö
5,17; 6,4+23; 8,10; 2Kor 4,10ff; Kol 3,3f).

Aus einem doppelten Grund ist der Mensch so getrennt vom
göttlichen Leben: Dieser Zustand besteht 1. *»wegen der Unwissenheit in ihnen«* (V. 18c), und 2. *»wegen der Verhärtung ihrer Herzen, die sich abgestumpft der Ausschweifung ergeben, um mit Gier
jede Unreinheit zu tun«* (V. 18d-19). Der erste Grund ist also die
Unwissenheit. Paulus gesteht gerne zu, daß die Heiden, bevor
ihnen das Evangelium gesagt wurde, unwissend waren im Blick
auf den Weg Gottes (vgl. Apg 17,30). Aufgrund der Schöpfung
müßten sie eigentlich um Gott wissen, was allerdings auf einem
anderen Blatt steht. Aber der sündige Mensch verdreht dieses
Wissen, sobald es aufkommt, und im Ergebnis kennt er dann
nicht seinen Schöpfergott, sondern nur seine selbstgeschaffe-
nen Götzen (Rö 1,19-23). So ist ihre Unwissenheit zwar kein
Entschuldigungsgrund, aber eben eine Tatsache, die fatale Auswirkungen für das Gottesverhältnis des Menschen hat. Der
zweite Grund macht die Schuld des Menschen noch deutlicher.
Der sündige Mensch ist so unersättlich hinter der Sünde her,
daß er schließlich gar nicht mehr merkt, wie tief er im Sumpf

der Ausschweifungen steckt. Sein Gewissen schlägt nicht mehr
Alarm. Er ist abgestumpft. Sein »Herz« – und damit die inner-
ste Instanz im Menschen, in der die Entscheidungen fallen – ist
verhärtet. So sind es die fehlende Gottesorientierung und die
falsche Lebensführung, die den Menschen gleichermaßen trennen vom Leben aus Gott. Und dieses Getrenntsein zusammen
mit einer völlig verkehrten Denkweise bedingen einen Lebenswandel, der heidnisch und für Christen ganz und gar unakzepta-
bel ist.

»*Ihr aber habt Christus so nicht gelernt*« (V. 20), setzt Paulus
dem dunklen Hintergrund des eben skizzierten heidnischen Lebens entgegen. Die Ausdrucksweise »Christus lernen« klingt
für unsere Ohren zunächst fremd, ist wörtlich aber so – und
nicht mit »Kennenlernen« – zu übersetzen. Der Christ lernt
eine Lehre (Rö 16,17), lernt christliches Verhalten (Phil 4,9),
lernt die Heiligen Schriften (2Tim 3,14). Das verstehen wir.
Aber »Christus lernen«? Die Apostel verkündigen Christus
(1Kor 1,6), und indem die Gemeinde diese Verkündigung im
Glauben aufnimmt, lernt sie, wer er ist, was er will und wirkt,
was er getan hat und tut. Als Lernende, als Jünger, nehmen sie
die Christusbotschaft in sich auf und erlernen so, welche unmittelbare Bedeutung Christus für ihre Lebensführung hat. In
Kol 2,6 schreibt der Apostel ganz ähnlich: »Wie ihr Christus
Jesus, den Herrn, angenommen habt, führt euer Leben in ihm!«
Daß sie so Christus »gelernt« haben, gilt auch für die christlichen Leser des Epheserbriefes. Das »*wenn ihr ja...*« in V. 21 (vgl.
3,2) will nicht in Frage stellen, ob das in V. 20 Gesagte auch für
sie gilt, sondern setzt eben das voraus. Trotzdem ist es nicht einfach eine Feststellung, sondern es bleibt ein »Wenn«. Vermutlich wählte Paulus diese Formulierung, weil der Eph ein Rundbrief ist (s. Einl.) und er deshalb seine Leser nicht alle persönlich kannte. Und doch setzt er voraus, daß sie »*von ihm (nämlich
Christus) gehört*« haben und »*in ihm unterrichtet*« worden sind.
Dem »Unterrichtet-Werden«, von dem hier die Rede ist, entspricht das »Lernen« von V. 20. Durch diese Formulierungen
wird deutlich, daß die Christusverkündigung nicht nur ein Appell an das Gefühl ist. Nein, der christliche Lehrer (vgl. V. 11)
unterrichtet die Christen; und sie ihrerseits lernen das, was ih-

nen verkündigt wird. Beachten wollen wir noch die Formulierung, sie seien »in ihm« unterrichtet worden. Das kann bedeuten: im Blick auf ihn. Dann wäre damit der Inhalt des Unterrichts angesprochen. Übersetzt werden könnte auch: durch ihn – doch scheint der Gedanke etwas weit hergeholt, daß sie durch den erhöhten Christus unterrichtet worden seien. Eine andere Übersetzungsmöglichkeit, die mir durchaus sinnvoll erscheint, wäre: als solche, die in Lebensgemeinschaft mit ihm gekommen sind. Damit wäre knapp angedeutet, wer katechetisch unterwiesen wird: solche, die »in Christus« sind.

Der Schluß von V. 21 (»*wie es in Jesus die Wahrheit ist*«) weist bereits auf die Vv. 21-24 hin: Was dort über das Ablegen des Alten und Anziehen des Neuen Menschen sowie über die beständige Erneuerung des Christen gesagt wird, ist nicht nur religiöse Theorie, die man lernt, sondern ist in Christus Wahrheit, Realität geworden für diejenigen, an die der Apostel hier schreibt und die er an das reine Leben erinnern will, das sie führen sollen.

Für sie gilt, erstens, »*daß ihr den Alten Menschen, der dem früheren Lebenswandel entspricht, abgelegt habt ...*« (V. 22a). Manche Bibelausgaben übersetzen hier anders. Sie verstehen diesen Vers als eine Aufforderung zu etwas, das erst noch geschehen soll: »Legt von euch ab den Alten Menschen ...!« Wie nun – hat der Christ den ›Alten Menschen‹ abgelegt, oder muß er ihn erst noch ablegen? Und: Was ist eigentlich der ›Alte Mensch‹? Fangen wir mit der letzten Frage an. Der ›Alte Mensch‹ hat mit der vorchristlichen Existenz zu tun. Er »*entspricht*«, laut V. 22b, »*dem früheren Lebenswandel ..., der den abwegigen Begierden entsprechend verderbt war*«. Der Lebensstil des ›Alten Menschen‹ ist also das heidnische Leben, wie es in Vv. 17b-19 beschrieben wurde. Wer diesen Weg geht, ist noch verführt von den Begierden der Sünde und ist auf dem Weg, der ins Verderben mündet. Für Christen ist dieser Zustand Vergangenheit, er gehört dem früheren Lebenswandel an. Kann man theologisch schon aus V. 22 deutlich ersehen, daß der ›Alte Mensch‹ die vorchristliche Existenz bezeichnet, geht dies aus der Parallelstelle im Kolosserbrief noch deutlicher hervor. Der Apostel schreibt dort: »Lügt einander nicht an, als solche, die den Alten Men-

schen ausgezogen haben samt seinen Praktiken und den Neuen
angezogen haben, der beständig erneuert wird ... nach dem
Ebenbild seines Schöpfers« (Kol 3,9f). Aber nicht nur theologisch ist klar, daß der Alte Mensch das frühere Leben meint;
vielmehr legt auch der Wortlaut des griech. Grundtextes es
nahe, daß es hier um etwas geht, das abgeschlossen ist. Was den
›Ephesern‹ gelehrt worden ist (V.21), wird in den Vv.22-24
durch drei Tätigkeitsworte erklärt, die — grammatisch gesehen
— unterschiedliche Aspekte ausdrücken: a) Das erste Tätigkeitswort (»ablegen«) steht in einer Zeitform, die wir im Deutschen
gar nicht haben und die eine punktuelle Handlung ausdrückt.
Da es um eine punktuelle Handlung geht, die mit »dem früheren Lebenswandel« zu tun hat, übersetzen wir das Tätigkeitswort mit: »daß ihr ... abgelegt habt«. b) Das zweite Tätigkeitswort steht in der Gegenwartsform, die im Griech. eine fortdau-
ernde Handlung ausdrückt. Wir übersetzen daher: »daß ihr (beständig) erneuert werdet«. c) Das dritte Tätigkeitswort entspricht grammatisch dem ersten, drückt also wieder eine punktuelle Handlung aus. Wir übersetzen: »daß ihr ... angezogen
habt«. — Wir fassen zusammen. Zuerst haben Christen gelernt,
daß ihre alte, heidnische Lebensweise ein für allemal abgelegt
ist. Wir können weiter fragen: Wann ist das geschehen? Nur andeutungsweise sei auf Rö 6 verwiesen: Der Alte Mensch wurde
»mit Christus gekreuzigt (Rö 6,6), d.h., als der Sünder im Glauben die Botschaft des Evangeliums annahm, daß Christus stellvertretend die Strafe für sein altes Sündenleben am Kreuz ver-
büßte, galt dieses Sterben Jesu für ihn ganz persönlich. Der Alte
Mensch mit seinem unter dem Gericht Gottes stehenden heidnischen Sündenleben war damit »mit Christus gestorben«. In
der Taufe wurde er dann »beerdigt« (Rö 6,3f), um mit Christus
aus der Taufe heraus zu einem neuen Leben aufzuerstehen (Rö
6,4). — Aber zurück zum Epheserbrief.

Für Christen gilt zweitens: *»daß ihr (beständig) erneuert werdet«* (V.23a). Christsein ist nicht etwas ein für allemal Abge-
schlossenes, so, als wäre man mit dem Tag der Bekehrung perfekt, und nichts müßte sich mehr ändern. Nein, der Christ muß
ständig erneuert werden. In der Erklärung zu V.22 haben wir
schon auf die Gegenwartsform des Tätigkeitswortes in V.23

hingewiesen, die im Griech. eine andauernde Handlung ausdrückt. Erneuerung geschieht also nicht auf einmal, sondern in
einem beständigen Prozeß. Wenn das nicht so wäre, müßte Paulus all die praktischen Ermahnungen an seine christlichen Leser
ja gar nicht schreiben, die in 4,1ff und dann in großer Zahl in
4,25ff zu lesen sind. Aber eben weil Christen zwar ein neues
Leben geschenkt bekommen haben (s. V.24), aber trotzdem der
beständigen Erneuerung bedürfen, mahnt er sie in jenen Versen, sich auf diesen Prozeß einzulassen. Er kann damit an Be-
kanntes anknüpfen. Sie sind ja gelehrt worden (V.21), daß sie als
Christen beständige Erneuerung brauchen (V.23). – Diese Erneuerung erfolgt »im Geist eures Sinnes« (V.23b). Manche Ausleger haben diesen schwierigen Ausdruck sehr einleuchtend
übersetzt mit: »durch den Geist an eurem Sinn«. Aber das steht
nicht da. Es geht hier um den menschlichen Geist – obwohl
sonst überall im Eph das Wort »Geist« auf den Heiligen Geist
bezogen ist (1,17; 3,16; 4,3; 5,18; 6,18). Aber hier ist ausdrücklich von dem »Geist eures Sinnes« die Rede. Damit ist das inner-
ste Denken des Menschen gemeint. Nach jüdischer Anschauung konnte der »Sinn« auch als die »Person in der Person« angesehen werden (Philo, De congress. quaer. 97; vgl. Rö 7,22+23).
Es geht also um die geistige innere Persönlichkeit des Menschen, die in seinem Denken Ausdruck findet. Dieser Kern des
Menschen, dessen Gedanken die Taten bestimmen, bedarf der
beständigen Erneuerung. Denn aus der Erneuerung des Sinnes
soll dann ja auch – umgekehrt wie beim Heiden (V.17f) – der
neue Wandel folgen (vgl. Rö 12,2). Wenn aus dem Herzen des
Menschen böse Gedanken kommen (Mt 15,19), die zu bösen
Taten führen, wird aus einem erneuerten Sinn auch ein verän-
dertes Verhalten resultieren.

Damit ist klar: 1. Die alte heidnische Lebensweise ist ein für
allemal vorbei. Man ist nicht heute Christ und muß es morgen
erst wieder neu werden. Das alte heidnische Leben ist abgetan
und beerdigt. 2. Trotzdem braucht der Christ eine ständige Erneuerung von innen her. Ist er also doch noch immer der alte?

Die dritte Aussage, V.24, macht das Paradox deutlich, daß
derselbe Christ, der beständiger Erneuerung bedarf, zugleich
doch schon ein Neuer Mensch ist. Als Christen seid ihr gelehrt,

schreibt Paulus, »*daß ihr den Neuen Menschen angezogen habt,
der Gott gemäß ist, geschaffen in der Gerechtigkeit und Heiligkeit
der Wahrheit*«. Der Christ – so erneuerungsbedürftig er auch ist
– ist nicht mehr der alte. Er ist ein neuer Mensch. »Ist jemand in
Christus, so ist er eine neue Schöpfung. Das Alte ist vergangen,
siehe, Neues ist geworden« (2Kor 5,17; vgl. Rö 7,6). Da, wo ein
Mensch wiedergeboren wird und damit ewiges Leben erhält, ist
die Neuschöpfung angebrochen. Oder, wie Johannes es ausdrückt, er ist vom Tod zum Leben durchgedrungen; er hat das
ewige Leben (Joh 5,24; 3,36). Für ihn ist jetzt schon der Tag des
Heils angebrochen (2Kor 6,2). Er ist jetzt Gottes Kind, alle seine
Sünden sind ihm vergeben, er hat eine neue Gesinnung. Viele
andere Dinge ließen sich noch nennen, die nach dem Neuen Testament die neue Existenz des Christen bestimmen. Seit der Bekehrung ist das Leben neu. Das hat Paulus so erfahren; und das
ist die Erfahrung eines jeden Menschen, der zum Glauben gekommen ist. – Und doch bleibt das Paradox: der Neue Mensch
(V. 24) muß beständig erneuert werden (V. 23). Dieses Paradox
ist ein Grundmuster der neutestamentlichen Heilslehre, die besagt: Das Neue ist zwar jetzt schon angebrochen, aber noch
nicht vollendet. Im Leben des Christen hat die Neuschöpfung
schon begonnen (2Kor 5,17), aber zugleich erwartet er den Anbruch des zukünftigen Zeitalters (Eph 2,7). Jetzt schon ist der
Christ gerechtfertigt (Rö 5,1), aber zugleich wartet er noch auf
die Rechtfertigung im künftigen Gericht Gottes (Gal 5,5). Jetzt
schon ist er Bürger des Himmels (Phil 3,20), zugleich aber noch
Bürger dieser Erde (2Kor 5,6). Jetzt schon hat er das ewige Leben (2Kor 2,16), zugleich aber wartet er noch auf das Erbe des
künftigen Lebens (Gal 6,8). Jetzt schon ist er erlöst (Eph 2,5),
zugleich aber wartet er noch auf die Erlösung seines Leibes (Rö
8,23). Jetzt schon ist er mit Christus auferstanden (Eph 2,6), zugleich aber wartet er noch auf die Totenauferstehung (1Kor
15,23). Jetzt-Schon und Noch-Nicht bestimmen die Existenz
des Christen. Und so bedarf auch der Neue Mensch noch beständiger Erneuerung, weil er noch nicht vollendet ist, sondern
weil gerade im Neuen Menschen Geist und Fleisch im Kampf
miteinander liegen (vgl. Gal 5,16f). Im Blick auf die Heiligung
wird von V. 23+24 her aber klar, daß der Christ das neue Leben

nicht erst aufgrund irgendwelcher Erneuerungsbemühungen schafft. Nein, das neue Leben ist ihm geschenkt; und nun ist er aufgefordert, sich von innen her — und wie wir von 4,25ff her sehen werden: im Gehorsam gegenüber den Ermahnungen des Neuen Testaments — beständig erneuern zu lassen. ›Werde, was Du bist‹, bzw. »bewähre, was Du bist‹, das ist die Devise für Menschen, die in Christus neu geworden sind. — Nun aber zurück zu V.24b. Vom Neuen Menschen gilt, daß er »*Gott gemäß ist, geschaffen in der Gerechtigkeit und Heiligkeit der Wahrheit*«. Was Gott hier wirkt, ist eine Neuschöpfung (»geschaffen«, vgl. 2,10: »geschaffen zu guten Werken«). Im Gegensatz zum heidnischen Sündenleben ist das neue, vom Heiligen Geist gewirkte Leben »Gott gemäß«. Stammt der heidnische Lebensstil aus einem fehlgeleiteten Sinn (V.17f), so das Neue Leben aus »der Wahrheit«, wie sie im Evangelium von Jesus den Menschen erreichte (vgl. 1,13). Besteht das heidnische Leben aus Ausschweifung und Unreinheit (V.19), so hat das Neue Leben seine Grundlage »in der Gerechtigkeit und Heiligkeit«, die im Wort der Wahrheit, dem Evangelium, dem Menschen zugesprochen werden. Mit dieser Gerechtigkeit und Heiligkeit kommen dem Neuen Menschen eben jene Eigenschaften zu, die nach 5Mo 32,4 (LXX) das Wesen Gottes bestimmen. Auch von daher wird klar, daß dieser Neue Mensch »Gott gemäß« geschaffen wurde. Er wurde so geschaffen, wie es dem Wesen Gottes entspricht.

Damit ist deutlich, zu was Gott seine Kinder gemacht hat. Die Ermahnungen des folgenden Teils (4,25 — 5,21) rufen dazu auf, entsprechend zu leben.

Vorschlag zur Bibelarbeit über Epheser 4,17-24

1. Einleitung

Denken wir an den schiefen Turm zu Pisa. Eine Touristenattraktion, die Jahr für Jahr Hunderttausende von Besuchern anzieht. Das Problem ist nur: Wenn es nicht gelingt, diesem schönen Turm bald ein festes Betonfundament zu geben, wird er irgendwann kippen. Und dann ist alles kaputt.
Man hat schon Siedlungen in ehemalige Sumpfgebiete gebaut. Wer da die Mühe scheut, erst einmal den Grund völlig trockenzulegen und tiefe Fundamente zu graben, wird eine böse Überraschung erleben. Oberflächlich scheint alles in Ordnung; aber tief unten ist alles schwammig. Irgendwann wird das Haus Risse bekommen, alles wird sich verschieben, und es besteht Lebensgefahr, weil alles einzustürzen droht. Schon Jesus hat klipp und klar auf die Gefahr hingewiesen, die für ein Leben ohne festes Fundament besteht (Mt 7,24-27). In Eph 4,17-24 zeigt Paulus deutlich, daß ein Christenleben ein Leben auf neuer Grundlage ist.

2. Durchführung

Thema: *Leben auf neuer Grundlage*

a)   *Der alte Sumpf (Vv. 17-19)*

Zunächst rufen die Vv. 17-19 in Erinnerung, daß ein Christenleben nicht auf dem alten Sumpf der Sünde stehen kann. Auf diesen unsicheren Grund kann ein Christ nicht bauen. Wie sieht der schwankende Grund einer heidnischen Lebensweise aus?
Betrachten wir unseren Abschnitt, so fällt auf, daß die Bibel hier nicht nur das heidnische Verhalten kritisiert, sondern zunächst die geistigen Grundlagen nennt, auf

denen heidnisches Verhalten gedeiht. Zu diesen geistigen Grundlagen gehören: Sinnlosigkeit (»Nichtigkeit
des Sinnes«), verfinsterte Gesinnung, Unwissenheit,
Verhärtung des Herzens, Abstumpfung des Gewissens.
Das dazugehörige Verhalten ist dann: heidnisches Leben, Leben fern von Gott, Ausschweifung, Hingezogen-
sein zu allem möglichen Unreinen. (Man vergleiche
dazu auch 1 Kor 6, 9 - 11.) So wenig für den Christen noch
die genannten geistigen Grundlagen gelten, so wenig
kann sein Verhalten dem heidnischen Lebensstil angepaßt sein. Sein Leben steht auf einer neuen Grundlage.

b) *Der neue Grund (Vv. 20-24)*

Die Vv. 20-24 machen deutlich, auf welcher Basis das
neue Leben steht. Der geistigen Leere im Leben des
Heiden steht eine neue geistige Grundlage gegenüber:
das Lernen dessen, welche Bedeutung Christus für den
einzelnen und seine Lebensführung hat. Er hört die
Verkündigung dessen, was nun für ihn von Gott her gilt,
und wird darin unterrichtet. Was er da lernt, hat unmittelbar mit seiner Lebensführung zu tun. Es sind die drei
Grundtatsachen des christlichen Lebens: 1.) das alte Leben mit dem entsprechenden heidnischen Verhalten ist
zu Ende (V. 22); 2.) ein neues Leben hat begonnen, das
eine Neuschöpfung Gottes ist und damit gewiß nicht
das Produkt menschlicher Frömmigkeitsübungen
(V. 24); und 3.) dieses neue Leben ist nicht etwas Ferti-
ges, sondern es muß beim Christen aufgrund seines
neuen Denkens immer wieder zu dem neuen geistlichen Verhalten kommen (V. 23). (Im nächsten Abschnitt wird dann von Eph 4, 25 an gezeigt, wie dieses
neue Verhalten im einzelnen aussieht).
Man kann über diesen Abschnitt keine Bibelarbeit halten, ohne jeden Christen, der da ist, dazu aufzurufen,
ernst zu machen mit dem neuen Leben. Neues Denken
und altes Verhalten passen nicht zusammen — auch
wenn dieser Balanceakt immer wieder von Christen ver-

sucht wird, die fromme Erkenntnisse und frommes Reden gerne mit einem Verhalten kombinieren wollen, das einem Christen schlecht ansteht. Wer nur mit einem Bein auf festem Grund steht, mit dem anderen aber auf Sumpf, wird – je mehr er sich dem sumpfigen Grund zuneigt – mit der Zeit versinken. Eine Besinnung ist nötig, auf welchem Grund ich eigentlich stehe.

2) Im persönlichen Verhalten des Christen und in seinen sozialen Beziehungen soll es zu konkreten Änderungen kommen (4,25 – 6,9)

Jetzt wird es ganz konkret mit dem Ruf zu einem reinen Leben. Bei Menschen, die Glieder der Gemeinde Jesu geworden sind, muß sichtbar werden, daß sie (vgl. 2,10) »zu guten Werken geschaffen« sind und daß sie (vgl. 1,4) von Gott erwählt wurden, um als »Heilige und Untadelige vor ihm« zu leben.

a. Grundelemente eines geheiligten Lebens (4,25 – 32)

Zunächst nennt Paulus – gewissermaßen als ABC des Christenlebens – einige Grundwerte, die das Verhalten eines Christen bestimmen sollen: Wahrhaftigkeit (V.25), Versöhnungsbereitschaft (V.26-27), Ehrlichkeit und Hilfsbereitschaft (V.28), konstruktives Reden (Vv.29-30) und ein geheiligtes Temperament (Vv.31-32). Mehrere dieser Ermahnungen enthalten erstens einen Hinweis, was zu lassen ist, zweitens eine Aufforderung, was zu tun ist, und drittens eine Begründung dafür:

(25) Deshalb redet als solche, die die Lüge abgelegt haben, die Wahrheit, jeder mit seinem Nächsten, weil wir untereinander Glieder sind. –
(26) Beim Zürnen sündigt nicht. Die Sonne gehe nicht unter über eurem Zorn, (27) und gebt nicht Raum dem Teufel. –

(28) Der Dieb stehle nicht mehr, vielmehr soll er sich anstrengen und mit seinen eigenen Händen das Gute schaffen, damit er dem, der Mangel hat, etwas zu geben hat. – (29) Kein schlechtes Wort soll aus eurem Mund kommen, sondern nur eins, das da, wo nötig, gut ist aufzubauen, damit es (so) den Hörern Gnade gibt. (30) Und betrübt nicht den Heiligen Geist Gottes, mit dem ihr versiegelt wurdet auf den Tag der Erlösung. – (31) Alle Bitterkeit und Wut und Zorn und Geschrei und Lästerung soll abgetan sein von euch samt aller Schlechtigkeit. (32) Seid vielmehr zueinander gütig, barmherzig, vergebt einander, wie auch Gott euch in Christus vergeben hat.

1.) Die Wahrhaftigkeit (V.25): *»Deshalb«*, weil die Empfänger dieses Briefes nicht mehr Heiden sind, sondern neue Menschen wurden, die in einem beständigen Erneuerungsprozeß stehen (vgl. Vv.17-24), sollen sich bei ihnen auch ganz konkrete Veränderungen in der Lebensführung zeigen. Zunächst (V.25) geht es um die Wahrhaftigkeit: *»Redet als solche, die die Lüge abgelegt haben, die Wahrheit, ein jeder mit seinem Nächsten.«* Hier ist der Kontrast zum vorhergehenden Vers zu beachten: Der neue Mensch ist – nach V.24 – von Gott *»geschaffen in der Gerechtigkeit und Heiligkeit der Wahrheit«*; sein Daseinsgrund ist also die lebensverändernde Wahrheit des Evangeliums. Kein Wunder, daß zu diesem neuen Leben die Lüge nicht paßt. Der Christ hat den von der Lüge geprägten Lebensstil abgelegt. Aber er läßt nicht nur das Lügen, sondern praktiziert stattdessen ein anderes Verhalten. Das ist wichtig für biblische Heiligung. An die Stelle der alten Gewohnheiten treten neue. Wo Gott etwas nimmt, gibt er etwas anderes dafür. Wo wir etwas lassen sollen, muß dieses Verhalten durch ein neues ersetzt werden. Anstelle des Lügens gilt nun: Wann immer irgendein Christ mit seinem Nächsten spricht, soll er *»die Wahrheit«* reden. *»Wahrheit«* meint hier ganz einfach Wahrhaftigkeit. Es geht hier gar nicht notwendig um christlich-theologische Wahrheiten, sondern schlicht um das Gegenteil von Lügen. Schon in den Zehn Geboten galt: *»Du sollst nicht lügen!«* (2Mo 20,16). Genau dies gilt nun auch für Christen. In ihrem Umgang untereinander soll sich jeder darauf verlassen können, daß das, was der andere sagt, wahr ist. Im Zusammenhang dieses Gemeindebriefes ist bei dem *»Nächsten«*, dem gegenüber die Wahrheit zu sagen ist, an den christlichen Nächsten gedacht, wie aus der Begründung in V.25c hervorgeht: *»weil wir untereinander Glieder sind«*. Das heißt nicht, daß Christen gegenüber Nichtchristen lügen könnten. Hier im Eph ist aber im Blickfeld, daß das Miteinander in der Gemeinde gestört wäre, wenn man sich gegenseitig nicht vertrauen könnte. Weil Christen ihre Lebensverhältnisse vor Gott geordnet haben, müssen sie sich gegenseitig – trotz der engen Verbundenheit – nichts vormachen. Ihr Umgang miteinander ist von der Wahrheit bestimmt.

2.) Die Versöhnungsbereitschaft (Vv.26-27): Bei der zweiten Ermahnung geht es um die Versöhnungsbereitschaft. Zunächst wird festgestellt, daß der Christ, wenn er schon zürnt, nicht sündigen soll. Das ist schwierig genug – denn *»des Menschen Zorn tut nicht, was vor Gott recht ist«* (Jak 1,20). Trotzdem gibt es einen gerechten Zorn über Sünde (vgl. Joh 2,14ff). Aber der Grat ist schmal, und schnell rutscht der gerechte Zorn selbst in die Sünde ab. Interessanterweise zitiert Paulus hier in V.26a aus dem alttestamentlichen Abendpsalm, Ps 4,5. Dort werden die Zürnenden aufgefordert, auf ihrem Nachtlager alles noch einmal zu bedenken und stille zu werden. Paulus greift diesen Zusammenhang auf. Bevor es Nacht wird, soll man den Zorn – auch den gerechten Zorn – ablegen (*»Die Sonne gehe nicht unter über eurem Zorn«*, V.26b). Da im Judentum mit dem Sonnenuntergang der alte Tag endet und der neue beginnt, könnte man diese Aufforderung auch so verstehen: Nehmt den Ärger des Tages nicht mit in den nächsten Tag hinein! Das anschließende *»und gebt nicht Raum dem Teufel«* (V.27) wirkt inhaltlich wie eine Begründung (*»weil ihr sonst dem Teufel Raum gebt«*). Auch der gerechte Zorn kann von dem Teufel (wörtlich: *»dem Durcheinanderwerfer«*) zum Anlaß genommen werden, um Bitterkeit und sündige Gedanken und Verhaltensweisen gegenüber dem Nächsten aufkommen zu lassen. Deshalb ist es als Teil der geistlichen Hygiene wichtig, daß der Christ alles, was ihn bewegt und erregt hat, täglich noch vor der Nacht an Gott abgibt – und es dort auch läßt!

3.) Ehrlichkeit und Hilfsbereitschaft (V.28): Schon seit den Zehn Geboten gehört »Du sollst nicht stehlen!« (2Mo 20,15) zum biblischen Ethos. Das gilt nun auch für Christen. Auch wenn das Gesetz Moses in Christus ›weggetan‹ ist (vgl. zu 2,14 - 15), macht Paulus durch verschiedene Anklänge an das AT in diesem Abschnitt deutlich, daß auch das neue Gottesvolk ethische Maßstäbe hat, die keineswegs hinter denen des AT zurückbleiben. Sie mögen Gewohnheitsdiebe gewesen sein, wie in V.28a das griech. Wort für »der Dieb«, wörtl. »der Stehlende« (eine Partizipform, die eine fortgesetzte Handlung ausdrückt), nahelegt. Jetzt gilt: er »stehle nicht mehr«! Aber es bleibt nicht bei diesem Verbot des Stehlens. An die Stelle der alten Gewohnheit muß ein neues Verhalten treten: »Vielmehr soll er sich anstrengen und mit seinen eigenen Händen das Gute schaffen, damit er dem, der Mangel hat, etwas zu geben hat« (V.28b). Hat man früher auf Kosten anderer gelebt, läßt man sich nun die Hilfe für den anderen etwas kosten. War man früher auf das Nehmen aus, arbeitet man nun, um geben zu können. Der Dieb hat es sich leicht gemacht, wenn er erntete, wo er nicht gesät hat. An die Stelle dieses Verhaltens tritt nun die Bereitschaft zu harter Arbeit (»sich anstrengen«, »sich plagen«!). Hart arbeiten gehört zum christlichen Ethos. Aber nicht nur arbeiten, um für sich zu raffen – dann wäre nur ein Egoismus an die Stelle des anderen getreten! Die harte Arbeit ist vielmehr eingebettet in eine Gebestruktur. Durch harten Einsatz werden Mittel (»das Gute«) erarbeitet, die in die Lage versetzen, anderen zu helfen. Hab und Gut ist offenbar etwas Gutes, wenn man es nicht ergaunert, sondern hart erarbeitet, um es nicht nur für sich zu verbrauchen, sondern da einzusetzen, wo Not ist.

4.) Aufbauendes Reden (Vv.29-30): Das Verbot: »Kein schlechtes Wort soll aus eurem Mund kommen« in V.29a wird per Kontrast erklärt durch das Gebot in V.29b: »sondern nur eins, das da, wo nötig, gut ist aufzubauen«. Ein »schlechtes Wort« ist demnach ein Wort, das den anderen nicht auferbaut, das nicht hilfreich und förderlich ist und letztlich die Gemeinschaft im Leib Christi stört. Denn nach Eph 4,12+16 soll jeder Christ seinen Mitchristen ja so dienen, daß es zur Auferbauung der Gemeinde kommt. Schlechtes Reden hindert dieses Ziel – gleich, ob man nun etwas Böses zum andern sagt oder schlecht über ihn spricht. Dagegen trifft das rechte, das gute Wort genau in die Situation, *»wo (es) nötig (ist)«*, d.h., wo ein Problem angesprochen werden muß, wo Trost oder Ermunterung nötig sind oder wo Korrektur erfolgen muß. Das gute Wort ist nicht etwa das Schmeichelwort, sondern das rechte Wort zur rechten Zeit. So kommt es gerade da, wo Not ist, zur Auferbauung. Ergebnis solchen Redens ist, daß *»es den Hörern Gnade gibt«* (V.29c). Rechtes auferbauendes Reden ist Ausübung einer Gnadengabe (vgl. 4,11-12). Solches Reden hilft nicht nur menschlich weiter, sondern wird zum Instrument, durch das Gott gnädig wirkt – und zwar gerade an den Notpunkten unseres Lebens, an denen er uns durch die anderen weiterhelfen will. – V.30 führt den Gedanken noch einen Schritt weiter. Nach 2,22 erfolgt die gegenseitige Auferbauung »durch den Geist«. Umgekehrt wird der Heilige Geist betrübt, wenn Christen durch schlechtes Reden die Auferbauung des Leibes Christi stören. In diesem Sinne gehört V.30 (*»und betrübt nicht den Heiligen Geist Gottes«*) mit V.29 zusammen. Ungeheiligtes, unbrüderliches Reden trifft nicht nur den Nächsten, sondern auch Gott, der durch seinen Geist in uns wohnt. Sündiges Verhalten betrübt Gottes Geist, worauf schon Jesaja hingewiesen hat: »Aber sie waren widerspenstig und betrübten seinen Heiligen Geist« (Jes 63,10). Man kann den Heiligen Geist lästern (Mk 3,28f), ihm widerstreben (Apg 7,51), ihn dämpfen (1Thess 5,19) – und eben ihn betrüben. Damit ist der Heilige Geist nicht aus dem Leben vertrieben. Christen sind ja, wie Paulus erwähnt, mit ihm *»versiegelt ... auf den Tag der Erlösung«* (V.30b). Aber dieser Geist, mit dem Christen vom ersten Tag ihrer Gotteskindschaft an (1,13f) dauerhaft als Garantie ihrer Errettung beschenkt sind, dieser Geist wird betrübt, wenn Kinder Gottes anders leben und reden, als es sich für Glieder am Leib Christi gehört.

5.) Ein geheiligtes Temperament (Vv.31-32): In einer Art Lasterkatalog werden in V.31 sechs aggressive Verhaltensweisen genannt, die in einem Christenleben nichts zu suchen haben. *»Bitterkeit«* entsteht da, wo wir uns verletzt fühlen. Wir hegen dann bittere Empfindungen dem gegenüber, der uns verletzt hat, und tragen es ihm nach. Als Christen sollen wir alle diese bitteren Empfindungen aber ablegen. – *»Wut und Zorn«* bezeichnen im Grunde das gleiche: den aggressiven Ärger – wobei das Wort »Wut« besonders den ungezügelten Zornesausbruch meint. Wie Christen mit Zorn umgehen sollen, war schon in V.26 angesprochen worden. Jetzt wird noch einmal klar: Sie sollen solche Ausbrüche ablegen. – Auch *»Geschrei und Lästerung«* paßt nicht zu einem Christen. »Geschrei« meint in diesem Zusammenhang, daß einer den anderen anschreit. »Lästerung« meint, daß man über den anderen herzieht, Schlechtes über ihn sagt, ihn verleumdet und ihn so verunglimpft. (In anderen Zusammenhängen kann das Wort auch die Gotteslästerung bezeichnen.) Das alles ist aber kein Umgangston für Christen. Egal, mit wem sie es zu tun haben: sie sollen das ablegen. – Zum Schluß wird noch zusammenfassend von *»aller Schlechtigkeit«* gesprochen. Was immer es außer dem zuvor Genannten noch an aggressiven, bösen Verhaltensweisen gegenüber dem Nächsten geben mag, der Christ soll alle diese Bosheiten ablegen. – Damit aber nicht genug. Wie schon in den Versen zuvor genügt es für ein biblisches Heiligungsverständnis nicht, bloß die alten sündigen Verhaltensweisen zu unterlassen. Nein, an die Stelle des alten soll ein neues Verhalten treten. Davon spricht V.32: *»Seid vielmehr zueinander gütig, barmherzig, vergebt einander.«* »Gütig« sein bzw. »gütig« reagieren bedeutet, die Not, die Bedürfnisse des anderen sehen und darauf eingehen. Das Wort hat im Griech. eine Verwandtschaft mit dem Wort für Not, Bedarf oder Mangel. Dem Mangel des anderen kann ich mit der praktischen Hilfe meiner Hände begegnen, so hat Paulus in V.28 gesagt. Der Not des anderen kann ich auch mit meinen Worten zu Hilfe kommen (V.29). Nun wird deutlich, daß auch meine Temperamentsreaktion der Not des anderen angemessen sein soll, indem ich nicht aggressiv reagiere (V.31), sondern »gütig«. Und nicht nur gütig, sondern »barmherzig«. Das bedeutet, daß ich nicht empfindlich, sondern empfindsam mitfühlend auf den anderen reagiere. Ich denke dann nicht von mir aus, sondern von ihm her. Ich reagiere auf den anderen mit seinen Problemen mit guten Empfindungen (so eine recht wörtliche Wiedergabe des griech. Wortes für »barmherzig sein«). Diese guten Empfindungen sind das Gegenstück zu der in V.31 erwähnten Schlechtigkeit. Dazu kommt ein Drittes. Güte und Barmherzigkeit stehen hier zusammen mit der Bereitschaft zu vergeben. Wer vergibt, hält alte Rechnungen nicht offen. Er rechnet dem anderen nicht zu, was er getan hat. Er läßt das, was geschehen ist, nicht zwischen sich und dem anderen stehen. Wie ist das möglich? In V.32b erinnert Paulus seine Leser daran, daß sie ja selbst von Gott her Vergebung für ihre eigenen Verfehlungen empfangen haben. So sollen sie nun selbst den anderen vergeben: *»Vergebt einander, wie auch Gott euch in Christus vergeben hat.«* Dies klingt ähnlich wie die Erklärung Jesu zur fünften Bitte des Vater-Unsers (Mt 6,14: »Denn wenn ihr den Menschen ihre Fehler vergebt, wird auch euch euer Vater im Himmel vergeben«). Während dort aber Vergebungsbereitschaft gefordert wird auf die eigene Sündenvergebung hin, wird hier von der göttlichen Vergebung eigener Sünden ausgegangen und ein entsprechendes Verhalten dem Nächsten gegenüber angemahnt.

Vorschlag zur Bibelarbeit über Epheser 4,25-32

1. Einleitung

Überlegen wir einmal: Wie stellt sich ein Nicht-Christ einen Christen vor? Oft wissen die Nicht-Christen ja sehr gut was ein Christ tut, und was nicht; was sich für ihn gehört und was nicht. Manchmal ist uns das als Christen sogar lästig. Aber ist nicht auch etwas richtig daran? Vielleicht gibt es ja tatsächlich Dinge, die man von einem Christen erwarten kann.
Hier würde es sich lohnen, einmal im Bibelkreis Antworten zu sammeln, »was ein Christ tut und was nicht« — kurzum also, wie man sich in unserer Umgebung einen Christen vorstellt. Und dann gehen wir zu unserem Text und schauen uns das ABC eines christlichen Verhaltens an. Was kann man von einem Christen erwarten?

2. Durchführung

Thema: *Was man von einem Christen erwarten kann*

a) *Ein Christ ist wahrhaftig (V. 25)*

V. 25 spricht von der Wahrhaftigkeit. Nicht lügen – sondern die Wahrheit reden! Aber was heißt Lügen? Wo fängt die Lüge an? (Beispiele überlegen!) Und was heißt ›die Wahrheit reden‹? Muß ich immer alles sagen, was der andere wissen will? Muß ich alles sagen, was ich weiß? Grundsätzlich muß man sich auf das Wort eines Christen verlassen können. Schon Jesus hat gesagt, daß unser Ja ein Ja und unser Nein ein Nein sein soll (Mt 5,37). Manchmal ist der Grat zwischen Lüge und Wahrheit schmal; aber der Christ muß auf dem Weg der Wahrheit bleiben. Ein Beispiel von Peter van Woerden ist mir in Erinnerung. Verwandte von ihm hatten während der Nazizeit Juden im Haus versteckt: in einem Raum unter dem Eßzimmer, nur erreichbar durch eine Luke im Fußboden, die durch Bohlen verschlossen war. Darüber der Teppich und der Eßzimmertisch. Dann kam die Gestapo: »Sind hier Juden im Haus?« Erst Schweigen – dann die Antwort: »Da, unter dem Tisch!« Der Gestapo-Mann hob die Tischdecke und fühlte sich an der Nase herumgeführt. Verärgert verließ er das Haus. Die Antwort war wahr gewesen – aber doch nicht so, daß sie dem Häscher das mitgeteilt hätte, was er hören wollte. (Zu diskutieren wäre in solch einem Fall noch die schwierige Frage der Notlüge: Wenn ich in eine Lage komme, in der ich, wenn ich das eine Gebot halte, das andere übertrete; also z.B. das Leben anderer gefährde indem ich die ganze Wahrheit sage. In einer Situation, in der ich nach biblischen Maßstäben schuldig werde, wie immer ich mich entscheide, bleibt nur die Möglichkeit, mit der Bitte um Vergebung das kleinere Übel zu wählen. Doch rechtfertigt solch eine Grenzsituation gerade nicht die Lüge in anderen Situationen.)

Bereits hier beim ersten Thema sollte auch aufgezeigt werden, daß es für Christen nicht nur darum geht, negatives Verhalten zu unterlassen. Nein, an die Stelle des sündigen Verhaltens muß ein neues Handeln treten: nicht lügen, sondern Wahrheit reden!

b) *Ein Christ ist versöhnungsbereit Vv. 26-27)*

Die Vv.26-27 machen deutlich, daß man von einem Christen erwarten kann, daß er gegenüber anderen nicht nachtragend ist, sondern versöhnungsbereit. D.h. nicht, daß ein Christ sich nicht einmal über etwas ärgert. Aber er weiß dann auch, wie er mit seinem Ärger umgehen muß. Er trägt seinen Zorn nicht über Tage, Wochen oder Jahre mit sich herum, sondern er gibt ihn umgehend an Gott ab — und zwar noch am gleichen Tag! So können Christen versöhnt leben in ihrer Umwelt.
Vielleicht könnte man einmal darüber nachdenken, wie positiv sich diese geistliche Psychohygiene auf die Gesundheit auswirkt! Manche Leute kriegen Magengeschwüre oder werden nervenkrank, weil sie über lange Zeit hin Zorn und Ärger hegen. Dagegen ist die Regel von V.26b die richtige Medizin.

c) *Ein Christ ist ehrlich und hilfsbereit (V. 28)*

V.28 macht zunächst einmal etwas (scheinbar) ganz Selbstverständliches deutlich: daß ein Christ nicht stiehlt. Im Groben ist das allen klar. Vielleicht müssen wir aber auch hier erst einmal die Gewissen schärfen: Telefonieren auf Kosten des Betriebs; Mitnehmen von Material von der Arbeitsstelle für den eigenen Gebrauch; private Nutzung des Firmenwagens ohne klare Regelung; Zurückhalten von Angaben für das Finanzamt, um Steuern zu umgehen; verschwiegene Geldanlagen im Ausland, deren Zinserträge geheim bleiben usw.: Heißt das nicht auch letztlich Stehlen? — Nun wird auch hier nicht nur das sündige Verhalten abgelehnt. Es

geht weiter: an die Stelle der Nimm-Struktur tritt eine
Gebe-Struktur, an die Stelle des Raffens das Geben
(V.28b). Beispiel: Lange mühte ich mich einmal mit
einem kleptomanen Christen. Daß er nicht mehr stehlen sollte, war ihm klar. Er litt unter seinem Zwang zum
Stehlen. Schließlich wurde uns deutlich, daß es darauf
ankam, das Stehlen durch ein neues Verhalten zu erset-
zen. Als Teil der Therapie mußte er etwa ein Drittel seines Gehalts monatlich beiseite legen und darüber beten, wie er mit diesem Geld in relativ kleinen Beträgen
gezielt helfen konnte, wo Not war. Nach wenigen Mona-
ten war an die Stelle der Nimm-Struktur eine Gebe-
Struktur getreten. Die Kleptomanie war dauerhaft überwunden.

d) *Ein Christ redet so, daß es gut tut (Vv. 29-30)*

Denken wir an die Ausführungen von Jakobus 3, daß
die Zunge ein unruhiges Übel ist, ein kleines Organ, das
einen Flächenbrand auslösen kann! Auf diesem Hintergrund wird deutlich, warum so wichtig ist, was hier in
den Vv.29-30 steht. Gerade im Reden muß sich zeigen,
ob Gott wirklich schon die Kontrolle über das Leben
eines Christen hat. – Auch hier wird das alte Verhalten
wieder durch das neue ersetzt: »Kein schlechtes Wort,
sondern nur eins, das auferbaut!« Vergessen wir nicht,
daß auferbauendes bedachtes Reden für den anderen
ein Gnadengeschenk Gottes ist (V.29b). Schlechtes Reden dagegen verletzt. Und was man mit einer unbedach-
ten Zunge anrichtet, kann oft kaum mehr in Ordnung
gebracht werden. Insofern gilt es wirklich, Christ zu sein
vom Kopf bis zu der Zunge!

e) *Ein Christ ist angenehm in seinem Verhalten (Vv. 31–32)*

Wie glaubwürdig ist ein ›Christ‹, wenn alle, die mit ihm
näher zu tun haben, sagen: »Mit dem ist nicht gut Kir-
schen essen«? Ungezügelte Aggressionen passen nicht

zu einem Christen. Dieses Verhalten, das in V. 31 näher
beschrieben wird, soll abgelegt werden. An seine Stelle
tritt ein Umgang, wie er in V. 32 beschrieben wird. Wenn
es darum geht, die Aggressionen abzulegen und stattdessen gütig, barmherzig und vergebungsbereit zu sein,
merken wir aber besonders deutlich, daß wir das nicht
von uns aus können. Dieses neue Verhalten kann nur
von Gott erbeten sein. Zu diesen guten Werken werden
wir von ihm ›geschaffen‹ (2,10). Und es lohnt sich hier
auch ein Blick auf Gal 5,22, wo das neue nicht-aggressive
Verhalten als eine Frucht des Heiligen Geistes bezeichnet wird. Trotzdem kommt das alles nicht von selber.
(Nach 1 Tim 6,11 soll der Mensch Gottes diesen Dingen
»nachjagen«.) Das Ergebnis wird so sein, wie wir es in
unserer Überschrift sagen: Ein Christ ist dann ein
Mensch, mit dem man gut auskommt (vgl. Rö 12,18).

b. Christliche Liebe — und was ihr widerspricht (5,1–6)

Paulus geht nun weiter und spricht in 5,1-6 über die Liebe im
Leben des Christen. Dabei zeigt er zunächst in den Vv. 1-2, welche Art von Liebe er meint, und macht dann in den Vv. 3-6
deutlich, wie ein Verhalten aussieht, das im Kontrast zur Liebe
steht.

**(1) Werdet nun Nachahmer Gottes als geliebte Kinder
(2) und lebt in der Liebe, wie auch Christus uns geliebt hat und
sich selbst hingegeben hat an unserer Stelle als Opfergabe und
Schlachtopfer zu einem angenehmen Geruch für Gott.
(3) Unzucht aber und alle Unreinheit oder Habsucht sollen unter
euch nicht einmal genannt werden, wie es sich für Heilige gehört,
(4) und Häßlichkeiten und dummes Geschwätz oder Possenreißerei, die sich nicht schicken, sondern vielmehr Danksagung.
(5) Denn das sollt ihr wissen und erkennen: daß kein Unzüchtiger oder Unreiner oder Habsüchtiger — das heißt Götzendiener —
ein Erbteil hat in der Königsherrschaft Christi und Gottes.**

(6) Niemand soll euch mit leeren Worten betrügen! Denn wegen dieser Dinge kommt der Zorn Gottes über die Söhne des Ungehorsams.

1.) Liebe nach Gottes Vorbild (Vv. 1-2): Mit V. 1 beginnt eine neue Sinneinheit. Es geht nun um die Liebe. Man könnte zwar auch die Auffassung vertreten, daß hier kein neuer Gedankengang beginnt, sondern das »Nun« von V. 1 an den vorangehenden Vers (4,32) anknüpft und V. 1 den Gedanken von 4,32 weiterführt. Dort war gesagt worden, daß Gott uns in Christus vergeben hat. Man müßte dann zunächst den Gedanken der Liebe Gottes (als Voraussetzung seines Vergebens) in 4,32 hineinlesen, um V. 1 an diesen Liebesgedanken anknüpfen zu lassen. Besser ist es aber, V. 1 als einen Neueinsatz zu sehen. Das »Nun« weist entsprechend nicht nach rückwärts, sondern nach vorwärts. Der Gedanke ist: ›Werdet nun, nämlich als Gotteskinder, die von ihrem himmlischen Vater geliebt sind, Nachahmer Gottes und lebt entsprechend selbst in der Liebe!‹ Eine tiefe Einsicht klingt damit an: Nur Geliebte können lieben! Liebe (im Sinne der biblischen Agape) ist nicht eine Leistung, die wir von uns aus erbringen können. Unser Lieben kann nur Widerspiegelung der göttlichen Liebe sein. Als »(von Gott) geliebte Kinder« sollen wir es nun genau so machen, wie Gott es mit uns gemacht hat: Wir sollen lieben. »Lebt in der Liebe« (V. 2a) ist die Aufforderung zu einem beständig liebevollen Lebensstil. (Die Aufforderung »lebt« steht im Griech. in der Präsensform und drückt damit ein beständiges, andauerndes Verhalten aus.) — Klang schon in V. 1 an, daß wir von Gott geliebt sind, wird diese göttliche Liebe nun in V. 2b den Lesern ganz deutlich vor Augen geführt. Sie wird sichtbar im stellvertretenden Opfer Jesu für uns. Was anderes als grundlose, unverdiente Liebe (Agape) sollte Christus dazu veranlaßt haben, für selbstsüchtige Sünder (vgl. 4,17ff) sein Leben hinzugeben? Nur aufgrund seiner Liebe, nicht aufgrund irgendeines Verdienstes unsererseits hat er »sich selbst hingegeben ... an unserer Stelle als Opfergabe und Schlachtopfer«. Seine Selbsthingabe erfolgte »für uns« bzw. »an unserer Stelle« — beide Übersetzungen sind möglich. Für Paulus ist allerdings der Stellvertretungsgedanke immer wieder zentral:

Christus stirbt meinen Tod: den Tod, den ich aufgrund meiner Sünde(n) verdient habe; den Tod, den der heilige Gott nicht einfach erlassen kann, weil er Sünde nicht ungesühnt lassen kann. Und so vollstreckt der heilige Gott das Urteil über meine Sünde (vgl. Rö 6,23a) — aber weil er mich liebt, nimmt er die Strafe selbst auf sich und opfert seinen Sohn an meiner Stelle. Was stellvertretendes Opfer ist, wußte man in Israel von den Tausenden von Opfern im Tempel her: Anstelle des Sünders mußte dort jeweils ein Opfertier sein Leben lassen, um so die Sünde zu sühnen. Die Begriffe des Opferdienstes im Tempel (»Opfergabe« und »Schlachtopfer«) werden nun aufgegriffen, um das Opfer Jesu als stellvertretende (Schlacht-)Opferdarbringung zu deuten (vgl. Hebr 10,1-14). Obwohl in V.2b das Wort ›Schlachtopfer‹ gebraucht ist, wird von Paulus dabei nicht an bestimmte Bedeutungsinhalte des israelitischen Schlachtopfers (3Mo 7,11ff) angeknüpft — etwa im Gegensatz zum Brand-, Speisoder Schuldopfer. Betont ist lediglich, daß Jesus sein Leben stellvertretend für uns geopfert hat. Und dieses stellvertretende Opfer seines Sohnes hat Gott angenommen: es war »zu einem angenehmen Geruch für Gott« (vgl. 1Mo 8,21; 2Mo 29,18; u.ö.), wurde als vor ihm angenehm von ihm aufgenommen. Diese Tat größter Liebe befriedigte den gerechten Zorn eines heiligen Gottes und machte aus verdammten Sündern geliebte Kinder.

Daß Paulus hier so betont zur Liebe ermahnt, kommt nicht von ungefähr. Den Empfängern seines Briefes steht eine Zeit harter Auseinandersetzungen um die Wahrheit bevor. Als sich der Apostel einige Zeit vorher von den Ältesten der Ephesergemeinde verabschiedet hatte, mußte er sie warnen, daß nach seinem Weggang »greuliche Wölfe« kommen würden, die die Herde nicht verschonen (Apg 20,28-31). In solch einer Situation kommt die Liebe allzu leicht unter die Räder. Und so hat er nun in seinem Brief bereits in 4,14-15 daran erinnert, daß Wahrheit und Liebe zusammengehören: Ja, seine Leser sollen sich nicht von allen möglichen Irrströmungen umwerfen lassen; aber sie sollen zugleich die Wahrheit in Liebe festhalten! — Auch den Timotheus hat Paulus bei seiner Abreise in Ephesus zurückgelassen und ihm den Auftrag gegeben, gesetzlichen Irrlehrern zu wehren (1Tim 1,3-7). Aber auch da hat er ausdrücklich betont, daß das Ziel dieses Vorgehens ist, daß in der Gemeinde unbeeinträchtigt die Liebe herrscht (1Tim 1,5). — Wie gut wäre es gewesen, wenn die Epheser diese Ermahnung zur Liebe wirklich ernst genommen hätten! Jahre später richtet der erhöhte Christus sein Wort an diese Gemeinde. Er bestätigt ihnen, daß sie alle Irrlehrer durchschaut und alle Irrlehren abgelehnt haben. Aber er muß der Gemeinde sagen: »Ich habe wider dich, daß du die erste Liebe verlassen hast!« (Offb 2,4). Wenn dies nicht anders wird, wird er die Gemeinde verstoßen (Offb 2,5). So ernst ist es mit der Ermahnung zur Liebe. Ohne Liebe geht es nicht!

2.) Radikale Abkehr von allem, was der Liebe widerspricht (Vv.3-6): Nachdem in den Vv.1-2 zu hingebungsvoller Liebe aufgerufen wurde, werden in Vv.3-6 nun Verhaltensweisen abgelehnt, die im Gegensatz zu solcher Liebe stehen. »Unzucht aber und alle Unreinheit oder Habsucht ... und Häßlichkeiten und dummes Geschwätz oder Possenreißerei« soll es unter Christen nicht geben. Das »Aber« in V.3a markiert den Kontrast zu der in Vv.1-2 geforderten Liebe. Im einzelnen geht es um folgendes:

1.) Sexuelle Fehlverhalten stehen im Gegensatz zu hingebungsvoller Liebe. Paulus nennt »Unzucht ... und alle Unreinheit«. »Unzucht« ist ein Begriff, der in der Bibel alle Arten von Geschlechtsverkehr außerhalb der Ehe bezeichnet. So kann Hurerei/Prostitution »Unzucht« heißen (1Mo 38,15ff.24; 1Kor 6,13ff); ebenso Geschlechtsverkehr mit nahen Verwandten (1Kor 5,1ff) und praktizierte Homosexualität (3Mo 18,22; Jud 7). Als unrechtmäßiger Geschlechtsverkehr muß auch der voreheliche Beischlaf angesehen werden (vgl. 5Mo 22,20f; 1Mo 34,1ff). Die »Unzucht« beginnt in den sündigen Gedanken des Herzens und wird zur Tat (Mt 15,19). Sie gehört zu den Werken des Fleisches (Gal 5,19) und charakterisiert das heidnische — nicht das christliche — Leben (1Kor 6,9ff). Christen sollen mit Unzucht nichts zu tun haben — sie soll unter ihnen »nicht einmal genannt werden«, also absolut kein Thema sein. Und sollte mit dem Wort »Unzucht« irgendeine illegitime Sexualpraktik noch nicht bezeichnet sein, fügt Paulus noch allgemein hinzu, daß das gleiche für »alle Unreinheit« generell gilt. Was im sexuellen Bereich »unrein« und damit sündig ist, kann nur von den Geboten und Verboten Gottes her bestimmt werden (vgl. die Aussagen in 3Mo 18; 5Mo 22; Mt 5,27ff; Rö 1,24ff; 1Kor 6,9f). Hingebungsvolle, reine Liebe ist das alles nicht, sondern Lustgewinn auf Wegen, die Gott so nicht für unsere Sexualität gedacht hat. 2.) Genau so steht auch die *»Habsucht«* im Kontrast zu hingebungsvoller Liebe. Die Liebe schenkt. (Christus hat sich, V.2, für uns hingegeben.) Die Habsucht will. Die Liebe denkt an den anderen. Die Habsucht denkt nur an den eigenen Vorteil. Habsucht ist ein Verfallensein an materielle Güter. Das Geld wird dem Habsüchtigen zum Gott. Deshalb ist Habsucht wie Götzendienst (V.5; Kol 3,5; vgl. 1Tim 6,9f: Geldgier ist eine Wurzel aller Übel). Schon Jesus hat davor gewarnt (Lk 12,15). Und auch der Apostel verlangt, daß Christen sich von aller Habsucht radikal fernhalten. Denn solch eine Einstellung gehört sich nicht für Christen. 3.) Auch *»Häßlichkeiten und dummes Geschwätz oder Possenreißerei«* stehen im Gegensatz zur Liebe. Mit »Häßlichkeiten« sind häßliche Redensarten gemeint, wie der Zusammenhang (»dummes Geschwätz«) zeigt und auch die Parallelstelle, Kol 3,8 (»häßliches Reden«), nahelegt. Solche Häßlichkeiten sind grobe Verletzungen des Liebesgebots. Aber auch »dummes Geschwätz« (oder törichtes Reden) ist keine von der Liebe getragene Redensweise. Im Alten Testament war Nabal das Paradebeispiel eines dummen Schwätzers: anmaßend, verletzend und ausgesprochen unweise redete er daher und verletzte damit David, den kommenden König Israels (1Sam 25). So wird der Dummschwätzer mit seinem unangemessenen Reden anderen immer wieder auf den Nerv gehen, ihre Geduld auf die Probe stellen und in seiner Taktlosigkeit verletzend wirken. Und auch die »Possenreißerei« ist nicht besser. Der Possenreißer stellt sich selbst in den Mittelpunkt. Durch seine Witze, die oft auf Kosten anderer gehen, sucht er die Aufmerksamkeit auf sich zu lenken. Und nicht selten verletzen die Witze Sitte und Takt und gleiten ab in schlüpfrige Redensarten. – So soll das Reden eines Christen nicht aussehen. *»Vielmehr«* soll *»Danksagung«* sein Reden bestimmen. Echter Dank, der in Worte gefaßt wird, ist immer Ausdruck einer liebevollen Herzenshaltung. Im Gegensatz zu dem Habsüchtigen, der nur an sich denkt, denkt der Dankbare vom andern her. Er weiß, daß er dem andern etwas verdankt; er sieht nicht nur die Gabe, sondern den Geber; und er läßt es den andern wissen, was ihm sein Geben bedeutet. — Warum aber ist es Paulus so ernst damit, daß Christen nicht lieblos reden und handeln? Die Begründung steht in Vv. 5 - 6. Christen sollen sich deshalb von allem lieblosen Reden und Handeln distanzieren, weil solch ein Verhalten den Lebensstil von Menschen prägt, die nicht zum Reich Gottes gehören, vielmehr unter dem Zorn Gottes stehen. Einer, dessen Leben von Unzucht, Unreinheit und Habsucht bestimmt ist, läßt an der Frucht seines Lebens erkennen, daß er nicht zum Reich Gottes gehört: *»Denn das sollt ihr wissen und erkennen: daß kein Unzüchtiger* (griech.: pornos, ein ›Porno-Mensch‹) *oder Unreiner oder Habsüchtiger — das heißt Götzendiener — ein Erbteil hat in der Königsherrschaft Christi und Gottes«* (V. 5). Schon Jesus hat gesagt: Den guten wie den schlechten Baum erkennt man an seinen Früchten (Mt 7, 16 f). Und auch Paulus hat es klar formuliert: Wer in seinem ganzen Lebensstil von fleischlichen, sündigen Verhaltensweisen bestimmt ist und nicht vom Heiligen Geist, der gehört nicht zu denen, die unterwegs sind zum ewigen Leben (Rö 8, 5 ff. 12 f). Genau die gleiche Sache macht auch Jakobus klar: Wer nur mit dem Mund Christ ist und nicht mit der Tat, ist tatsächlich gar kein Christ (Jak 2, 14 ff). »Kein Erbteil haben in der Königsherrschaft Christi und Gottes« bedeutet ausgeschlossen sein vom Heil, bedeutet Zugehörigkeit zum Machtbereich der Finsternis (vgl. Kol 1, 12 - 13). Angesichts dieses letzten Ernstes gilt keine Verharmlosung: *»Niemand soll euch mit leeren Worten betrügen! Denn wegen dieser Dinge kommt der Zorn Gottes über die Söhne des Ungehorsams«* (V. 6). Wehrt Paulus hier möglicherweise Irrlehrer ab, die die Gemeinde zu einem laschen Umgang mit Sünde verführen wollen? An sich ist die Irrlehre, die damals die Provinz Asia um Ephesus herum heimsuchte, eher eine gesetzlich enge Richtung (s. die Einleitung zu diesem Kommentar). Allerdings lauert die Gefahr der Verharmlosung der Sünde und der faulen Kompromisse in ethischen Fragen überall — selbst da, wo man dogmatisch auf einer ganz engen Linie fährt! V. 6 macht jedenfalls unmißverständlich klar: Wer hier ichbezogen in der Sünde lebt, wer entsprechend nicht unter der gnädigen Herrschaft Gottes steht, für den bleibt nur der Zorn Gottes, das Gericht. »Söhne des Ungehorsams« ist eine semitische Ausdrucksweise und bezeichnet Menschen, die dem Willen Gottes nicht folgen, die vielmehr einen Lebensstil pflegen, der im Gegensatz zu Gottes Geboten steht. Ihnen gilt der Zorn Gottes. Auch das Neue Testament − nicht nur das Alte! − spricht vom Zorn Gottes. Es ist falsch zu meinen, daß nur das Alte Testament den heiligen, zürnenden Gott kenne, das Neue dagegen bloß den lieben Gott. Nein, das Alte wie das Neue Testament kennen den Gerichtszorn Gottes (2Mo 20,5; Jes 1,24-31; Rö 1,18ff; 2Thess 1,9) und zugleich die Gnade Gottes (2Mo 20,6; Jes 60,10b; Rö 3,24; 2Thess 1,12). Beides gilt. Und so, wie in unserem Abschnitt in Vv.1f die Liebe Gottes als Vorbild für unser Lieben dargestellt wurde, wird nun in V.6 der Zorn Gottes als Grund genannt, warum Christen ein konsequentes Nein zur Sünde haben sollen. Hier gibt es nur ein Entweder-Oder. Entweder als geliebtes Kind Gottes in der Liebe leben und sich radikal von einem Lebensstil trennen, der in Tat und Wort der Liebe entgegensteht, − oder als ein Mensch, der sich der Herrschaft Gottes entzieht und seinem Gebot trotzt, dem Gericht eines zürnenden Gottes ausgesetzt sein. Zu beachten ist, daß dieses Gericht Gottes hier nicht einfach nur in die Zukunft verlegt wird. Die Gegenwartsform: »der Zorn Gottes kommt« (nicht: »wird kommen«) läßt den Gedanken zu, daß mit diesem Gericht Gottes auch heute schon zu rechnen ist.

Vorschlag zur Bibelarbeit über Epheser 5,1-6

---

1. Einleitung

Wie wichtig Liebe für den Menschen ist, wird heute allgemein gesehen. Ein Pop-Song hat die Lösung der Lebensprobleme einmal auf die einfache Formel zu bringen versucht: »All you need is love!« (Alles, was Du brauchst, ist Liebe!). Die Psychologie weist nach, welche Schäden bei einem Menschen entstehen, der als Kind nicht genug Liebe und Zuwendung erfahren hat.

Auch nach biblischem Verständnis ist die Liebe ein zentrales Thema. Alle 612 Gesetze des Alten Testaments sind letztlich in dem Liebesgebot zusammengefaßt: Liebe Gott und liebe Deinen Nächsten von ganzem Herzen! (Mt 22,37-40). Und Jesus gibt seinen Jüngern als neues Gebot, daß sie sich gegenseitig liebhaben sollen (Joh 13,34). So gehört zum Lebensstil eines Jüngers Jesu notwendigerweise die Liebe.

2. Durchführung

Thema: *Liebe als Lebensstil (Vv. 1-2)*

a) *Woran sich ein liebevoller Lebensstil orientiert*

In Eph 5,1-2 wird gezeigt, woran sich ein liebevoller Lebensstil orientiert. Die Aufforderung, um die es geht, steht in V.2a:»Lebt (beständig) in der Liebe!« Eigentlich eine für den sündigen Menschen unmöglich hohe Anforderung! In der Einleitung haben wir ja eben schon darauf hingewiesen, daß das Liebesgebot alle anderen Gebote in sich vereint. Ist es dann aber nicht unmöglich für uns, dem Liebesgebot wirklich nachkommen zu können?

Offenbar erwartet die Bibel aber tatsächlich von uns, einen liebevollen Lebensstil zu pflegen. Nur befiehlt das Neue Testament die Liebe nicht einfach. Wir erinnern uns an 2,10, wo gesagt wurde, daß wir in Christus zu guten Werken geschaffen wurden, die Gott selbst vorbereitet hat. Dazu gehört auch die Fähigkeit zu lieben. Hier in Eph 5,1, macht Paulus nun deutlich, was Gott getan hat, damit wir lieben können. Er hat uns zuerst geliebt (vgl. 1Joh 4,19). Wir sind von Gott geliebte Kinder. Und als solche sollen wir nun Nachahmer Gottes werden und lieben. Es ist wie bei einem Phosphorkreuz: Man muß es zuerst an das Licht halten, dann

kann es leuchten. Genau so muß unser Leben zuerst beschenkt werden von Gottes Liebe, damit es dann die
Liebe ausstrahlen kann, die es empfangen hat. – Wie
aber soll diese Liebe aussehen? Das macht V. 2b klar: Es
geht um Liebe, die sich für den anderen aufopfert, sich
seiner Probleme annimmt, die hilft, statt zu richten, und
die das Ziel der Versöhnung mit letztem Einsatz verfolgt. So hat Christus uns geliebt. Und seine Liebe wird
zum Muster für die Liebe, die Gott im Leben seiner
Kinder sehen will.

b) *Wovon sich ein liebevoller Lebensstil distanziert (Vv. 3-6)*

Es ist typisch für die Bibel, daß sie nicht nur sagt, was
Gott will, sondern auch, was Gott nicht will. Unter dem
Deckmantel der ›Liebe‹ läuft heute vieles, was Sünde
ist. Aus ›Liebe‹ lassen sich junge Leute auf intime Beziehungen ein, ohne verheiratet zu sein. Aus ›Liebe‹
werden Ehen gebrochen. Scheinbar aus ›liebevoller Für-
sorge‹ für die Familie wird der eine zum geizigen Pfen-
nigfuchser und der andere zum ehrgeizigen Karrieretyp,
der materiell nie genug kriegen kann. Und andere meinen, daß ›echte Liebe‹ schonungslose Offenheit vertragen müsse – und ziehen dann übereinander her, daß
nur so die Fetzen fliegen.
An diesen Stellen macht die Bibel deutlich, daß sich solche Verhaltensweisen nicht mit echter Liebe vertragen.
a) »Unreinheit« und »Unzucht« haben mit der Liebe,
die Gott meint, nichts zu tun. Deshalb sollten sich Christen von solchen Verhaltensweisen distanzieren. b)
»Habsucht« hat vielleicht mit Selbstliebe oder Geld-
liebe zu tun, aber paßt nicht mit echter, schenkender
Liebe (Agape) zusammen. Christen distanzieren sich
deshalb genauso konsequent von Habsucht, wie sie sich
von Unreinheit und Unzucht distanzieren. (An dieser
Stelle könnte Anlaß sein, einmal darüber nachzudenken, ob in unseren christlichen Gemeinden nicht
manchmal eine bedenkliche Doppelmoral herrscht: Ge-

gen sexuelle Verfehlungen nimmt man — zumindest da, wo die Bibel noch ernst genommen wird — Stellung. Praktizierter Materialismus oder Geiz gelten dagegen als ›Fehlerchen‹, die mit Christsein und Gemeinde vereinbar seien.) Wir beachten, daß sexuelle Sünden und Habsucht in unserem Text in einem Atemzug genannt werden! c) Schließlich vertragen sich verletzende Äußerungen nicht mit der Liebe: »Häßlichkeiten«, »dummes Geschwätz« und »Possenreißerei« wirken kränkend und bauen den anderen nicht auf. Deshalb distanzieren sich Christen, die nach dem Liebesgebot leben, von solchen Arten von aggressiven, unangemessenen oder derben Äußerungen.

Und warum muß diese strenge Trennung von solchem Verhalten erfolgen? Weil solch ein Verhalten diejenigen kennzeichnet, die ihr Leben nicht der Herrschaft eines liebenden Gottes unterstellen — und weil solchen Verhaltensweisen der Zorn Gottes gilt.

c. Leben im Licht — und was dazu nicht paßt (5,7 – 14)

In 5,7-14 schreibt der Apostel über das Leben im Licht:

(7) Werdet nun nicht ihre Teilhaber!
(8) Denn ihr wart einst Finsternis, nun aber Licht im Herrn. Lebt als Kinder des Lichts —
(9) die Frucht des Lichts, nämlich, besteht in lauter Güte und Gerechtigkeit und Wahrheit —,
(10) wobei ihr prüft, was dem Herrn wohlgefällig ist.
(11) Und beteiligt euch nicht an den fruchtlosen Werken der Finsternis, vielmehr deckt sie auf!
(12) Denn was heimlich von ihnen getan wird, davon auch nur zu reden ist schändlich.
(13) Das alles aber wird vom Licht offenbar gemacht, wenn es aufgedeckt wird,
(14) denn alles, was offenbar wird, ist Licht. Deshalb heißt es:

Wach auf, du Schläfer, und steh auf von den Toten, und Christus wird dir aufstrahlen!

V. 7 bildet einen Übergang von den Aussagen der vorangehenden Verse zu dem neuen Gedanken vom Leben im Licht. Vorher, in V. 5, war von Gottlosen die Rede, die als Unzüchtige, Unreine oder Habsüchtige leben. Nun wird nochmals betont: Macht da nicht mit! Macht es nicht wie sie! Die Begründung folgt in V. 8: *»Denn ihr wart einst Finsternis, nun aber Licht im Herrn.«* »Einst« und »jetzt« spielten schon in 2,1-5 (einst geistlich tot, jetzt mit Christus lebendig) und in 2,11+13 (einst Heiden ohne göttliche Verheißung, jetzt in Christus Teilhaber des Gottesvolkes) eine Rolle. Jetzt wird daraus die ethische Konsequenz gezogen: Ihr seid jetzt nicht mehr Heiden, die heidnisch leben; euer Leben gehört jetzt in einen ganz anderen Bereich – lebt entsprechend! Daß hier so markant »Finsternis« und »Licht« gegeneinander abgegrenzt werden, erinnert nicht nur an Kol 1,12f (Anteil am Erbe der Heiligen im Licht – herausgerissen aus dem Machtbereich der Finsternis) oder an 2 Kor 6,14-7,1 (keine Gemeinschaft zwischen Licht und Finsternis), sondern auch an verschiedene Stellen bei Johannes (vgl. Joh 1,4f; 8,12; 1 Joh 1,6f; 2,8-11). Schon im Alten Testament wurde angekündigt, das Kommen des Messias werde so sein, als ginge über Menschen, die in tiefster Finsternis sitzen, ein helles Licht auf (Jes 9,1+5). Im Frühjudentum wurde dieser Kontrast zwischen Licht und Finsternis vor allem in Qumran betont. Dort lehrte man, »alle Söhne des Lichts zu lieben . . ., aber alle Söhne der Finsternis zu hassen« (1QS 1,9f), d.h. sich zu denen zu halten, die zum »Licht«, und damit zum Bereich Gottes, gehörten – und sich von den anderen fernzuhalten. Man lehrte: »An der Quelle des Lichtes ist der Ursprung der Wahrheit, aber aus der Quelle der Finsternis kommt der Ursprung des Frevels. In der Hand des Fürsten des Lichts liegt die Herrschaft über alle Söhne der Gerechtigkeit, auf den Wegen des Lichtes wandeln sie. Aber in der Hand des Engels der Finsternis liegt die Herrschaft über die Söhne des Frevels, und auf den Wegen der Finsternis wandeln sie. Und durch den Engel der Finsternis kommt Verirrung über alle Söhne der Gerechtigkeit, und alle ihre

Sünde, Missetat und Schuld und die Verstöße ihrer Taten stehen unter seiner Herrschaft ... Und alle Geister seines Loses
suchen die Söhne des Lichtes zu Fall zu bringen.« (1QS 3, 19-
24). So wurde unter den Gottesfürchtigen in Israel schon eindringlich gewarnt, sich als Kind des Lichts von der Finsternis
zur Sünde verführen zu lassen. Im sogenannten Testament Le-
vis (19,1) wird entsprechend dazu aufgefordert: »Wählt euch
das Licht oder die Finsternis, das Gesetz des Herrn oder die
Werke Beliars!« Auch Paulus kennt da nur ein Entweder-Oder.
Entweder jemand lebt noch in der Finsternis; dann muß man
sich nicht wundern, wenn er die fruchtlosen Werke der Finsternis (V. 11) tut. Oder er gehört zu dem Bereich, den das Licht
Gottes hell gemacht hat. Dann gehört das Leben in der Finsternis lediglich zu seiner Vorgeschichte (»einst«, V. 8a), darf aber
nicht mehr seine Gegenwart bestimmen. Jetzt, wo er zu Jesus
gehört, im Bereich seiner Heiligkeit lebt, ist das, was finster war,
aus seinem Leben verschwunden: er ist »nun ... Licht im Herrn«
(V. 8b).

Entsprechend gilt jetzt: Lebt das aus, was ihr seid! »Lebt als
Kinder des Lichts!« (V. 8c). Wie das praktisch aussehen soll, wird
zunächst positiv (Vv. 9-10) und dann negativ (Vv. 11-14) deutlich gemacht. a) Wo das Licht Gottes herrscht, da zeigt sich
(V. 9) 1. »lauter Güte«, also gutes, rechtschaffenes Verhalten, 2.
»lauter ... Gerechtigkeit«, also völliges Gerechtgesprochensein
von Gott und in der Folge ein Leben, das recht ist vor Gott, und
3. »lauter ... Wahrheit«, also ein Leben, in dem die Geheimnisse
der Sünde aufgedeckt sind, so daß man niemandem mehr etwas
vorlügen muß, sondern echt und durchsichtig leben kann. Allerdings ist solch ein Lebensstil kein automatischer Dauerzu-
stand. In solch einem Leben, in dem die »Frucht des Lichts«
sichtbar wird, gilt es zugleich dauernd zu prüfen, »was dem
Herrn wohlgefällig ist« (V. 10). Nur so wird der, der im Licht ist,
im Licht bleiben. Ähnlich hat es Paulus in Rö 12, 1-2 gesagt:
Gebt euch Gott ganz hin, laßt euch von ihm verändern, damit
ihr prüfen könnt, was das Gute, das Gott Wohlgefällige und das
Vollkommene ist, das Gott will! Darum geht es einem Kind
Gottes, das »im Licht« lebt. Es möchte das erkennen und tun,
was Gott gefällt. Nicht eigene sündige Bestrebungen beherr-

schen das Feld (vgl. als Kontrast 4,17ff), sondern die Frage nach
dem, was Gott will. b) Negativ gesprochen heißt das aber zugleich, gewisse Dinge nicht mehr zu tun, V.11a: *»Und beteiligt
euch nicht an den fruchtlosen Werken der Finsternis!«* Der Kontrast zu Vv.8+9 ist deutlich: Dort das Leben im Licht, hier die
Werke der Finsternis; dort die Frucht, hier die Fruchtlosigkeit.
Paulus nennt nicht noch einmal eigens Beispiele für solche
Werke der Finsternis. In Vv.3-4 hat er ja solche Verhaltensweisen beispielhaft schon angesprochen, die unter Christen »nicht
einmal genannt werden«, also kein Thema sein sollen. Ähnlich
heißt es hier in V.12, daß für Christen das, was andere in der
Heimlichkeit der Sünde tun, nicht einmal ein geeignetes Ge-
sprächsthema ist (*»davon auch nur zu reden ist schändlich«*). Entsprechend redet Paulus auch nicht mehr als nötig über diese
Dinge. Typisch für die »Werke der Finsternis« ist, daß sie mit
Vorliebe heimlich geschehen (V.12a: *»was heimlich von ihnen getan wird«*). Beispiele ließen sich schnell finden: Heimlich wird
der Ehepartner betrogen; das Finanzamt darf den Steuerbetrug
nicht merken; es wäre peinlich, wenn dem Kollegen zugetragen
würde, was sein Mitarbeiter über ihn geredet hat; Hauptsache,
die Nachbarn merken nicht, daß in der Familie längst Klein-
krieg herrscht; auch wenn die Mutter trinkt oder der Vater die
Kinder mißbraucht, spielt man nach außen hin noch heile Familie usw. Wo solche »fruchtlosen Werke der Finsternis« im kleinen oder großen vorkommen, gibt es nur eines, V.11b: *»Deckt
sie auf!«* Johannes der Täufer mußte seinem Landesfürsten Herodes Antipas sagen: »Es ist nicht recht, daß du die Frau deines
Bruders genommen hast!« (vgl. Mt 14,4). Paulus sprach auf seinen Missionsreisen konkrete Sünden seiner Hörer an (Apg
13,10). Und als die Christen in Korinth nicht bereit waren, mit
Gemeindezucht einzuschreiten, als jemand in der Gemeinde in
drastischer Sünde lebte, wurden sie aufgefordert, endlich das
Problem anzugehen (1Kor 5,1-8). Natürlich gilt das nicht nur,
wenn andere in sündhaftes Verhalten geraten sind. Auch eigene
heimliche Sünde soll aufgedeckt und damit ans Licht Gottes gebracht werden. »Wer seine Missetat verleugnet, dem wird es
nicht gelingen. Wer sie aber bekennt und läßt, der wird Barmherzigkeit empfangen«, sagt schon die alttestamentliche

Spruchweisheit (Spr 28,13). Und entsprechend heißt es im Neuen Testament: »Wenn wir sagen, wir haben keine Sünde, betrügen wir uns selbst, und die Wahrheit ist nicht in uns. Wenn wir aber unsere Sünden bekennen, so ist er treu und gerecht, daß er uns die Sünden vergibt und reinigt uns von aller Ungerechtigkeit« (1Joh 1,8f). Ganz in diesem Sinne heißt es hier nun im Eph: *»Das alles aber wird vom Licht offenbar gemacht, wenn es aufgedeckt wird, denn alles, was offenbar wird, ist Licht«* (Vv. 13-14a). Finsternis wird überwunden, wenn sie dem Licht ausgesetzt wird. Wo die Werke der Finsternis enttarnt werden, wird das Licht Gottes die dunklen Stellen ausleuchten. Sie werden somit offen und sichtbar zutage liegen. V. 14 begründet, warum man Sünde aufdecken und dem Licht Gottes aussetzen soll, und geht damit noch einen Schritt weiter. Was offenbar gemacht wird, und d.h. doch wohl, was vor Gott als Sünde bekannt wird, das wird »Licht«: es wird vergeben, bereinigt, getilgt. Wo vorher Finsternis war, ist jetzt alles hell, klar und durchsichtig. – Paulus bestätigt das, was er meint, schließlich in V. 14b noch mit einem christlichen Verszitat: *»Deshalb heißt es: Wach auf, du Schläfer, und steh auf von den Toten, und Christus wird dir aufstrahlen!«* Die Einleiteformel (»Deshalb heißt es«) zeigt, daß es sich bei diesem Vers um einen damals bekannten Spruch handelt, der zitiert werden konnte. Wir wissen heute aber nicht mehr, was Paulus da zitiert, auch wenn deutlich ist, daß der Wortlaut des Spruches offenbar von Jes 26,19 und 60,1f beeinflußt worden ist. Liegt hier eine liturgische Formel aus dem Gottesdienst vor? (Aber gab es im apostolischen Gottesdienst schon solch eine festgefügte Liturgie??) Oder ist der Spruch Teil eines frühchristlichen Liedes? (vgl. V.19). Manche haben gar vermutet, es könne sich um eine vor- oder außerchristliche Dichtung handeln, die frühchristlich umgedichtet worden sei. (Solche Hypothesen sind wegen ihrer Unbeweisbarkeit aber wenig hilfreich, sondern eher als ›unfruchtbare Werke‹ theologischer Spekulation anzusehen.) In dem dreigliedrigen Vers, wie er vorliegt, klingen jedenfalls zwei Motive an, die wir von Paulus schon kennen. Zum einen sehen wir, daß der Weckruf aus dem Schlaf in der Finsternis an Verse erinnert, die der Apostel einmal den Thessalonichern schrieb: »Ihr aber, liebe Brüder, seid nicht in der Finsternis ... Denn ihr alle seid Kinder des Lichtes und Kinder des Tages. Wir sind nicht von der Nacht noch von der Finsternis. So laßt uns nun nicht schlafen wie die andern, sondern laßt uns wachen und nüchtern sein. Denn die schlafen, die schlafen des Nachts, und die betrunken sind, sind nachts betrunken. Wir aber, die wir Kinder des Tages sind, wollen nüchtern sein ...« (1 Thess 5,4-8). Zum andern erinnert die Aufforderung, aufzustehen von den Toten, an 2,5f: »Uns, die wir tot waren in den Sünden, hat er mit Christus lebendig gemacht ... und er hat uns mit auferweckt ...!« Wer so dem Weckruf aus dem Sündenschlaf in der Finsternis folgt und aus dem geistlichen Tod zum Leben kommt, der wird erfahren, daß Christus sein ganzes Leben hell und rein macht. Mit dem Spruch, den Paulus zitiert, ist ein eindringlicher Appell an jeden verbunden, der in der Grauzone der Sünde lebt. Zugleich ist damit aber auch eine große Verheißung ausgesprochen. Christus als das Licht will denen, die ans Licht kommen, leuchten (vgl. Joh 8,12). Er strahlt dem auf, der aus der finstern Gruft seines Sündenlebens zu ihm kommt. Nicht dunkle Strafe, sondern ein helles Leben erwartet ihn.

Vorschlag zur Bibelarbeit über Epheser 5,7-14

---

1. Einleitung

Das Thema »Licht und Finsternis« ist sehr aussagekräftig und bildhaft. Woran denken wir, wenn wir das Wort »Finsternis« hören? Tiefe Nacht ohne Mond und Sterne in einem dunklen Wald? Stehen im Keller, wenn plötzlich das Licht ausgeht? Finstere Machenschaften? Eine finstere Miene? Finstere Gedanken? – Und woran denken wir, wenn es um »Licht« geht? Lichterschmuck in der Weihnachtszeit? Ein hell erleuchteter Festsaal? Sonne, Freude, Freiheit?
Die Bibel beschreibt das Christenleben als ein Leben im Licht. Aber was heißt das: Leben im Licht?

2. Durchführung

Thema: *Was heißt Leben im Licht?*

a) *Ich muß als Christ nicht im Zwielicht leben (Vv. 7-8b)*

Unter dieser Überschrift läßt sich über die Vv. 7-8b sprechen. Wichtig wird es sein, den Kontrast »Einst Finsternis« – »Jetzt Licht« herauszuarbeiten. Paulus mischt die Bereiche nicht. Christsein im Zwielicht ist für ihn undenkbar. Für Christen ist das Leben in der Finsternis vorbei. In der Lebensgemeinschaft mit Christus leben sie in einem ganz neuen Bereich. Dies muß heute in unseren Gemeinden neu mit allem Nachdruck gesagt werden. Ein Christenleben, das aussieht wie ein Tag bei Sonnenfinsternis, ist nicht normal. Schon in Israel hat man gewußt, daß Licht und Finsternis sich gegenseitig ausschließen – und Jesus und die Apostel haben es auch gelehrt (s. oben in der Auslegung der Verse).

b) *Ich lebe, wie es Gott gefällt (Vv. 8c-10)*

Unter dieser Überschrift legen wir die Vv. 8c-10 aus. Was heißt das: »Lebt als Kinder des Lichts«? V. 9 spricht von der Frucht des Lichts und nennt als Beispiele alles, was mit Güte, Gerechtigkeit und Wahrheit zu tun hat. Der Vers erinnert an Gal 5,22, wo von der Frucht des Geistes die Rede ist. Frucht ist etwas, das wachsen muß, etwas, das wir nicht selber machen können. Solche Frucht wächst da, wo der Heilige Geist am Werk ist. Sie wächst da, wo ein Mensch ein »Kind des Lichts« ist, d.h. zu dem gehört, der selbst das Licht der Welt ist. Vielleicht läßt sich noch mehr darüber sagen, wenn wir schon einmal einen kurzen Blick auf die Vv. 11-14 werfen, wo vom Aufdecken der Werke der Finsternis die Rede ist: Frucht des Lichts wächst offenbar da, wo wir bereit sind, dunkle Dinge in unserem Leben ans Licht zu bringen. Sonst wächst statt Güte, Gerechtigkeit und Wahrheit manches finstere Kraut in unserem Leben. – Zugleich werden Menschen, in deren Leben solche gute Frucht sichtbar wird, immer neu mit Herausforderungen konfrontiert, in denen es zu prüfen gilt, was Gott gefällt (V.10). Welche Maßstäbe können dabei helfen? Ganz wesentlich das Wort Gottes und das Gebet um ein rechtes Unterscheidungsvermögen! Vor allem muß es aber wirklich um die Frage gehen: Was will Gott? Was gefällt ihm? Solange wir vor allem ›prüfen‹, wie wir unsere eigenen sündigen Wünsche so fromm begründen können, daß wir sie schließlich vor unserem Gewissen und vor anderen Leuten vertreten können, werden wir kaum klar erkennen, was Gott wirklich will!

c)   *Ich decke auf, was dunkel ist (Vv. 11-14)*

Schließlich machen Vv.11-14 klar, daß ein Leben als »Kind des Lichts« bedeutet, 1. sich nicht an sündigen Dingen zu beteiligen, und 2. da, wo dunkle Sachen geschehen sind, sie aufzudecken, damit Christus das, was dunkel war, hell machen kann. Ein sensibler Punkt! Aber ohne daß Sünde benannt wird und bekannt wird, wird es nicht gehen. Wir tun uns manchmal schwer an diesem Punkt. Wir befürchten, es sei gesetzlich, Sünde ›Sünde‹ zu nennen. Aber ohne Gesetz kein Evangelium! Wir meinen, es sei zu ›katholisch‹, Sünde zu beichten. Aber das Bekennen von Sünde ist durchaus biblisch! Und doch drücken wir uns immer wieder um diesen Punkt herum. Wir beschönigen die Sünde lieber anstatt sie zu bekennen. Und dabei ist das Bekennen doch so befreiend. Als dem David gesagt wurde: »Du bist der Mann!«, da redete er nicht drum herum, sondern sagte es offen: »Ich habe gesündigt!« Und dann war auch gleich das befreiende Licht Gottes da: »So hat auch der Herr deine Sünde weggenommen!« (2Sam 12,7+13). Es lohnt sich, Eph 5,11-14 als den licht und froh machenden Weg zur Befreiung auszulegen!

d. Weises Verhalten und Geistesfülle (5,15 – 6,9)

Es mag zunächst verwundern, wenn hier der ganze Abschnitt von Kapitel 5,15 bis Kapitel 6,9 zusammengenommen wird. Die Übersetzungen ordnen den Text oft so an, daß der Eindruck entsteht, mit 5,21 würde ein ganz neuer Gedankengang einsetzen; manche fügen an dieser Stelle sogar eine neue Überschrift ein (z.B. ›Die christliche Haustafel‹). Und tatsächlich ist V. 21 die Einleitung zu einer sog. ›Haustafel‹. Was aber nicht übersehen werden darf, ist, daß V. 21 im Griech. als Teil des gleichen Satzes untrennbar mit Vv. 18-20 verbunden ist. In der folgenden Übersetzung, die die Struktur des griech. Satzes möglichst genau wiedergibt, wird dies deutlich werden.

1.) Die Aufforderung zu einem weisen und geisterfüllten Leben
   (5,15-21)

(15) Seht nun genau zu, wie ihr lebt – nicht als Unweise, sondern als Weise,
(16) indem ihr die gelegene Zeit gut ausnützt, denn die Tage sind schlimm.
(17) Deshalb werdet nicht Unverständige, sondern versteht, was der Wille des Herrn ist;
(18) und zwar: Berauscht euch nicht mit Wein, was Liederlichkeit mit sich bringt, sondern laßt euch vom Geist erfüllen,
(19) dadurch, daß ihr einander Psalmen zusprecht und daß ihr Hymnen und geistliche Lieder singt und daß ihr von Herzen für den Herrn musiziert,
(20) daß ihr immer für alles dankt, und zwar Gott, dem Vater, im Namen unseres Herrn Jesus Christus,
(21) (und) daß ihr euch einander unterordnet in der Furcht Christi:

Wieder geht es in diesem Abschnitt darum, wie Christen »leben« (wörtl.: »wandeln«) sollen. Schon in 4,1; 4,17; 5,2; und 5,8 war davon die Rede. Christen sollen im Blick auf ihre Lebensweise nicht gleichgültig sein, sondern *»genau zusehen«*, wie sie sich zu verhalten haben. In diesem Abschnitt wird nun betont, daß sie weise und verständig leben sollen. Dies wird durch eine wiederholte Aufforderung unterstrichen, die jeweils negativ und positiv gefaßt ist: schon in V. 15 (*»nicht als Unweise, sondern als Weise«*) und nochmals in V. 17 (*»werdet nicht Unverständige, sondern versteht, was der Wille des Herrn ist«*). Weisheit und Verständnis für den Willen Gottes sind schon im Alten Testament Markenzeichen für das Leben eines gottesfürchtigen Menschen (5Mo 32,28 f; 1Kö 3,12; Ps 111,10; Spr 1,2-7). Weisheit ist nicht mit menschlicher Klugheit zu verwechseln. Weise zu sein bedeutet in der Bibel allgemein, danach zu fragen, was Gott will, zu erkennen, was Gott will, und zu tun, was Gott will. Entsprechend fragt Jakobus einmal: »Wer ist weise und klug unter euch? Der zeige mit seinem guten Wandel seine Werke in Sanftmut und Weisheit. Habt ihr aber bitteren Neid und Streit in eurem Herzen, so rühmt euch nicht und lügt nicht der Wahrheit zuwider. Das ist nicht die Weisheit, die von oben kommt . . . Die Weisheit von oben ist zuerst lauter, dann friedfertig, gütig, läßt sich etwas sagen, ist reich an Barmherzigkeit und guten Früchten, unparteiisch und ohne Heuchelei« (Jak 3,13-17).

Hier im Eph wird weises Verhalten daran festgemacht, daß jeder *»die gelegene Zeit gut ausnützt, denn die Tage sind schlimm«* (V. 16), und daß er *»versteht, was der Wille des Herrn ist«* (V. 17b). Die »gelegene Zeit« (griech.: *kairos*) ist mehr als nur der günstige Augenblick, den man entschlossen ausnützt. Die »gelegene Zeit« ist die Gnadenzeit (vgl. Lk 4,19+21; 2Kor 6,2; Gal 6,10; 2Pt 3,9), die Gott jetzt, inmitten der schlimmen Tage der Endzeit (vgl. 6,13; 1Kor 7,29), schenkt. Hier gilt es zu erkennen, was die Stunde geschlagen hat, und diese Zeit zu nutzen, um den Willen des Herrn zu tun. Wer das jetzt verpaßt, kann es nie mehr nachholen. Für ihn würde das Wort Jesu gelten: »Du Narr! Diese Nacht wird man deine Seele von dir fordern; und wem wird dann gehören, was du angehäuft hast?« (Lk 12,20). Aber Christen, die erkennen, daß Gott jetzt noch »gelegene Zeit« schenkt, achten darauf, nach Gottes Willen zu fragen, ihn zu verstehen und zu tun. Das ist wahre Weisheit.

Aber was ist denn nun konkret Gottes Wille? In einer weiteren, negativ und positiv gefaßten Aufforderung macht Paulus das in V. 18(ff) deutlich. Das einleitende »Und« in V. 18a kann im Griech. die Bedeutung *»und zwar«* haben, was hier auch am besten den Sinn trifft. Das, wozu in V. 18 aufgerufen wird, erklärt beispielhaft, was Gott jetzt will und wie er die gelegene Zeit genutzt sehen will. Er will z.b. dies: *»Berauscht euch nicht mit Wein, ... sondern laßt euch vom Geist erfüllen!«* Der erste Teil des Verses ist ein wörtliches Zitat der griech. Übersetzung (LXX) von Spr 23,31, wobei unsicher ist, ob Paulus bewußt zitieren wollte oder sich ihm als Kenner des AT diese Formulierung eher unbewußt ergab. Daß hier ausgerechnet vom Weinrausch im Gegensatz zur Geist-Erfüllung die Rede ist, mag einen besonderen Hintergrund haben. Zum einen könnte sich die Gedankenverbindung von daher nahelegen, daß im Frühjudentum gelegentlich echte Gottesbegeisterung mit einem Rausch verglichen werden konnte. So schreibt Philo: »Den von Gott Begeisterten, nämlich, pflegt nicht nur die Seele in Erregung und gleichsam in Raserei zu geraten, sondern auch der Körper sich zu röten und zu glühen, da die innerliche Freude ihn von der Starrheit löst und erwärmt und das Ungestüm des Gefühls nach außen weitergibt; davon lassen sich viele Unverständige täuschen und mutmaßen dann, die Nüchternen seien trunken. Aber trotzdem sind jene in einer Art dennoch trunken, die Nüchternen, da sie alle Güter auf einmal wie reinen Wein in sich gezogen haben und ihnen die vollendete Tugend freundlich zugetrunken hat. Dagegen haben die anderen, die im Weinrausch Trunkenen, die Einsicht noch nicht gekostet ...« (de ebr., 147f; vgl. Apg 2,13). Der Eph allerdings führt das Thema nicht in diese Richtung aus. Zum andern könnte aber eine Abgrenzung gegen heidnische Gebräuche in Betracht kommen. Bei dem antiken Dionysos-Kult, den es auch in Ephesus und Kleinasien gab, floß der Wein in Strömen. Die Menschen berauschten sich, und wenn sie dann in Ekstase gerieten, meinten sie, in besonderer Weise von der Gottheit bestimmt zu sein. Die rauschhaften Feste des Dionysos-Kultes sollten zugleich der Fruchtbarkeit dienen, weshalb die Sexualkraft gefeiert wurde und die Trinkgelage den Charakter von Orgien annehmen konnten. Allein schon von daher wäre gut zu verstehen, warum Paulus darauf hinweist, daß der Weinrausch *»Liederlichkeit mit sich bringt«* (V. 18b), und das heißt: ein zügelloses, sittenloses, heilloses Leben. Der Rausch ist aus christlicher Sicht ganz sicher kein Weg zur Erfahrung des Göttlichen – er steht vielmehr im Gegensatz zur Erfüllung mit Gottes Geist und führt zu einem widergöttlichen Lebensstil. Dies gilt ganz allgemein, auch abgesehen davon, ob Paulus hier zunächst die heidnisch-dionysischen Gelage vor Augen hat. Während die Bibel den Weingenuß nicht ablehnt – der Wein ist eine Gabe Gottes (Jer 31,12), macht fröhlich (Ps 104,15), kann der Gesundheit zuträglich sein (1Tim 5,23) – und auch Jesus Wein trank (Lk 7,34), lehnt die Bibel strikt den Mißbrauch des Weins ab. In der Weisheitsliteratur des AT wird vor übermäßigem Weingenuß gewarnt, weil daraus nur Zank und Leid und unkontrolliertes Benehmen folgt (Spr 23,29-35). Die Bibel zeigt immer wieder, welche schlimmen Konsequenzen es haben kann, wenn ein Mensch sich betrinkt (1Mo 9,21ff; 19,32ff; Jes 5,22), und verbietet ganz deutlich den Alkoholrausch. Sich betrinken ist Sünde (Gal 5,21); und Mitarbeiter in der christlichen Gemeinde kann nur sein, wer nicht abhängig ist vom Alkohol und sich nicht betrinkt (1Tim 3,3+8). »Berauscht euch nicht mit Wein« (V. 18a) – das gilt damit für jeden Christen. Und es gilt auch (V. 18b), daß der Alkoholmißbrauch zu einem Verfall der ethischen Werte führt und das Leben zügellos, heillos und damit kaputtmacht.

Wer weise lebt und für die ihm jetzt geschenkte Zeit nach Gottes Willen fragt, wird sein Leben nicht von solchen Dingen bestimmen lassen. Statt sich mit Wein vollaufen zu lassen, läßt er sich vom Geist Gottes erfüllen (V. 18c). Das Heidentum sucht das Göttliche im Rausch und findet die Heillosigkeit. Der Christ flieht den Rausch und erfährt die heilvolle Gegenwart seines Herrn, der ihn mit seinem Geist erfüllt. Damit sind wir bei der Auslegung von V. 18c: *»sondern laßt euch vom Geist erfüllen.«* Weisheit und Geisterfüllung sind in der Bibel oft verbunden. Josephs Weisheit hängt mit seiner Geistbegabung zusammen (1Mo 41,38f); ebenso ist es bei Daniel (Dan 2,19ff+30). Die Handwerker an der Stiftshütte brauchen Weisheit für ihre Aufgabe und werden dazu mit dem Geist Gottes ausgerüstet (2Mo 28,3; 31,6; 35,31ff). Josua wird für seinen Dienst mit dem Geist der Weisheit erfüllt (5Mo 34,9). Weisheit im biblischen

Sinn kommt nicht einfach durch die Jahre und die Lebenserfahrung, die man sammelt. Vielmehr ist Weisheit von oben eine Wirkung des Geistes Gottes (Hiob 32,8-9; 1Kor 2,6-10). Von daher wundert es nicht, daß Paulus gerade hier, wo er (Vv. 15 ff) auffordert, als Weise zu leben, dazu aufruft: »Laßt euch vom Geist erfüllen!« Die Leser, denen diese Aufforderung gilt, sind (nach 1,13 f) bereits, als sie zum Glauben kamen, »versiegelt worden« mit dem Heiligen Geist. Diese Versiegelung gilt und bleibt, bis sie einmal in der Herrlichkeit Gottes ankommen, und muß nicht erneuert werden. Sie sind damit Menschen, die den Geist Gottes haben. Und sie sind (nach 4,30) dazu aufgefordert, diesen Geist Gottes in ihrem Leben nicht zu betrüben. Nun kommt es darauf an, daß dieser Geist ihr ganzes Leben »erfüllt«. Nach 1,23 (vgl. 4,10) will Christus jeden, der zu seinem Leib gehört, »erfüllen«. Nach 3,19 ist es das Ziel, daß Christen »zur ganzen Fülle Gottes« hin »erfüllt« werden (indem, nach 3,16ff, Christus alle Bereiche ihres Lebens unter seine Herrschaft bringt und sie immer völliger die Liebe Gottes erfahren). Das Erfülltwerden mit dem Heiligen Geist, der ja der Geist Gottes und der Geist Jesu Christi ist, muß in diesem Zusammenhang verstanden werden. Gott, der Vater und der Sohn, will durch seinen Geist das ganze Leben seiner Kinder ausfüllen. Der Geist ist das Mittel, durch das Gott alle Lebensbereiche seiner Kinder unter seine Herrschaft bringt. Damit gilt nicht mehr bloß: Ich habe den Geist Gottes!, sondern: Er hat mich und mein ganzes Leben! Dies ist allerdings nicht einfach ein Zustand, den man ein für allemal erreicht und dann hat. Es ist etwas Dynamisches, eine dauerhafte Aufgabe. (Entsprechend steht das griech. Wort für »laßt euch erfüllen« in der Präsens- bzw. Gegenwartsform, die im Griech. etwas Andauerndes ausdrückt.)

Wie soll das Erfülltwerden mit dem Geist Gottes zugehen? Durch Handauflegung? Durch den Zuspruch eines besonders bevollmächtigten Menschen? Durch eine rauschhafte Hochstimmung bei einem christlichen Kongreß? Nein, Schnellverfahren zur Geistesfülle gibt es nicht. Die Aufforderung »laßt euch erfüllen vom Geist« verknüpft Paulus in den Vv. 19-21 mit klaren Anweisungen, wie es zu solcher Geistesfülle kommen soll. Konkret nennt er in diesen drei Versen anhand von fünf

Tätigkeitsworten (im Griech. sind es sogenannte modale Partizipien, die mit »indem« oder »dadurch, daß« zu übersetzen sind), wie das Erfülltwerden durch Gottes Geist geschieht. Es geschieht 1.) *»dadurch, daß ihr einander Psalmen zusprecht«* (V. 19a); 2.) dadurch, *»daß ihr Hymnen und geistliche Lieder singt«* (V. 19b); 3.) dadurch, *»daß ihr von Herzen für den Herrn musiziert«* (V. 19c); 4.) dadurch, *»daß ihr immer für alles dankt …«* (V. 20); und schließlich 5.) dadurch, *»daß ihr euch einander unterordnet in der Furcht Christi«* (V. 21). Die ersten vier Aufforderungen haben vornehmlich mit der Ausrichtung auf Gott im Loben und Danken zu tun. Die fünfte Aufforderung – die dann ausführlich in den Versen 5,22-6,9 vertieft und erklärt wird! – hat es mit einem von Christus her bestimmten Verhalten dem Nächsten gegenüber zu tun und ist ein ganz konkretes Stück der Heiligung.

Bevor wir die fünf Aufforderungen im einzelnen näher erklären, wird es gut sein, sich insgesamt einige Gedanken dazu zu machen. Lange wurde der Zusammenhang zwischen dem Loben Gottes und der Erfüllung mit dem Heiligen Geist von Christen weithin übersehen. Seit einiger Zeit wird das Loben Gottes innerhalb der Gemeinde wieder ein Thema. Eine Gefahr dabei ist, daß man eigentlich Geisterfüllung und Geisteswirkungen erzielen möchte und das Gotteslob nur als Mittel für diesen Zweck einsetzt. Dann ist es aber kein Gotteslob mehr, denn Gott will um seiner selbst willen gepriesen sein. Echtes Gotteslob kommt weg vom Eigenen, vom Menschlichen und richtet sich ganz auf Gott aus. Und gerade so wird der Lobende von Gott und seinem Geist erfüllt und ist in Anbetung und Dank mit Gott, seiner Person und seinem Werk beschäftigt. – Ich sehe noch eine zweite Gefahr. Manche Christen sehen heute wohl einen Zusammenhang zwischen Gotteslob und Geisterfüllung, aber sie lösen davon den untrennbar dazugehörigen Zusammenhang von Heiligung und Geisterfüllung. Konkret: Sie sehen, wie die Aussagen von Vv. 19+20 die Aufforderung von V. 18c unterstützen, aber trennen V. 21(ff) von diesem Zusammenhang ab. Und weil in vielen Übersetzungen V. 21 als ein eigenständiger, neuer Satz übersetzt ist, wundert dies den einfachen Bibelleser auch gar nicht. Manche Ausleger sehen zwar, daß V.21 im Griech. noch zur gleichen Satzkonstruktion wie die Aufforderungen von Vv.19+20 gehört, aber sie übergehen diesen grammatischen Zusammenhang, weil sie vom Sinnzusammenhang her sehen, daß V.21 irgendwie mit den folgenden Versen zusammengehört. Nun ist letzteres durchaus richtig: V.21 bildet mit dem Abschnitt 5,22-6,9 einen Sinnzusammenhang. Aber deswegen macht die Satzkonstruktion trotzdem deutlich, daß dieser ganze Sinnzusammenhang etwas mit der Frage zu tun hat, wie ein Christ vom Geist Gottes erfüllt wird. Mit anderen Worten: Wie sich Frauen und Männer, Kinder und Eltern, Sklaven und Herren zueinander verhalten, macht deutlich, wie weit der Heilige Geist schon ihr Leben beherrscht. Man kann Geistesfülle nicht nur durch das Gotteslob haben wollen, wenn man zugleich nicht die Ordnungen Gottes für unser Zusammenleben befolgen will. Doch kommen wir nun zum einzelnen.

1.) Erstens ermahnt Paulus: Laßt euch dadurch vom Geist erfüllen, »... *daß ihr einander Psalmen zusprecht*« (V.19a). Wenn man in den urchristlichen Gemeinden zusammenkam, hatte (nach 1Kor 14,26) der eine einen Psalm, der andere eine Lehre, usw., wobei diese Beiträge zur geistlichen Auferbauung aller dienen sollten. »Psalmen« waren in erster Linie einmal die trostreichen Dichtungen des alttestamentlichen Psalters; doch ist auch nicht auszuschließen, daß eigene urkirchliche Dichtungen und Lieder als »Psalmen« bezeichnet werden konnten. Das gegenseitige bzw. gottesdienstliche Lesen solcher Psalmen konnte die Herzen zum Gotteslob stimmen, konnte Trost vermitteln oder dazu helfen, daß Klagen zu Gebeten wurden. Wo dies geschieht, gewinnt der Geist Gottes Raum im einzelnen und in der Gemeinde.

2.) Zweitens werden die Gläubigen aufgerufen: Laßt euch dadurch vom Geist erfüllen, »... *daß ihr Hymnen und geistliche Lieder singt*« (V.19b). »Hymnen« sind feierliche Lobgesänge, in denen Gott bzw. Christus und sein Werk erhoben wird. Im Hymnus wird Gott angebetet (vgl. Apg 16,25), indem aufgezählt wird, wie er ist und was er tut. Vielleicht sind gute Beispiele neutestamentlicher Hymnen Kol 1,15-20; Phil 2,6-11; 1Tim 3,16 — obwohl jeweils nicht sicher ist, ob diese hymnischen Stücke schon vor der Niederschrift des jeweiligen Briefes als Lobpreislieder in der Gemeinde da waren. »Lieder« (griech.: Oden) sind in der griech. Übersetzung des AT vor allem an Gott gerichtete Danklieder (vgl. 2Mo 15,1ff; 5Mo 31,19+30 u. 32,1ff; Ri 5,1ff); solche Dank- und Preislieder werden bis in die Vollendung hinein erklingen (vgl. Offb 5,9 und 15,3; 12,10ff; 19,1f. 5-8; u.ö.). Ein klarer Bedeutungsunterschied zwischen ›Psalmen‹ und ›Hymnen‹ ist nicht auszumachen. Hier im Eph geht es ganz allgemein um »geistliche Lieder«, d.h. Lieder, die der Geist Gottes gewirkt hat. Dabei – unter Berufung auf 1Kor 14,14-15 – an ›Zungengesänge‹ zu denken, erscheint weit hergeholt und geht aus dem Wortlaut nicht hervor. Ein »geistliches Lied« muß wirklich nicht ein Lied sein, an dessen Entstehung kein Mensch bewußt beteiligt war! Vielmehr, wenn Gottes Geist Herz und Verstand des Menschen in Dienst nimmt, wird das Ergebnis »geistlich« sein. – Ein Beispiel dafür, wie Christen unter dem Lob Gottes mit dem Heiligen Geist erfüllt werden, könnte Apg 4,23-31 sein: Als die Urgemeinde Gott lobte, wurde die Stätte bewegt, und sie wurden alle mit dem Geist erfüllt. Eph 5,19 macht deutlich, daß das kein Zufall war. Wo Christen Gott mit Hymnen und Lieder preisen und loben, gewinnt Gottes Geist Raum in ihnen. Sie werden auf Gott ausgerichtet, und indem er ihnen groß wird, werden sie von ihm erfüllt.

3.) Ganz ähnlich trägt, drittens, zur Geisterfüllung bei, »daß ihr von Herzen für den Herrn musiziert« (V. 19c). Das hier mit »Musizieren« übersetzte Wort (griech.: psallo – verwandt mit dem Wort für ›Psalmen‹) kann das Singen, das instrumental begleitete Singen sowie das Zupfen eines Saiteninstruments bezeichnen (vgl. LXX Ps 32,2 [=Ps 33,2]; 65,4 [=Ps 66,4]; Rö 15,9; Jak 5,13). Wichtig ist hier die Aufforderung, daß dieses Musizieren »von Herzen« kommen und »dem Herrn« gelten soll. Damit ist die richtige Einstellung beim musikalischen Gotteslob angesprochen. Wenn diese Einstellung fehlt, wenn der Lobende nicht von ganzem Herzen auf den Herrn ausgerichtet ist, gilt leicht das Prophetenwort: »Tu weg von mir das Geplärr deiner Lieder; denn ich mag dein Harfenspiel nicht hören!« (Am 5,23). Stimmt aber die Einstellung und Ausrichtung beim Lob, gewinnt Gottes Geist Raum in dem, der Gott preist.

4.) Viertens ruft der Apostel dazu auf: Laßt euch dadurch vom Geist erfüllen,»... *daß ihr immer für alles dankt, und zwar Gott, dem Vater, im Namen unseres Herrn Jesus Christus« (V.20).* »Danken« ist Ausdruck der frohen Anerkennung empfangener Gaben. Wer dankt, nimmt das, was ihm geschenkt wurde, nicht einfach selbstverständlich hin. Er würdigt vielmehr das Geschenk und drückt dem Geber gegenüber seine Freude aus. Der Christ soll »immer für alles« dankbar sein. Was bedeutet hier »alles«? Ist da absolut alles, auch das Negative, eingeschlossen? Auf jeden Fall geht es um »alles«, was Gott gibt. Dafür soll gedankt werden. Wenn die Galater in der Gefahr standen, vom Evangelium abzufallen, hat Paulus dafür nicht gedankt. (Der Galaterbrief ist entsprechend der einzige Gemeindebrief des Apostels, der nicht mit einer Danksagung beginnt.) Aber ansonsten konnte Paulus selbst in Schwierigkeiten immer noch Grund zum Danken finden. Bei den Korinthern gab es viele Probleme, die der Apostel korrigieren muß; aber er findet trotzdem Grund zur Dankbarkeit für das, was Gott trotz aller Probleme in Korinth bereits gewirkt hat (1Kor 1,4ff). Paulus dankt nicht für Nöte und Schwierigkeiten; aber er anerkennt dankbar, daß auch in Nöten Gott noch am Wirken ist und alles zum Guten dienen lassen kann (vgl. Rö 5,3f; 8,28). – Zu danken ist »Gott, dem Vater,« als dem Geber aller guten Gaben (vgl. Jak 1,17). Unser menschlicher Dank erreicht Gott, den Vater, aber nur, weil Christus uns mit Gott versöhnt hat und wir so Zutritt haben zu Gott im Gebet (vgl. Rö 5,1f; Hebr 4,15f). Insofern danken Christen ihrem himmlischen Vater »im Namen unseres Herrn Jesus Christus«. Und wo sie das tun, wo sie nicht mehr ichhaft alles selbstverständlich nehmen, sondern froh erkennen und anerkennen, was Gott ihnen alles geschenkt hat, gewinnt Gottes Geist Raum in ihrem Inneren.

5.) Schließlich folgt noch eine Aufforderung, die mit konkretem Gehorsam und mit konkreter Heiligung des Lebens in seinen sozialen Bezügen zu tun hat. Paulus ruft dazu auf: Laßt euch dadurch vom Geist erfüllen,»... *daß ihr euch einander unterordnet in der Furcht Christi« (V.21).* Unterordnen setzt eine gegebene Ordnung voraus (vgl. als Kontrast zu solch einem geordneten Leben die ›Liederlichkeit‹ im Leben des Trinkers, V.18).

Wie der folgende Abschnitt (5,22-6,9) zeigt, geht es hier nicht um die Gemeindeordnung, sondern um gegebene Ordnungen im Haus. Für das Zusammenleben der Menschen, die um den Tisch des Hauses sitzen — Mann und Frau, Eltern und Kinder, Herr und Sklaven —, gibt es Anordnungen Gottes, die die Zuordnung der einzelnen zueinander bestimmen. Mit V.21 wird dieser Abschnitt — die sogenannte ›Haustafel‹ (vgl. Kol 3,18-4,1; 1Tim 2,8-15; 6,1-2; Tit 2,1-10; 1Pt 2,13-3,7) — eingeleitet. Man muß sich deshalb am Ende von V.21 einen Doppelpunkt denken. — Was meint Paulus nun, wenn er dazu auffordert, daß Christen sich »einander unterordnen« sollen? Meint er nur, daß die Frauen sich den Männern, die Kinder den Eltern, die Sklaven den Herren unterordnen sollen? Offenbar ist hier aber nicht nur eine Seite aufgerufen, sich unterzuordnen, während der anderen willkürliche Herrschaft zugesprochen wäre. »Ordnet euch einander unter« bedeutet, daß jeder sich in die Ordnung, die Gott für das jeweilige Verhältnis gesetzt hat, einordnet. Da gibt es jeweils für beide Seiten Pflichten, die unterschiedlich aussehen mögen, die aber voraussetzen, daß jeder sich für seinen Teil dem unterzieht, was der Wille des Herrn für ihn ist. Von daher soll diese gegenseitige Unterordnung auch »in der Furcht Christi« geschehen, d.h. in einer Gottesfurcht, die ganz persönlich die Ordnung des himmlischen Herrn für das eigene Verhalten akzeptiert. Wo Mann oder Frau, Eltern oder Kinder, Herren oder Sklaven sich um Gottes willen so verhalten, gewinnt der Geist Gottes in ihnen Raum und Herrschaft über wichtige Lebensbereiche. So trägt gottesfürchtiger Gehorsam zur Erfüllung mit Gottes Geist bei.

Vorschlag zur Bibelarbeit über Epheser 5,15-21

---

1. Einleitung

In einer Bibelrunde könnten wir die Aufmerksamkeit auf das Thema ›Weisheit‹ lenken, indem wir die Abbildung einer

Eule mitbringen und fragen, wofür die Eule als Symbol steht. Sie soll die ›Weisheit‹ symbolisieren — obwohl keiner so genau weiß, warum gerade die Eule besonders weise sein soll.

Sind wir so beim Thema ›Weisheit‹, könnten wir fragen, ob jeder der Teilnehmer einen Menschen kennt, den er als weise bezeichnen würde. Man könnte dann zusammentragen, was nach allgemeiner Meinung einen weisen Menschen ausmacht.

In unserem Bibelabschnitt Eph 5,15-21 wird uns deutlich gemacht, was es von Gott her gesehen bedeutet, weise zu leben.

2. Durchführung

Thema: *Weise leben — aber wie?*

a) *Weise ist, wer die Gnadenzeit nützt, um Gottes Willen zu tun (Vv. 15-17)*

Es geht hier um die Verse 15-17. Zunächst ist herauszuarbeiten, was die »gelegene Zeit« (der ›Kairos‹) ist. Nicht einfach eine seltene günstige Gelegenheit; nicht die seltene freie Stunde, in der es mir gerade einmal gelegen ist, nach Gottes Willen zu fragen. Seit Jesus gekommen ist, ist eigentlich immer gelegene Zeit, nach Gottes Willen zu fragen. Das kann unter Berücksichtigung von Lk 4,19ff, 2Kor 6,2, Gal 6,10 herausgearbeitet werden.

Wozu ist seitdem gelegene Zeit? Wenn wir nur einmal einige Gedanken des Eph aufgreifen, können wir sagen: Es ist gelegene Zeit, um sich von Gott mit reichem Segen beschenken zu lassen (1,3-14), gelegene Zeit, um die Kraft Christi in Anspruch zu nehmen (1,19ff), gelegene Zeit, um das Leben zu führen, für das uns Gott gemacht hat (2,8-10), gelegene Zeit, um sich an der weltweiten Mission Gottes zu beteiligen (3,3-11) usw. V.17b in unserem Abschnitt sagt es im übrigen ganz allgemein, wie die jetzige »gelegene Zeit« zu nutzen ist:

Jeder soll danach fragen, was der Wille des Herrn ist —
und den Willen Gottes tun. Darum geht es jetzt. Dazu
hat uns Christus erlöst, daß wir den Willen Gottes tun.
Innerhalb dieser Gnadenzeit — darauf wäre hinzuweisen — hat jeder von uns aber nur seine bestimmte Zeit-
spanne, die ihm zugemessen ist. Diese Zeit gilt es auszu-
kaufen! Folgender Vers könnte in diesem Zusammenhang zu denken geben: »Die Zeit ist kurz, o Mensch, sei
weise und wuchre mit dem Augenblick. Nur einmal
machst du diese Reise: Laß eine Segensspur zurück!«

b)   *Weise ist, wer nüchtern bleibt und sich vom Geist Gottes
erfüllen läßt (Vv. 18-21)*

Die Verse 18-21 machen an einem bestimmten Punkt
konkret, was es heißt, weise zu sein und nach Gottes
Willen zu fragen. ›Null Promille — aber Geist in Fülle‹,
das ist hier das Motto.
Die Heiden haben früher gedacht, im Rausch und in der
Ekstase der Gottheit nahe zu sein. Das gibt es übrigens
in vielen Religionen. In der islamischen Mystik tanzen
sich Derwische in Trance und meinen dann, Gott zu erfahren. Gibt es solche religiösen Ideen auch unter Christen? Überlegen Sie einmal, wo evtl. Seelisches, Ekstati-
sches, Rauschhaftes in christlichen Kreisen mit dem
Wirken des Heiligen Geistes verwechselt wird. (Vgl.
auch 1Kor 2,14: »Der seelische Mensch nimmt nichts
vom Geist Gottes an.«) Die Bibel ruft immer wieder zur
Nüchternheit auf (1Thess 5,6f; 1Tim 3,2; 2Tim 4,5; 1Pt
4,7; 5,8). Nüchternheit und Geistesfülle passen zusammen; Rauschhaftigkeit und Geist Gottes dagegen nicht.
Wie aber komme ich zu einem geisterfüllten Leben?
Paulus nennt in Vv. 19-21 fünf Punkte, die sich aber gut
in drei Gruppen zusammenfassen lassen: 1. durch biblischen Zuspruch (V. 19a); 2. durch Lobpreis und Danken
(Vv. 19b-20); 3. durch Gehorsam gegenüber den Ordnungen Gottes (V. 21). — Hier muß ich mich als Ausleger selbst und meine Hörer fragen: Möchte ich ein geist-

erfülltes Leben? Bin ich bereit den Weg zu gehen, den
Gott zur Erfüllung mit dem Geist Gottes weist? Geistesfülle im Schnellverfahren wird es jedenfalls nicht geben. Alle erdenklichen Abkürzungen, die als Wege zur
Geistesfülle – von wem auch immer! – vorgeschlagen
werden, sind als Holzwege zu entlarven.

2.) Weises Verhalten innerhalb der Ordnungen Gottes (5,22 - 6,9)

Wir kommen hier zu dem zweiten Teil des Abschnitts über ein
weises und geisterfülltes Leben. Paulus hatte ab V. 15 dazu aufgerufen darauf zu achten, wie man jetzt, in der Gnadenzeit, in
Weisheit dem Willen Gottes gemäß leben soll. Betont hat er das
ab V. 18 an einem Beispiel festgemacht: weise handelt jetzt der,
der sich vom Geist Gottes erfüllen läßt. In Vv. 19-21 hat er dann
gezeigt, wie es dazu kommt, wobei der letzte Punkt (V. 21) war,
daß der Geist Christen erfüllt, indem diese sich einander in der
Furcht Christi unterordnen. Am Ende von V. 21 ist ein Doppelpunkt zu denken – und nun wird von 5,22 bis 6,9 in einer sogenannten ›Haustafel‹ im einzelnen deutlich gemacht, wie diese
Einordnung in Gottes Ordnung für die verschiedenen Personengruppen jeweils aussieht. Diese ›Haustafel‹ ist derjenigen
von Kol 3,18-4,1 sehr ähnlich, wurde aber an verschiedenen
Punkten erweitert.

Manche Elemente dieser ›Haustafeln‹ (ein Begriff übrigens,
der auf Luthers Kleinen Katechismus zurückgeht) finden sich
in sehr unterschiedlichen Formen im Judentum (Spr 1,8-19; Sir
7,3-28; 30,1-13; 4Makk 2,10-14; Philo, Decal. 165-167) und in
den Pflichtenkatalogen der Stoa (einer Philosophenschule, die
ihrerseits semitische Hintergründe hat). Allerdings gibt es außerhalb des NT keine vollständig ausgeführte ›Haustafel‹. Manche Ausleger berücksichtigen dies nicht genügend und meinen,
hier hätten die späten urchristlichen Gemeinden ziemlich un-
besehen Verhaltensnormen der hellenistisch-jüdischen Umwelt
übernommen und diese nur wenig christianisiert. Solch eine

Sicht ist jedoch problematisch. Erstens ist gerade im Judentum, und möglicherweise auch bei der Stoa, zu fragen, inwieweit biblisch-alttestamentliches Gedankengut die jeweilige Ethik mitbestimmt hat. Zweitens übernimmt das NT nicht einfach wahllos Gedanken und Praktiken aus der Umwelt (vgl. 4,17f; 5,3-7+ 11!). Es mag gewisse Gedanken formulieren, die es richtigerweise so oder ähnlich auch dort gab. Wenn diese aber der biblisch-neutestamentlichen Ethik widersprechen, werden sie übergangen oder ausdrücklich abgelehnt. Wo in der Umwelt dem Mann Härte in der Herrschaft über seine Frau zugestanden wird, findet sich dies nicht im NT. Und ebensowenig die Abwertung und menschenunwürdige Haltung gegenüber Sklaven. Drittens weist gerade die Haustafel des Eph als das ihr Typische eine ganz starke Betonung christlicher Liebe und eine ausdrückliche Begründung des jeweils geforderten Verhaltens »im Herrn« auf. Nein, hier geht es nicht um eine Anpassungsethik, sondern um eine christliche Ethik, die so dem Willen Gottes entspricht. Gewiß kennen auch manche Menschen, die nicht Christen sind, noch gewisse Punkte eines solchen rechten Verhaltens, was freilich nicht gegen diese neutestamentliche Ethik des christlichen Hauses sprechen muß.

(a) Gottes Ordnung für die Frau (5,22 – 24)

Einleitend zitieren wir nochmals V. 21: »... daß ihr euch einander unterordnet in der Furcht Christi:«

(22) die Frauen ihren Männern wie dem Herrn,
(23) denn der Mann ist das Haupt der Frau wie auch Christus das Haupt der Gemeinde ist, er ist der Retter des Leibes.
(24) Aber wie sich die Gemeinde Christus unterordnet, so auch die Frauen den Männern in allem.

Manche Männer kennen nur einen Bibelvers auswendig, und das ist Eph 5,22. Zu ihnen ist dieser Vers aber nicht gesagt. Er ist auch kein Gutschein, um Paschaansprüche an seine Frau zu richten. Der Vers ist der christlichen Ehefrau gesagt und zeigt

ihr, wie sie sich ihrem Ehemann gegenüber in rechter Weise zu-
ordnen soll. Das entsprechende Tätigkeitswort, das angibt, wie
diese Zuordnung erfolgen soll, fehlt in V. 22. Es ist von V. 21 her
zu ergänzen. Es geht darum, sich »unterzuordnen« (vgl. V. 24).
Diese Unterordnung bedeutet, wie V. 23 deutlich macht, anzuerkennen, daß der Mann von Gott her die Verantwortung hat,
Haupt der Ehe und Familie zu sein. Bevor wir erklären, was das
bedeutet, müssen wir uns klarmachen, was es nicht bedeutet.
Wenn sich die Ehefrau dem Haupt-Sein ihres Ehemannes unterordnet, bedeutet das nicht, daß sie weniger wert wäre oder
weniger wüßte oder könnte als er. Im Frühjudentum zeigt sich
immer wieder eine Abwertung der Frau. Josephus meinte: »Die
Frau ist in jeder Hinsicht geringer als der Mann« (c.Ap. 2,24).
Noch schlimmer war Rabbi Jehuda, der lehrte: »Drei Lobsprü-
che muß man an jedem Tag sprechen: Gepriesen sei Gott, daß
er mich nicht als Heiden geschaffen hat! Gepriesen, daß er mich
nicht als Frau geschaffen hat! Gepriesen, daß er mich nicht als
Unwissenden geschaffen hat!« (t.Berakh. 7,18). Solch eine Haltung gegenüber Frauen findet man im NT nicht. Die gleiche
Frau, die hier aufgefordert ist, die Ordnung anzuerkennen, daß
ihr Ehemann vor Gott die Haupt-Verantwortung für diese Ehe
trägt, ist nach Eph 2,5-6 ein Gotteskind, das von Christus mit
ewigem Leben beschenkt ist und mit Christus in eine Herrschaftsstellung über Sünde, Tod und Teufel versetzt ist. In diesen Heilsfragen gibt es keinen Unterschied zwischen Mann und
Frau (vgl. Gal 3,28). Mit Christus erhöht, achtet die christliche
Frau ihren (ebenso erhöhten) Mann in der ihm gegebenen Verantwortung. — Umgekehrt bedeutet die Aussage *»der Mann ist
das Haupt der Frau«* nicht, daß er immer recht hätte, daß alles
nach seinem Kopf gehen müsse, daß er einen Anspruch habe,
sich von ihr bedienen zu lassen, oder daß er irgendwie besser
sei. Haupt sein heißt, daß er vor Gott die Verantwortung trägt.
Er in erster Linie wird einmal vor Gott zu verantworten haben,
wie es in seiner Ehe und Familie zuging. Gott wird ihn fragen:
›Adam, wo bist Du? Was hast Du mit Deiner Ehe gemacht? Was
ist aus Deinen Kindern geworden?‹ Männer müssen lernen, vor
Gott familiäre Verantwortung zu übernehmen; denn sie werden
einmal von Gott zur Verantwortung gezogen werden. Und

Frauen sollten anerkennen, daß Gott ihren Männern diese Verantwortung gegeben hat.

Manche bibelkritischen Ausleger meinen, Eph 5,22 f stehe
nicht auf der Höhe der neutestamentlichen Ethik. Das Haupt-
Sein des Mannes sei doch eine Ordnung, die zum Fluch angesichts der Sünde des Menschen gehöre (1Mo 3,16). In Christus
sei dieser Fluch aufgehoben – und entsprechend gebe es in
Christus, so wird (fälschlich) aus Gal 3,28 herausgelesen, keinen Unterschied mehr zwischen Mann und Frau. Nun sollte allerdings schon zu denken geben, daß der gleiche Paulus, der Gal
3,28 geschrieben hat, in 1Kor 11,3 ausdrücklich festhielt: »Ich
lasse euch aber wissen, daß Christus das Haupt eines jeden
Mannes ist; der Mann aber ist das Haupt der Frau; Gott aber ist
das Haupt Christi.« Das Haupt-Sein des Mannes ist nicht im
Fluch Gottes angesichts der Sünde begründet, sondern in einer
göttlichen Ordnung, die in der Gottheit selbst ihr Urbild findet.
Haupt-Sein schließt Gleichheit nicht aus: Gott-Vater und Gott-
Sohn sind wesensgleich Gott, und doch ist der Vater das Haupt
des Sohnes. Und wenn der Mann Haupt seiner Frau ist, ist er damit nicht willkürlicher Herr über sie, sondern er übt sein Haupt-
Sein in verantwortlicher Unterordnung unter Christus, als seinem Haupt, aus. – Im übrigen geht das Haupt-Sein des Mannes
nicht auf den Sündenfall (1Mo 3) zurück, sondern auf die
Schöpfung (1Mo 1+2). Mann und Frau wurden – gleichwertig –
im Bilde Gottes geschaffen: zuerst der Mann und dann die Frau
ihm zu Hilfe als sein Gegenüber (1Mo 1,27; 2,7+18). Nach dem
Sündenfall wird die Frau in 1Mo 3,16 lediglich an diese gute
Ordnung zurückerinnert: Laß Dich nicht von der Schlange zum
Bösen bestimmen. Dein Verlangen soll nach Deinem Mann
sein. Er soll Dein Herr sein (nicht sie)! Diese Schöpfungsord-
nung gilt im NT immer noch, auch für Erlöste.

Wie soll dieses Zueinander von Mann und Frau nun aber in
geistlicher Weise gelebt werden? Unser Text in Eph 5 macht dies
ausführlich deutlich und geht damit über die vergleichsweise
kurze Anweisung von Kol 3,18 hinaus. Wichtig ist hier erstens,
daß sich die Frau dem Haupt-Sein ihres Mannes unterordnet
»wie dem Herrn«. Es geht dabei um einen Vergleich (vgl. V. 24).
Wie ordnen sich Kinder Gottes denn ihrem Herrn unter? Sicher

nicht mit Angst und Schrecken (Rö 8,15:»Ihr habt nicht einen sklavischen Geist empfangen, daß ihr euch fürchten müßtet; sondern ihr habt einen Geist der Kindschaft empfangen, in dem ihr ruft: Abba, lieber Vater!«). In Liebe und Vertrauen – und auch ganz selbstverständlich – anerkennen und bekennen Christen Jesus als ihren Herrn. Und eben so, wie eine Frau sich ihrem himmlischen Herrn unterordnet, soll sie auch die verantwortliche Stellung ihres Mannes in der Ehe anerkennen. Zweitens ist zu sagen, daß diese Verantwortung des Mannes für das Eheverhältnis insgesamt gegeben ist, nicht nur für einen Teilbereich. *»In allem«*, V.24b, also grundsätzlich, soll die Frau das Haupt-Sein ihres Mannes anerkennen und ihn entsprechend achten und seine Verantwortung bejahen. Drittens stellt das neutestamentliche Zueinander von Mann und Frau aber zugleich einen besonderen Anspruch an das Haupt-Sein des Ehemannes. Sein Haupt-Sein soll so ausgeübt werden, *»wie auch Christus das Haupt der Gemeinde ist«* (V.23b). Damit da kein Mißverständnis aufkommen kann, schiebt Paulus sofort die Erklärung nach: *»Er ist der Retter des Leibes«* (V.23c). Es geht hier also um eine heilvolle Verantwortung des Hauptes für sein Gegenüber. Wie hat Christus sein Haupt-Sein seiner Gemeinde gegenüber ausgeübt? Nur segensreich, nur hilfreich, nur fürsorglich (vgl. 1,23-2,10; 4,16). Auf den Mann übertragen wird damit deutlich: Beim Haupt-Sein geht es nicht um Selbstverwirklichung, sondern um Da-Sein für seine Frau in Verantwortung vor Gott. In den folgenden Anweisungen für den Mann (5,25ff) wird der Apostel genau diesen Punkt noch ausführlich weiter vertiefen. Gewiß, es gibt auch Unterschiede zwischen der Beziehung Christus – Gemeinde und der Beziehung Mann – Frau. Das *»Aber«* zu Beginn von V.24 (Aber =›Trotz aller Unterschiede‹) mag das andeuten. Aber darin besteht das Gemeinsame: so, wie sich die Gemeinde der guten und heilsamen Herrschaft Christi unterordnet, soll sich die christliche Ehefrau der verantwortlichen und hilfreichen Hauptschaft ihres Mannes unterordnen, indem sie diese in Liebe und ganz selbstverständlich akzeptiert.

(b) Gottes Ordnung für den Mann (5,25 – 33)

In Kol 3,19 heißt es nur kurz: »Ihr Männer, liebt eure Frauen
und seid nicht bitter gegen sie!« In der ›Haustafel‹ des Eph ist
die entsprechende Ermahnung durch ausführliche Begründun-
gen und Vergleiche erweitert:

**(25) Ihr Männer, liebt eure Frauen, wie auch Christus die Ge-
meinde liebte und sich für sie hingegeben hat,**
**(26) damit er sie heilige, indem er sie reinigte durch das Wasser-
bad im Wort,**
**(27) damit er selbst sich die Gemeinde herrlich bereite, ohne
Fleck oder Runzel oder dergleichen, damit sie vielmehr heilig
und makellos sei.**
**(28) Ebenso sind auch die Männer verpflichtet, ihre Frauen zu
lieben wie ihre eigenen Leiber. Wer seine Frau liebt, liebt sich
selbst.**
**(29) Denn keiner hat je das eigene Fleisch gehaßt, sondern er
nährt und pflegt es, wie auch Christus die Gemeinde;**
(30) denn wir sind Glieder seines Leibes.
**(31) ›Deshalb wird der Mensch Vater und Mutter verlassen und
seiner Frau anhangen, und die beiden werden ein Fleisch sein.‹**
**(32) Dieses Geheimnis ist groß; ich aber sage es im Blick auf
Christus und die Gemeinde.**
**(33) Jedenfalls habt auch ihr, jeder einzelne von euch, seine
Frau so zu lieben, wie sich selbst. Für die Frau aber (gilt), daß sie
Ehrfurcht haben soll gegenüber dem Mann.**

Vergleicht man diese Anweisung für den Mann mit der Ordnung für die Frau (Vv. 22-24), so fällt sofort auf, wieviel ausführlicher das Wort an den Mann geraten ist wegen der breit
ausgeführten theologischen Vergleiche. Die Verpflichtung des
Mannes zur Liebe gegenüber seiner Frau wird dadurch stark betont. Gerade wegen seiner Stellung als ›Haupt‹ der Ehegemein-
schaft wird ihm so eindringlich deutlich gemacht, was er zu tun
hat. Es ist unbedingt wichtig, daß er seine Verantwortung gegenüber seiner Frau kennt und ihr nachkommt. Gleich dreimal
wird seine Pflicht, die Frau zu lieben, betont: er ist aufgefordert,

sie zu lieben (V. 25); er ist verpflichtet, sie zu lieben (V. 28); er hat
sie zu lieben (V. 33)! Das hier jeweils gebrauchte Tätigkeitswort
»liebt« ist von dem neutestamentlichen Zentralwort für ›Liebe‹,
nämlich Agape, abgeleitet. Dieses Wort bezeichnet die opferbereite, schenkende Liebe, die nicht danach fragt, ob der andere
sie ›verdient‹ hat, sondern die einfach bedingungslos und auf
Vorschuß liebt.

In zwei Gedankenkreisen entfaltet der Apostel seine Aufforderung an den Mann. Erstens vergleicht er in Vv. 25-27 die
Liebe des Mannes zu seiner Ehefrau mit der opferbereiten und
segensreichen Liebe Christi für die Gemeinde. Zweitens beschreibt er in Vv. 28-33 die geforderte Liebe des Mannes als ein
›Lieben wie sich selbst‹ und vergleicht auch diesen Aspekt mit
der Liebe Christi zu seiner Gemeinde.

Es fällt schon auf, daß die Anordnung für den Mann nicht mit
den Worten beginnt: ›Ihr Männer, herrscht über eure Frauen
mit Besonnenheit!‹ (oder einer ähnlichen Aussage). Nach 5,22+
24 sollen sich die Frauen ja ihren Männern unterordnen. Das
Gegenstück zu dieser Unterordnung ist nun aber nicht der Aufruf zur Herrschaft, sondern zur Liebe. Dabei wird die Meßlatte
für den Ehemann enorm hoch gelegt. Er wird aufgefordert,
seine Frau so zu lieben »wie auch Christus die Gemeinde liebte«
(V. 25). Damit wird das Verhältnis Christus — Gemeinde zum
verbindlichen Muster sowohl für die Unterordnung der Frau
(Vv. 22b+24) als auch für die Liebe des Mannes. Was hier über
die vorbildliche Liebe Christi gesagt wird, macht deutlich, was —
von Gott her gesehen — Liebe (Agape) heißt. Diese Liebe gilt
dem andern, erstens, auch unter Opfern so, wie er ist. Christus
hat »sich für sie (die Gemeinde) hingegeben« (V. 25b; vgl. 5,2). Das
»Für sie« kann auch bedeuten »an ihrer Stelle«. Es wird damit
das stellvertretende Opfer Jesu der Gemeinde zugute als Erweis
seiner Liebe beschrieben. Bedenkt man, daß dieses Opfer Menschen galt, die dies gar nicht verdient hatten, die Sünder und
Feinde Gottes waren (Rö 5,8ff), wird deutlich, daß diese Liebe
wirklich ein Schenken auf Vorschuß ist, ein unverdientes Geben, das keinen tieferen Grund hat als eben die Liebe, die dem
anderen gilt — so, wie er ist. Zweitens wird aber auch deutlich,
daß diese Liebe den anderen nicht läßt, wie er ist. Christus hat

die Gemeinde nicht geliebt, weil sie so liebenswert war, aber er hat sie geliebt, um sie liebenswert zu machen. Die Liebe Christi verfolgt gute Ziele für die Geliebten. Diese Ziele für die Gemeinde sind: »*damit er sie heilige*« (V.26a). Wie? »*Indem er sie reinigte durch das Wasserbad im Wort*« (V.26b). Mit welcher Absicht? »*Damit er selbst sich die Gemeinde herrlich bereite, ohne Fleck oder Runzel oder dergleichen, damit sie vielmehr heilig und makellos sei*« (V.27). Die Ziele seiner Liebestat werden also in V.26a und V.27 deutlich gemacht. V.26b zeigt den Weg zu diesen Zielen. – Wenden wir uns zunächst den Zielen zu. Christus hat sein Leben für seine Gemeinde hingegeben, damit sie, die einst geistlich tot waren, fern von Gott, ohne Verheißungen, verfinstert in ihrem Denken und Leben und ausschweifend in ihrem sündigen Lebensstil (2,1ff+12; 4,17ff; 5,8), »geheiligt« würden, »herrlich« zubereitet, »fleckenlos«, »makellos« und »heilig« (Vv.26-27). »Geheiligt« bedeutet: abgesondert von der Sünde Gott zur Verfügung stehen. Von ihm selbst als Gemeinde »herrlich bereitet« sein, heißt: er hat mit Einsatz seines eigenen Lebens dafür gesorgt, daß seine Gemeinde, die aus Leuten besteht, die als Sünder Mangel hatten an Herrlichkeit Gottes (Rö 3,23), zu einer Körperschaft würde, in der sich die makellose Reinheit eines heiligen Gottes widerspiegelte. Das Bild der Gemeinde ist hier (in V.27) das einer makellos schönen jungen Braut, die rein ihrem Bräutigam zugeführt wird. Wohlgemerkt, Paulus sieht dies nicht bloß als eine schöne Vision für die himmlische Vollendung, sondern gegenwartsbezogen. Ähnlich hat er schon in Rö 8,30 ganz gegenwartsbezogen geschrieben: »Die er gerechtfertigt hat, die hat er auch herrlich gemacht.« Daß die Gemeinde »herrlich« sein soll, heißt, daß etwas von der Herrlichkeit Gottes, also von seinem reinen göttlichen Wesen, in ihr sichtbar wird. Wir fragen: Hat der Apostel nur ideale Gemeinden kennengelernt? Nein, sicher nicht. Aber er weiß: Christus ist am Kreuz für alle Sünden gestorben, hat durch sein Blut Vergebung und Erlösung geschenkt (1,7), so daß vor Gott die Sünden der Erlösten nicht mehr zählen und sie als eine heilige und unanklagbare Gemeinde vor Gott stehen. Ähnlich hat es der Apostel in Kol 1,22f ausgedrückt: »Nun aber seid ihr versöhnt worden durch seinen fleischlichen Leib durch den

Tod, damit er euch heilig und makellos und unanklagbar vor
sich hinstelle, wenn ihr im Glauben gegründet ... bleibt.« Und
dann fährt er in Kol 1,28 fort zu sagen, daß er um jeden einzelnen Menschen in der Seelsorge und in der Lehre ringt, um
jeden Menschen vollkommen in Christus darzustellen. Die Gemeinde wird nicht aus fehlerlosen, perfekten Menschen bestehen. Sie muß aber aus Menschen bestehen, die die Vergebung
für ihre Sünden in Anspruch nehmen, die Abstand nehmen von
allem, was in Lehre und Leben dem Willen Gottes widerspricht,
und die vor allem bei Jesus bleiben. So wird die Gemeinde
schon jetzt – trotz aller Schwachheit und Unvollkommenheit –
eine herrliche, von ihm gereinigte und geheiligte Schar sein.

Was aber ist der Weg, auf dem Christus die Gemeinde zu diesem Ziel bringt? V.26b zeigt, wie es dazu kommt, daß die Gemeinde makellos vor Gott dasteht: *»indem er sie reinigte durch
das Wasserbad im Wort«*. Der objektive Heilsgrund ist, daß Christus sich aus Liebe für die Gemeinde geopfert hat (V.25b). Nun
muß es aber auch zur persönlichen Heilszueignung kommen.
Darum geht es in V.26b. Die Heilszueignung ist kein fortdau-
ernder Prozeß, sondern, wie im Griech. durch die (›Zeit‹-)Form
von *»indem er sie reinigte«* deutlich wird, ein bestimmtes abge-
schlossenes Ereignis. Dabei geht es um die reinigende Wirkung
des gepredigten Wortes: *»indem er sie reinigte ... im Wort«*. Das
»Wort« (griech. *rhema*) ist bei Paulus das vom Geist Gottes lebendig gemachte gepredigte Wort: es ist »das Schwert des Geistes« (6,17); es ist »das Wort vom Glauben, das wir verkündigen« (Rö 10,8); es ist die Grundlage der Glauben weckenden
Predigt (Rö 10,17). Dieses Wort wird nun bildhaft als reinigen-
des Wasserbad bezeichnet (*»das Wasserbad im Wort«*). An anderer Stelle kann Paulus auch die Wiedergeburt bzw. Neuwerdung
durch den Geist als »(Wasser-)Bad« bezeichnen (Tit 3,5f). Hier
aber ist die reinigende Wirkung des Wortes im Blickfeld. Schon
Jesus hatte seine Jünger auf die reinigende Kraft seines Wortes
hingewiesen: »Ihr seid schon rein um des Wortes willen, das ich
zu euch geredet habe« (Joh 15,3; vgl. 13,10; 17,17). Die Reinigung, die der Sünder im Augenblick seiner Umkehr durch das
geglaubte Wort (und die gläubige Anrufung des Namens des
Herrn um Rettung, Apg 22,16) erfuhr, nahm für ihn sinnenfäl-

lige Symbolgestalt an in der Taufe. Wir werden wohl nicht fehl-
gehen, wenn wir voraussetzen, daß die damaligen Leser des Eph
die ›innere‹ Erfahrung der Reinigung von ihrem heidnischen
Sündenleben (vgl. 1Kor 6,11) durch den Glauben an das Wort
des Evangeliums und die ›äußere‹ Gestaltwerdung dieses Erle-
bens in ihrer Taufe als einen untrennbaren Ereignisverbund in
Erinnerung hatten und daß sie an diese ganzheitliche Grunder-
fahrung ihres Christenlebens dachten, wenn sie hier an ihre Reinigung »durch das Wasserbad im Wort« erinnert wurden. Wohlgemerkt: es geht um die Reinigung durch das Wort — nicht um
eine sakramentale Reinigung durch die Taufe. Das Wort wirkt
wie ein Wasserbad. Diese reinigende Wirkung des Wortes bei
der Umkehr des Sünders findet zugleich aber ihre Gestalt, ihre
Darstellung, in der Taufe. Insofern bleibt das Bild des Wasser-
bades nicht geistig-abstrakt, sondern nimmt in der Taufe real-
sinnenfällige Gestalt an. Ganz ähnlich war es schon im Judentum. Von Qumran wissen wir, daß dort jedem, der sich den Worten des Bundes verschloß, der Zugang zur Reinigungstaufe ver-
wehrt wurde: »Aber jeder, der sich weigert, einzutreten in den
Bund Gottes, um in der Verstocktheit seines Herzens zu wandeln, soll nicht in die Gemeinschaft seiner Wahrheit kommen
. . . Und nicht ist er gerecht, solange er die Verstocktheit seines
Herzens gewähren läßt. Und Finsternis schaut er für Wege des
Lichtes, unter die Vollkommenen darf er nicht gerechnet werden. Nicht wird er entsühnt durch Sühnungen, und nicht darf er
sich reinigen durch Reinigungswasser, und nicht darf er sich
heiligen in Meereswasser oder Flüssen, und nicht darf er sich
reinigen durch irgendein Wasser der Waschung. Unrein, unrein
soll er sein alle Tage, da er verwirft die Satzungen Gottes« (1QS
2,25f u. 3,3-6a). Nach frühjüdischer Auffassung reinigt nicht
das Reinigungswasser an sich, sondern: »Durch den Geist des
wahrhaftigen Rates Gottes werden die Wege eines Mannes entsühnt . . . Und durch den heiligen Geist, der der Gemeinschaft
in seiner Wahrheit gegeben ist, wird er gereinigt von allen seinen Sünden, und durch den Geist der Rechtschaffenheit und
Demut wird seine Sünde gesühnt. Und wenn er seine Seele demütigt unter alle Gebote Gottes, wird sein Fleisch gereinigt
werden, daß man ihn mit Reinigungswasser besprenge und daß

er sich heilige durch Wasser der Reinheit« (1QS 3,6b-9). Da, wo
der ›Geist des wahrhaftigen Rates Gottes‹ den Menschen trifft
und dieser sich demütigt unter die Gebote Gottes, kommt es
zur Vergebung der Sünde. Die Reinigungstaufe aber ist Gestaltwerdung dieser Reinigung durch den Geist und den Gehorsam
gegenüber dem Gebot Gottes. Für das Verständnis der christlichen Taufe wird es hilfreich sein, diesen jüdischen Hintergrund
zu beachten. Daß später auch fremdreligiöse Einflüsse aus dem
östlichen Mittelmeerraum mit ihren Vorstellungen von wirk-
kräftigen Weihriten und Mysterien das christliche Taufver-
ständnis gefährdet — und mancherorts überlagert — haben, sei
hier nur erwähnt. In Eph 5,26 jedenfalls steht die Reinigung
durch das Wort im Vordergrund, wobei bildhaft eine Erinnerung an die Darstellung dieses Reinigungsgeschehens in der
Taufe wachgerufen wird.

Wir fassen die Aussagen der Vv.25-27 über die Ziele und die
Wirkungsweise der vorbildlichen Liebe Christi zusammen:
Durch die reinigende Wirkung des Wortes schafft seine Liebe
aus unreinen Sündern eine Gemeinde, die heilig, herrlich und
makellos rein vor Gott steht (Vv.26-27), und dies auf der Basis
des stellvertretenden Opfers Jesu (V.25). Das ist das Maß göttlicher Liebe! An diesem Maß sollen sich die Männer messen,
wenn sie ihre Frauen so lieben, wie Gott das will.

In den Vv.28-33 erweitert Paulus diesen Gedanken noch um
einen Aspekt. Der Mann soll seine Frau so lieben, wie er sich
selbst liebt (Vv.28-29b u. 33). Auch diese Liebe ist christusähn-
liche Liebe; denn Christus hat ja ebenfalls seinen Leib, die Gemeinde, geliebt (Vv.29c-32). Von Anfang an wird in diesem
zweiten Teil das Urbild-Abbild-Verhältnis zwischen der Liebe
Christi und der Liebe des Ehemannes durchgehalten: »*Ebenso*«,
nämlich wie Christus die Gemeinde liebte (Vv.25b-27), »*sind
auch die Männer verpflichtet (!), ihre Frauen zu lieben*« (V.28a).
Seine Frau zu lieben ist für den christlichen Ehemann nicht nur
eine schöne Möglichkeit — falls sie sich entsprechend liebenswert verhält. Nein, es ist von Gott her seine Pflicht! Als Haupt
seiner Familie geht er mit gutem Beispiel voran, indem er der
Aufforderung Gottes nachkommt und seine Frau mit der Liebe
(Agape) beschenkt, die nicht wartet, bis der andere sich liebens-

wert verhält, sondern die – vgl. das Beispiel Christi in Vv. 25 ff! –
opferbereit und auf Hoffnung hin liebt und aus dieser Liebe
heraus den andern verändert. Wie aber soll so eine Liebe praktisch aussehen? Paulus sagt sinngemäß: Bring Deiner Frau doch
ganz einfach die gleiche Liebe entgegen, die Du – trotz aller
Deiner Fehler – Dir Tag für Tag selbst erweist, indem Du für
Dich sorgst und Dir etwas Gutes gönnst! Wörtlich heißt es: Die
Männer sollen ihre Frauen *»lieben wie ihre eigenen Leiber. Wer
seine Frau liebt, liebt sich selbst. Denn keiner hat je das eigene
Fleisch gehaßt, sondern er nährt und pflegt es«* (Vv. 28b-29b). Das
»Wie« in V. 28b (»wie ihre eigenen Leiber«) ist ein Vergleichs-
wort – und zugleich mehr als das. Das griech. Wort an dieser
Stelle kann mit »wie« oder »als« übersetzt werden (». . . wie ihre
eigenen Leiber« = Vergleich; oder: ». . . als ihre eigenen Leiber«
= Identifikation). Von V. 28c (»wer seine Frau liebt, liebt sich
selbst«) her wird deutlich, daß in dem Vergleich zumindest ein
Stück Identifizierung mitschwingt. Wer seine Frau liebt, liebt
einen Teil seiner selbst, denn Mann und Frau sind eine untrennbare Einheit. Paulus denkt insofern vom Schöpfungsbericht
her, den er in V. 31 dann zitiert: ». . . und die beiden werden ein
Fleisch sein.« Andererseits macht V. 29 deutlich, daß es Paulus
mit dem ›Lieben wie den eigenen Leib‹ betont auch um einen
Vergleich geht: *»Denn keiner hat je das eigene Fleisch gehaßt, sondern er nährt und pflegt es«.* Dieser Vers geht von der ganz normalen menschlichen Erfahrung aus, daß jeder Mensch sein
»Fleisch«, d.h. sein schwaches irdisches Leben, liebt – trotz allem, was er an sich auszusetzen haben mag. Entsprechend kümmert sich der Mensch um sich. Von klein auf nimmt er Nahrung
zu sich, um zu wachsen. Und wo er etwas braucht, kümmert er
sich um diese (leiblichen oder seelischen) Bedürfnisse seiner irdischen Existenz. Genau so sollen es die Männer ihren Frauen
gegenüber machen! Liebe ist von daher, sich um seine Frau zu
kümmern und ihr das zu geben, was sie innerlich oder äußerlich
braucht. So praktisch ist das. – In seiner vorbildlichen Liebe
macht es Christus ja auch mit seiner Gemeinde so. An die Feststellung, daß jeder das »eigene Fleisch . . . nährt und pflegt«,
schließt sich nämlich unmittelbar der Nachsatz an: *»wie auch
Christus die Gemeinde, denn wir sind Glieder seines Leibes«*

(Vv. 29c-30). Auch er kümmert sich um seinen Leib und versorgt ihn liebevoll. Daß die Gemeinde der Leib Christi ist, klang im Eph schon wiederholt an (1,22f; 2,15f; 3,6; 4,4.16.25; vgl. Rö 12,5; 1Kor 12,27; Kol 1,18). In diesem Zusammenhang, wo das Verhältnis Mann/Frau mit dem Verhältnis Christus/Gemeinde verglichen wird, begründet er die enge Beziehung zwischen Christus und seinem Leib, der Gemeinde, mit einer typologischen Anwendung des bekannten Wortes aus 1Mo 2,24, das er frei zitiert: *»Deshalb wird der Mensch Vater und Mutter verlassen und seiner Frau anhangen, und die beiden werden ein Fleisch sein«* (V.31). Sie werden »ein Fleisch« sein — so untrennbar eng sind sie miteinander verbunden. Das trifft nicht nur für Mann und Frau zu (vgl. V. 28b-c). Vielmehr gilt es genau so für Christus und die Gemeinde. In diesem Brief, der das Wesen der Gemeinde so stark betont, überträgt Paulus diese Aussage über das Ein-Fleisch-Sein von Mann und Frau auf das untrennbar enge Verhältnis von Christus und seiner Gemeinde: *»Dieses Geheimnis ist groß; ich aber sage es im Blick auf Christus und die Gemeinde«* (V.32). Das einleitende Hinweiswort »dieses« bezieht sich auf das »Ein-Fleisch-Sein« und bezeichnet es als ein großes »Geheimnis«. Von »Geheimnis« war im Eph wiederholt die Rede (1,9; 3,3; 6,19), und immer ging es dabei um den jetzt im Evangelium verkündeten Heilsratschluß Gottes in Christus. Zu diesem Heilsratschluß, der früher nicht bekannt war, jetzt aber öffentlich verkündet wird, gehört auch diese große Wahrheit, die der Apostel persönlich (vgl. das betonte »ich aber«) schon in 1Mo 2,24 angelegt sieht, daß nämlich Christus mit seiner Gemeinde untrennbar auf das innigste verbunden ist — so, wie der Mann mit seiner Frau eine untrennbare Einheit bildet. Entsprechend — wir erinnern uns an V. 29 — nährt und pflegt Christus seinen Leib, die Gemeinde, wie jeder Mensch sich um seine eigenen leiblichen Bedürfnisse kümmert.

V.33 faßt die Aufforderung an Mann und Frau abschließend nocheinmal zusammen. Das einleitende »Jedenfalls« erweckt den Eindruck, daß Paulus sagen will: ›Wie dem auch sei mit der typologisch-prophetischen Deutung von 1Mo 2,24 — jedenfalls gilt folgendes . . . ‹ Die anschließende Aufforderung an die Männer ergeht dann in strenger Befehlsform: *»Jedenfalls habt auch* *ihr, jeder einzelne von euch, seine Frau so zu lieben, wie sich selbst«* (V. 33a). Die Liebe wird hier befohlen. Wie Gott durch sein Lieben das Lieben für uns ermöglicht hat, ist ja schon in 5, 1-2 deutlich geworden. In diese Liebespflicht wird jeder einzelne Ehemann genommen. Es ist also nicht nur ein allgemeiner Hinweis, sondern eine Verpflichtung, die für jeden Ehemann seiner Frau gegenüber gilt. (Zu dem »Lieben wie sich selbst« vgl. die Auslegung zu Vv. 28-29.) – Auf dieser Basis erfolgt die Aufforderung an die Ehefrau: *»Für die Frau aber (gilt), daß sie Ehrfurcht haben soll gegenüber dem Mann«* (V. 33b). Formal fällt auf, daß diese Ermahnung im Griech. nicht in strenge Befehlsform gekleidet ist, sondern sanfter in die Form einer Aufforderung. Inhaltlich wird an die Ordnung von Vv. 22-24 angeknüpft, wo es darum ging, daß sich die Frau dem Haupt-Sein ihres Mannes unterordnet. Dies wird nun so ausgedrückt: sie soll Ehrfurcht haben gegenüber ihrem Mann. Es geht dabei nicht um ein Sich-Fürchten oder Angst-Haben. Auch vor Christus haben wir nicht Angst. Aber wir haben Ehrfurcht vor ihm (vgl. V. 21!). So soll nun die Frau, die sich (nach V. 22+24) ihrem Mann unterordnet wie die Gemeinde dem Herrn, ihren Mann achten und respektieren. Verantwortungsbereitschaft, fürsorgliche und opferbereite Liebe einerseits und Achtung und Respekt andererseits – das sind die Säulen, auf denen nach Gottes Ordnung die Beziehungsstruktur einer christlichen Ehe steht.

Vorschlag zur Bibelarbeit über Epheser 5, 22-33

---

1. Einleitung

Viele Ehen laufen heute etwa so harmonisch ab wie der Streit zwischen Lady Aster und Winston Churchill. In einer Parlamentsdebatte nahm Lady Aster Winston Churchill auf's Korn und fauchte ihn an: »Wenn Sie mein Mann wären, würde ich Gift in Ihren Tee tun!« – Darauf Churchill: »Und wenn Sie meine Frau wären – würde ich den Tee trinken!«

Nach Gottes Ordnung für die Ehe wird heute selten gefragt. Man hat moderne Rezepte für das Zusammenleben von Mann und Frau. Aber funktionieren diese Rezepte? Die Zahl der zerbrochenen Ehen und die Zahl der jungen Leute, die lieber gar keine Ehe eingehen, ist erschreckend hoch. Was sind die modernen Eherezepte? Welche früheren Rezepte gab es, die auch nicht besser waren?

Es ist wichtig, nach Gottes Ordnung für die Ehe zu fragen. Er hat Mann und Frau geschaffen — und zwar füreinander geschaffen. Er weiß am besten, was für unser Zusammenleben gut für uns ist. Allerdings wird dieses Zusammenleben nur dann klappen, wenn beide (!), Mann und Frau, sich an die Leitlinien Gottes halten.

2. Durchführung

Thema: *Göttliche Leitlinien für eine gute Ehe*

a) *Was die Frau für eine gute Ehe tun kann (Vv. 22-24)*

In manchen Ehen gibt es einen dauernden Machtkampf. In anderen Ehen spielt der Mann den Pascha. In beiden Fällen kommt das Glück der Ehe unter die Räder. Es gibt auch Ehen, in denen der Mann keinerlei Verantwortung für die Familie übernimmt. Alles bleibt an der Frau hängen. Glücklich wird dies eine Frau in aller Regel nicht machen.

Wenn wir den Text betrachten, fallen folgende Richtlinien auf: Die Frau soll ihrem Mann Anerkennung schenken, soll ihn achten und respektieren. Sie soll anerkennen, daß der Mann von Gott her die Verantwortung hat, ›Haupt‹ der Ehe und Familie zu sein. Er trägt die Haupt-Verantwortung dafür, wie es in seiner Ehe zugeht. Gott wird ihn dafür einmal zur Rechenschaft ziehen. — Man könnte fragen: Begründet diese Leitungsverantwortung des Mannes nicht die Unterdrückung der Frau? (Oft genug ist es in der Praxis jedenfalls so gewesen!) Die biblischen Leitlinien schließen dies aus: 1. Erstens geht es um ein Sich-Unterordnen »wie dem Herrn (Jesus)« — und das heißt doch, um das Anerkennen von Autorität in Liebe und Vertrauen, nicht in Angst und Selbstentwertung. 2. Zweitens darf die Frau erwarten, daß der Mann seiner Verantwortung »wie Christus«, und das heißt in guter und heilvoller Weise nachkommt. (Vgl. dazu die folgenden Anweisungen an den Mann!) — Allerdings soll die Frau die Verantwortung ihres Mannes für die Ehe nicht nur in bestimmten Teilen anerkennen, sondern grundsätzlich (»in allem«).

Eine Bibelarbeit über diesen Text ist nicht leicht, und zwar aus zwei Gründen: 1. Viele Männer warten nur darauf, daß ihr falsches Anspruchsdenken unterstützt wird. Sie sind nicht wirklich bereit, Verantwortung zu übernehmen, oder tun es in der falschen Weise. Wenn unsere Predigt diesen Mißbrauch stützt, hat sie das Wort Gottes verraten! 2. Gerade wegen dieses Mißbrauchs (und wegen gewissen Reaktionen darauf, wie sie sich in Teilen des Feminismus zeigen) fällt es vielen Frauen nicht leicht, unbefangen auf diese göttliche Leitlinie zu hören. Unsere Auslegung sollte diese berechtigten Ängste ernstnehmen — und jenseits allen Mißbrauchs für die gute Ordnung Gottes werben.

b) *Was der Mann für eine gute Ehe tun kann (Vv. 25-33)*

Die Weisung Gottes für den Mann im Blick auf seine Frau ist ganz einfach: er soll sie lieben, lieben, lieben (Vv. 25. 28. 33). Die Frau anerkennt also einen Mann, der vor Gott seine Verantwortung trägt und der sie liebt und entsprechend mit ihr umgeht.

Die Maßstäbe, die Gott uns Männern im Blick auf diese Liebe setzt, sind hoch. Die Meßlatte ist jeweils die Liebe Christi.

1. Zu Vv. 25-27: Die Liebe Christi hat die geliebten Menschen in Tat und Wort beschenkt. Sie hat Opfer gebracht. Sie hat den anderen so geliebt, wie er ist. Sie ist

ein Schenken auf Vorschuß, ein Lieben auf Hoffnung
hin. Sie hat gute Ziele für den anderen, fragt danach,
was er braucht. Es ist eine Liebe, die verändert; eine
Liebe, die schön macht. Diese Aspekte der Liebe sollten
konkret auf die Situation unserer Hörer übertragen werden. Was heißt es, den anderen so zu lieben, wie er ist —
nicht erst dann, wenn er so ist, wie er sein soll? Was heißt
es, sich als Mann Gedanken darüber zu machen, was die
geliebte Frau braucht? Was kann es praktisch bedeuten,
auf Hoffnung hin zu lieben? Vielleicht kann es ja auch
ganz hilfreich sein, einmal über folgenden Satz nachzudenken: Herumnörgeln am anderen ändert gar nichts;
Liebe ändert.

2. Zu Vv.28-33: Die Liebe Christi zeigt, was es heißt,
sich um den anderen wie um sich selbst zu kümmern.
Gott nimmt den Mann in die Pflicht, seine Frau nach
Jesu Vorbild so zu lieben wie sich selbst. Sich selbst lieben, das heißt doch, daß ich — trotz meiner Fehler — Tag
für Tag für mich sorge, mir etwas Gutes gönne, auf
mein Befinden Rücksicht nehme und meinem Körper
das gebe, was er braucht. Seine Frau zu lieben heißt entsprechend, sich um sie zu kümmern und ihr das zu geben, was sie (innerlich und äußerlich) braucht. Echte
Liebe geht auf Bedürfnisse ein. — Übrigens: Wer seine
Frau so nicht liebt, schneidet sich ins eigene Fleisch!
Denn Mann und Frau sind eine untrennbare Einheit.
Wer meint, mit bloßen Paschaansprüchen auftreten zu
können (und dazu vielleicht noch die oben behandelte
Weisung an die Frauen mißbraucht), wird lange auf eine
glückliche Ehe warten! Sich um seine Frau kümmern,
nach ihren Bedürfnissen fragen, darin zeigt sich echte
Liebe.

Wieder werden wir in der Bibelarbeit darauf achten
müssen, daß wir konkret bleiben. Halten wir uns nicht
bei Allgemeinplätzen auf, sondern nehmen die Männer
in die Liebespflicht!

(c) Gottes Ordnung für die Kinder (6,1-3)

(1) Ihr Kinder, gehorcht euren Eltern im Herrn, denn das ist gerecht.
(2) »Ehre deinen Vater und deine Mutter« — das ist das erste Gebot mit einer Verheißung:
(3) »damit es dir gut geht und du lange lebst auf Erden.«

Auch für die Kinder gilt, daß sie sich in eine von Gott gegebene Ordnung einfügen sollen (vgl. nochmals 5,21, wo — als Überschrift für den gesamten Abschnitt — von dem gegenseitigen Unterordnen aus Ehrfurcht gegenüber dem Herrn die Rede war). Kinder werden dieser Ordnung Gottes gerecht, indem sie ihren Eltern gehorchen und sie ehren. *»Gehorcht euren Eltern im Herrn«* darf nicht so verstanden werden, als gelte der Gehorsam nur Eltern, die »im Herrn«, also gläubig, sind. Nichts legt den Gedanken nahe, daß der Autor hier an solch eine Einschränkung denkt. (Vgl. auch den Parallelvers, Kol 3,20, wo es ohne Einschränkung heißt: »Ihr Kinder, gehorcht euren Eltern in allen Dingen.«) Es geht vielmehr darum, daß die Kinder »gehorchen ... im Herrn«. Der Gehorsam der Kinder wird also mit ihrem Im-Herrn-Sein begründet. Er ist damit Frucht ihrer Beziehung zu Christus, die sie auch als Kinder schon durch den Glauben haben können. Wenn damals in der Hausgemeinde der Eph verlesen wurde, hörten auch die Kinder zu und wußten nun, daß ihr kindlicher Glaube an Jesus eine ganz praktische Auswirkung zeigen sollte, nämlich den Anweisungen der Eltern gegenüber gehorsam zu sein. Indirekt ist mit der Beifügung »im Herrn« aber auch eine Grenze des Gehorsams markiert. Wenn die Eltern etwas verlangen, was der Christusbeziehung der Kinder entgegensteht, sind die Kinder vom Wort Gottes her zu diesem Gehorsam nicht verpflichtet. — Im übrigen aber gilt, daß den Eltern zu gehorchen *»gerecht«* ist. Das heißt, solcher Gehorsam ist recht vor Gott, er entspricht seiner Rechtsordnung. Ja, noch mehr: Er ist Ausdruck der Gerechtigkeit des Neuen Menschen, der »in Gerechtigkeit und Heiligkeit« geschaffen ist (4,24) und als Frucht »Gerechtigkeit« hervorbringt (5,9).

Nicht ausdrücklich als Begründung gekennzeichnet, aber doch so gemeint für V.1, wird in Vv.2f das vierte der Zehn Gebote zitiert: *»Ehre deinen Vater und deine Mutter..., damit es dir gut geht und du lange lebst auf Erden«* (vgl. 2Mo 20,12; 5Mo 5,16). Die erste Hälfte stimmt wörtlich mit der griech. Übersetzung des AT (der LXX) überein, die zweite Hälfte weicht im Wortlaut leicht ab — vielleicht ein Hinweis, daß der Autor die griech. Übersetzung des AT aus dem Gedächtnis zitiert. Das »Ehren« von Vater und Mutter wurde im Frühjudentum nicht nur als eine innere Haltung der Ehrerbietung verstanden, sondern ganz praktisch in vielfältiger Weise angewendet. Im Buch Sirach z.B. wird das vierte Gebot ausführlich ausgelegt (Sir 3,1-16): Die Eltern ehren heißt danach, sie erquicken (V.6b), ihnen dienen (V.7b), sich nicht auf ihre Kosten eigene Ehre verschaffen (Vv.10f) und die alternden Eltern versorgen (Vv.12ff). Eph 6,1 ist weniger umfassend; es wendet das Ehren der Eltern nur auf den Gehorsam an. — Allerdings ruht auf diesem Ehren der Eltern der Segen Gottes. Schon im Alten Testament, so erläutert der Apostel, war dies *»das erste Gebot mit einer Verheißung«*. Ganz einfach zu verstehen ist das nicht, denn schon im Zusammenhang mit dem ersten Gebot war von der Barmherzigkeit Gottes über tausend Generationen hinweg die Rede (2Mo 20,6). Paulus spielt hier wohl darauf an, daß sich erst im vierten Gebot eine direkte, persönlich formulierte Verheißung findet; und zwar die: *»... daß es dir gut geht und du lange lebst auf Erden«* (V.3). Paulus zitiert diese Verheißung nur (in Anlehnung an die griech. Übersetzung des AT), ohne sie näher auszulegen. Im Frühjudentum — wir denken wieder an das Buch Sirach — wurde diese Verheißung sehr umfassend ausgelegt. Ein gutes langes Leben als Segensgeschenk Gottes, das hieß nach Sir 3: ein hohes Alter erreichen (V.7a), Bewahrung des Hauses (V.10a), Freude an den Kindern (V.6a), ehrbares Ansehen (V.13a), Erfahrung von Gebetserhörungen und Sündenvergebung (Vv.6b.4.16.17) sowie Rettung aus der Not (V.17a). Wie gesagt, der Eph legt die alttestamentliche Verheißung nicht weiter aus. Indem er sie aber zitiert, wird deutlich, daß Gott seinen Kindern auch im Neuen Bund nicht nur geistliche Segnungen schenken will (vgl. 1,3ff), sondern auch einen Segen für das irdische Leben bereit hat. Manche Ausleger sind davon so überrascht, daß sie die Versaussage schnell auf das ewige Leben auf der Neuen Erde umdeuten. Schon der jüdische Schriftsteller Philo vergeistigte die Verheißung und deutete sie als Hinweis auf die schon jetzt in einer von der Sünde gereinigten Seele beginnende Unsterblichkeit (Spec.leg. II.262). Aber das steht nicht da. Wenn der Apostel die alttestamentliche Verheißung auf das jenseitige Leben hätte umdeuten wollen, hätte er die Worte »auf Erden« ja weglassen können. Doch dies war nicht seine Absicht. Vielmehr wird den Kindern, die das Leben noch vor sich haben, als Frucht des Gehorsams der Segen Gottes für ihr Leben verheißen. Auch im Neuen Testament kann sich also die Segensverheißung Gottes in Wohlergehen und langem Leben ausdrücken (vgl. 1Pt 3,9-12, wo Christen gesagt wird, was sie tun sollen, wenn sie — als Gabe Gottes — das Leben lieben und gute Tage sehen wollen!).

(d) Gottes Ordnung für die Eltern (6,4)

(4) Und ihr Väter, reizt eure Kinder nicht zum Zorn, sondern zieht sie auf in der Zucht und Ermahnung des Herrn.

Ähnlich wie schon in der Anweisung an die Ehepartner (5,22ff u.25ff) findet sich als Gegenstück zur Unterordnung unter eine Autorität nun nicht ein Freibrief zum Mißbrauch dieser Autorität. Dem Ruf zum Gehorsam an die Kinder steht auf seiten der Eltern also nicht das Recht zur Willkür gegenüber. Im Gegenteil. Die Eltern (das Wort »Väter« kann beide Elternteile bezeichnen, vgl. Hebr 11,23) werden ihrerseits in die Pflicht genommen, ihre Weisungsbefugnis nicht zu mißbrauchen. Wenn sie ihre Kinder »zum Zorn reizen«, d.h. durch willkürlichen Autoritätsmißbrauch, durch Unterdrückung und dauerndes Nörgeln in den Kindern Aggressionen wecken, ist dies gegen Gottes Ordnung. Kinder sind nicht das Eigentum ihrer Eltern, sie sind ihnen vielmehr anvertraut. Entsprechend sollen sie die Kinder, bis diese erwachsen werden, »aufziehen in der Zucht und Ermahnung des Herrn«, d.h. in der Erziehung, die der Herr selbst (»Ermahnung *des Herrn*«!) durch die Eltern den heranwachsenden Kindern angedeihen lassen will. Der Erzieher ist damit nicht mehr selbstherrlicher Machthaber über das Leben von Kindern, sondern verantwortliches Werkzeug Gottes. Er hat die Aufgabe, Kinder »aufzuziehen«, d.h. zu erwachsenen Menschen heranzuziehen. Und die Mittel, die er dabei so, wie es der Herr tun würde, einsetzen soll, sind »Zucht«, d.h. Zurechtweisung bis hin zur Strafe (vgl. Hebr 12,5-11), und »Ermahnung«, d.h. Korrektur der Gedanken bzw. Zurechtrücken des Sinnes, so daß die Richtung wieder stimmt (vgl. 1Kor 10,11; Tit 3,10, wo das gleiche Wort gebraucht ist).

Es wird deutlich, wie sowohl für die Kinder als auch für die Eltern die Verwurzelung »im Herrn« das entscheidende Motiv zum Leben in den Ordnungen Gottes ist. Paulus errichtet hier in der ›Haustafel‹ kein neues Gesetz, sondern zeigt, wie die Lebensbeziehung zu Jesus im Alltag praktisch wird.

Vorschlag zur Bibelarbeit über Epheser 6,1-4

---

1. Einleitung

Das Feld der Erziehung ist ein Tummelplatz für immer neue Einsichten, hinter denen immer wieder neue Ideologien stehen. Im Nationalsozialismus hatte man seine Ideologie: ein Volk, das möglichst uniformiert im Gleichschritt marschiert, in dem alle die gleiche Meinung haben und sich für die gleichen Ziele einspannen lassen. Die Erziehung in jener Zeit: streng; darauf aus, den Willen des Kindes zu brechen, es an die Unterwerfung unter Autorität zu gewöhnen und ihm deutlich zu machen, daß das Volk alles, der einzelne nichts ist. — Die antiautoritäre Erziehung seit den 60er Jahren war eine späte Gegenbewegung: jetzt zählte nur noch der einzelne, der als im Grunde gut angesehen wird. Man muß ihm alle Freiheit lassen, ihn nicht begrenzen, ihm keine Vorschriften machen. Dann wird er sich gut entfalten. — Heute stehen wir vor vielfältigen Problemen: Schlüsselkinder; Kinder, deren ›Erziehung‹ dem dauernd laufenden Fernseher überlassen wird; teils brutale Gewalt von Kindern in Schulen und auf den Straßen, wobei Lehrer und Erwachsene kaum ein Mittel haben, um tatkräftig einzuschreiten; Diskussionen, ob den Eltern künftig das Strafen ihrer Kinder auch noch staatlich verboten werden soll. — In dieser Lage wird es für Christen gut sein, sich einmal umfassend mit der Pädagogik der Bibel zu beschäftigen, denn Gott, der Schöpfer, weiß, was seinen Menschen gut tut. — Eph 6, 1 - 4 ist ein kleiner Ausschnitt aus der biblischen Pädagogik — ein erster Grundkurs zum Thema ›Erziehung‹.

2. Durchführung

Thema: *Gottes Grundkurs zum Thema ›Erziehung‹*

a) *Gehorsam — wie Gott ihn will (Vv. 1-3)*

Gott will, daß Kinder lernen, ihren Eltern zu gehorchen. Gott will aber, daß dieser Gehorsam von innen heraus kommt. Er soll nicht aufgezwungen sein, sondern aus Überzeugung kommen. Es ist ein Gehorsam, der aus der Beziehung zu Gott wächst (»... im Herrn«). Er ist damit aber auch ein Gehorsam, der eine bestimmte Grenze hat. Das christliche Kind lernt von Anfang an, daß Gott höher steht selbst als die Eltern. Es gehorcht um Gottes willen und soweit der Gehorsam mit der Beziehung zu Gott vereinbar bleibt. Gerade für das heranwachsende Kind ist dies wichtig.

Gott fordert den Gehorsam der Kinder nicht einfach als Leistung, sondern gibt ihn als Geschenk. Er ist recht vor Gott, aber er erwächst zugleich aus einem Leben, das durch Gott recht geworden ist.

Gott will nicht einen bloß äußerlichen Gehorsam, sondern einen Gehorsam, der getragen ist von Achtung und Respekt (»Ehre Vater und Mutter«!).

Gott segnet den Gehorsam. Er tut dem Menschen gut.
Er wird damit auch der Gesellschaft guttun — besser als
die Erziehungskonzepte, die ohne Gehorsam meinen
auskommen zu können!

b)   *Autorität — wie Gott sie sich vorstellt (V. 4)*

Wie sollen — nach Gottes Willen — Eltern mit der Autorität umgehen, die ihnen durch die Gehorsamspflicht
ihrer Kinder zukommt? Die Bibelarbeit hat hier deutlich zu betonen, daß das Gegenstück zur Gehorsamspflicht der Kinder nicht die freie Willkür der Eltern ist.
Die Eltern selbst stehen ja unter der Autorität Gottes,
und das Kind ist Geschöpf Gottes, ihnen auf Zeit und
zu treuen Händen anvertraut!
Entsprechend gilt: Gott will keinen Autoritätsmißbrauch der Eltern. Kinder dürfen nicht durch Willkür in
die Aggression getrieben werden. Sie dürfen auch — vgl.
den Parallelvers Kol 3, 21 — nicht durch willkürliche Autorität in ihrer Persönlichkeit gebrochen und zur Resignation getrieben werden. Und: Gott will, daß Eltern
sich dessen bewußt sind, daß sie die Erziehungsaufgabe
im Auftrag Gottes und als Werkzeug Gottes — und das
heißt doch auch: nur im Sinn Gottes — ausführen sollen
und nur so recht ausführen können. Ihr Erziehen und
Ermahnen soll so geschehen, daß dadurch das Erziehen
und Ermahnen des Herrn selbst am Kind geschieht. Ja,
bei Gott gibt es auch Strafe und zurechtweisendes Ermahnen. Aber tauschen wir doch einmal aus: Wie züch-
tigt denn Gott? Wie straft er, wenn er straft? Wie steht es
mit seiner Geduld? Wie mit seiner Liebe und Vergebung? Wie ermahnt er uns Erwachsene angesichts unserer Fehler? Solche Fragen können uns als Eltern helfen
zu lernen, wie Autorität recht geübt wird.
Gehorsam in Freiheit und Bindung an Gott und Autorität in Liebe und Verantwortung vor Gott — das sind
Grundgedanken, die zum ABC christlicher Erziehung
gehören.

(e) Gottes Ordnung für die Sklaven (6,5 - 8)

(5) Ihr Sklaven, gehorcht den irdischen Herren mit Furcht und Zittern in Ungeteiltheit eures Herzens, wie (ihr) Christus (gehorcht),
(6) nicht nur nach außen hin, wenn ihr gesehen werdet, um einen guten Eindruck zu machen, sondern als Diener Christi, die den Willen Gottes von Herzen tun,
(7) die ihre Arbeit positiv tun, und zwar für den Herrn und nicht für Menschen,
(8) die wissen, daß jeder, wenn er etwas Gutes tut, dies vom Herrn zurückerhalten wird, sei er Sklave oder Freier.

Wenn wir diesen schwierigen Abschnitt über die Sklaven erörtern, wird es gut sein, sich daran zu erinnern, daß diese Verse immer noch zu dem großen Gedankengang gehören, der sich von 5,15-6,9 erstreckt und in dem es um das weise und geistererfüllte Leben des Christen geht. Wie kann ich als Christ weise leben in der Situation, in die ich hineingestellt bin? Das war von 5,15ff her die Frage. Die beiden Hauptantworten waren: indem ich die mir geschenkte Zeit als Gnadenzeit erkenne und nütze; und: indem ich mich vom Geist Gottes erfüllen und prägen lasse. Ein Weg zu solcher Geistesfülle wird dann ab 5,21 sehr ausführlich geschildert: indem ich in der Lebenssituation, in der ich stehe, als Ehefrau, Ehemann, Kind, Elternteil, Sklave oder Herr beginne, mich der Ordnung Gottes gemäß zu verhalten. Wo ich das tue, gewinnt der Geist Gottes Raum in meinem Leben. Und das gilt nicht nur für die angenehmen Lebenssituationen. Es gilt auch für die schwierige Situation eines Sklaven, der Christ geworden ist. Indem er sich in seiner Lage so verhält, wie Gott das will, gewinnt der Geist Gottes in ihm Raum und erfüllt sein Leben.

Zunächst wird es hilfreich sein, wenn wir kurz skizzieren, wie es um die Sklavenfrage damals bestellt war. Ein Sklave war ein Mensch, der seine Freiheit verloren hatte oder in Unfreiheit geboren war. Oft war Kriegsgefangenschaft die Ursache für die Versklavung; aber auch unbezahlbare Schulden führten dazu, daß ein Mensch sich oder seine Kinder verkaufte. Er war nun dauerhaft Eigentum eines andern, der ihn auch weiterverkaufen konnte. In Israel gab es allerdings Einschränkungen für die Dauer des Sklaveseins (2Mo 21,2; 3Mo 25,39ff; vgl. auch 5Mo 15,12-18; 23,16f). Im übrigen konnte der Sklave nur durch Freikauf oder Freilassung freikommen. Nach römischem Recht galt er nicht als Person, sondern als Sache. Der Herr hatte freies Verfügungsrecht über ihn. Das heißt nun nicht, daß es Sklaven immer schlecht gehen mußte. Die Quellen zeigen, daß es in der Antike oft eine sehr humane Behandlung der Sklaven gab. Aber sie waren keine freien Menschen, hatten kaum Rechte, dafür aber viele Pflichten. Wie zwiespältig selbst im Frühjudentum die Haltung den Sklaven gegenüber war, zeigt ein Abschnitt aus dem Buch Sirach: »Wie sich Futter und Stock und Last für den Esel gehören, so Brot und strenge Zucht und Arbeit für den Sklaven ... Wie Joch und Riemen den Nacken (des Ochsen) beugen, so gehören sich für den bösartigen Sklaven Martern und Qualen ... Zu den Arbeiten stelle ihn an, wie es ihm zukommt, und wenn er nicht gehorcht, lege ihm schwere Fußfesseln an. Doch gehe nicht irgend einem Menschen gegenüber zu weit, und ohne daß du im Recht bist, tue nichts. Hast du einen Sklaven, so halte ihn wie dich selbst, weil du ihn ebenso nötig hast wie dein Leben. Hast du einen Sklaven, so behandle ihn wie einen Bruder und wüte nicht gegen dein Lebensblut. Wenn du ihn schlecht behandelst, und er macht sich davon — auf welchem Weg willst du ihn denn zurückerhalten?« (Sir 33,25-32).

In der christlichen Gemeinde gab es eine neue Einstellung gegenüber den Sklaven. Hier galt grundsätzlich: »Da ist weder Jude noch Grieche, weder Sklave noch Freier ..., sondern alle eins in Christus!« (Gal 3,28). Sklaven konnten ohne Einschränkungen Glieder der christlichen Gemeinde werden und in ihr Dienste versehen. Sie waren beim Abendmahl und beim Bruderkuß voll miteingeschlossen. War der Herr auch Christ, so war der Sklave nun sein geliebter Bruder im Herrn (Phlm 16). Die Aufhebung des Sklavenstatus hat das aber nicht automatisch bedeutet. Die Möglichkeit, daß der christliche Herr seinen Sklaven doch auch freilassen könnte, wird nur vorsichtig angedeutet (Phlm 21b), nicht aber grundsätzlich gefordert. Wird dem Sklaven dagegen die Freiheit angeboten, soll er dieses Angebot nüt-

zen (vgl. 1Kor 7,21ff: »Bist du als Sklave berufen worden? Laß
es dich nicht bekümmern. Kannst du aber frei werden, nütze
das um so lieber. Denn der im Herrn berufene Sklave ist ein
Freigelassener des Herrn; ebenso ist der in Freiheit berufene
ein Sklave Christi. Für einen Preis seid ihr erkauft worden —
werdet nicht der Menschen Knechte!«). Wurde einem christlichen Sklaven die Freiheit nicht geschenkt, war die Frage, wie er
in seinem problematischen Stand geistlich weise leben konnte.
Davon spricht nun unser Abschnitt.

Grundsätzlich wird von dem Sklaven der Gehorsam gefordert: *»Ihr Sklaven, gehorcht den irdischen Herrn«* (V.5a). Auch
wenn der christliche Sklave (als Freigelassener des Herrn, 1Kor
7,22) in großer innerer Freiheit lebt, ist er doch nicht zur Revo-
lution aufgerufen. Solange er sich nicht freikaufen kann oder
freigelassen wird, ist er Eigentum seines Herrn und schuldet
ihm folglich Gehorsam. Dieser Gehorsam der in Christus be-
freiten Sklaven hat seine besondere Perspektive: er ist lediglich
gehorsam *»den irdischen Herren«* gegenüber. Es gibt noch einen
himmlischen Herrn, dem der christliche Sklave vor allem dient
(vgl. V.6b). Die »irdischen Herren« — wörtl.: »die Herren nach
dem Fleisch« — sind schwache und vergängliche Menschen
(worauf der Ausdruck »nach dem Fleisch« hinweist). — Gewiß,
der Gehorsam soll *»mit Furcht und Zittern«* geübt werden — ein
Ausdruck, der zwar manchmal Angst und Scheu bezeichnet
(1Mo 9,2; 2Mo 15,16;), andernorts aber auch einfach die Ehrerbietung meint (Ps 2,11; 2Kor 7,15) oder Ausdruck der persönlichen Schwachheit in einer bestimmten Situation sein kann
(1Kor 2,3; Phil 2,12). Was Paulus in diesem Zusammenhang damit meint, ist nicht ganz deutlich. Natürlich war gerade nicht-
christlichen Herren gegenüber ggf. auch scheue Vorsicht am
Platz. Vom Zusammenhang her könnte aber eher das Zweite
oder Dritte gemeint sein: Ehrerbietung oder einfach das Eingeständnis, als Sklave die schwächere Position zu haben. — Auf
jeden Fall aber soll der Dienst *»in Ungeteiltheit eures Herzens«*
geschehen. (Andere übersetzen: »in Einfalt eures Herzens«.)
Was damit gemeint ist, wird in V.6 sehr schön entfaltet. Der
Sklave soll seinen Dienst nicht gespalten tun, z.B. nach außen
hin freundlich, innerlich aber voll Groll. Der Gehorsam des

christlichen Sklaven ist keine bloß äußere Demonstration, sondern er kommt von innen, aus Überzeugung. Um Gottes willen gehorcht der Sklave seinem Herrn, und zwar *»wie Christus«* — genauso echt, genauso überzeugt: eben »ungeteilt«. — Wie schon angedeutet, wird dies in V.6 nun näher beschrieben: *»nicht nur nach außen hin, wenn ihr gesehen werdet, um einen guten Eindruck zu machen, sondern als Diener Christi«.* Wir haben diesen Vers relativ frei übersetzt. (Wörtlich: »nicht nach Augendienerei als Menschengefällige, sondern als Diener Christi«.) Christliche Sklaven, die auch in ihrem unerfreulichen Sklavenstand letztlich ihrem himmlischen Herrn dienen, tun das, was ihnen aufgetragen ist, nicht nur dann ordentlich, wenn man ihnen auf die Finger schaut. Es geht ihnen nicht darum, bloß äußerlich einen guten Eindruck zu machen. Als »Sklaven Christi« — und damit als Eigentum des Messias — gilt für ihren Dienst dreierlei: 1.) Erstens sind sie in ihrem irdischen Dienst Menschen, *»die den Willen Gottes von Herzen tun«* (V.6b; vgl. Kol 3,23: »Was immer ihr tut, tut es von Herzen als dem Herrn und nicht den Menschen«). Indem sie in treuem Gehorsam ihren Dienst tun, gehorchen sie Gott. Damit wird selbst der tägliche Sklavendienst zum Gottesdienst im Alltag der Welt. Und dieser Gottesdienst wird aus Überzeugung geleistet, von innen heraus, eben von ganzem Herzen. 2.) Zweitens sind diese Christen im Sklavenstand Menschen, *»die ihre Arbeit positiv tun, und zwar für den Herrn und nicht für Menschen«* (V.7). Was wir hier mit »positiv« übersetzt haben, könnte man auch mit »wohlwollend, gutwillig« wiedergeben. Gemeint ist eine positive Einstellung zur Arbeit, die man also nicht verdrießlich und mit innerem Widerstand tut. Denn der Christ weiß, daß er letztlich nicht für Menschen arbeitet, sondern alles, was er tut, für Gott tut. Daß dies so selbst für den Sklavendienst gilt, macht eines drastisch deutlich: der christliche Glaube ist nicht nur etwas Persönlich-Innerliches, mit dem man sich sonntagmorgens beschäftigt, sondern er umfaßt das ganze Leben, den ganzen Alltag mit seinen Pflichten. Alles, was ich tue, tue ich in Verantwortung vor Gott. 3.) Der dritte Teilgedanke gibt eine Art Begründung dafür. Christliche Sklaven tun ihren Dienst aus dem Glauben heraus so gewissenhaft und positiv, weil sie Menschen sind, *»die wis-*

sen, daß jeder, wenn er etwas Gutes tut, dies vom Herrn zurücker-
halten wird, sei er Sklave oder Freier« (V. 8). Hier ist offenbar auf
das künftige Gericht Gottes angespielt, wie auch die Parallelstelle Kol 3,24 - 25 deutlich macht. (Der Epheserbrief kennt also
nicht nur die gegenwärtig-diesseitige Perspektive, wie manche
Ausleger meinen, sondern auch die zukünftig-jenseitige.) Jeder
Mensch wird einmal vor Gott stehen, ob er nun Sklave war oder
Freier. Und dann wird er von seinem himmlischen Herrn ver-
golten bekommen, was er getan hat. Mit dieser Perspektive lebt
der Sklave nicht nur für den Augenblick. Was zählt, ist letztlich
nicht sein jetziger sozialer Stand. Was zählen wird, ist, wie er
sich nach dem Urteil Gottes in seinem Stand verhalten hat. Was
da in Gottes Augen gut war, wird dann nicht unvergolten bleiben. Wer diese Perspektive nicht hat, wird immer geneigt sein,
aus jetzigen schwierigen Situationen auszubrechen, weil er
meint, daß ihm sonst das Leben zwischen den Fingern zerrinnt.
Wer mit Ewigkeitsperspektive lebt, kann sich auch in schwierigen Lebensumständen bewähren; denn er weiß zutiefst, er
dient damit Gott, und Gott vergilt den Gehorsam seiner Kinder.

Mit diesem Abschnitt ist nicht die Einrichtung der Sklaverei
als gute biblische Ordnung festgeschrieben oder befürwortet.
Es ist aber deutlich gemacht, wie sich der christliche Sklave in
seinem Stand geistlich bewähren kann. Durch die christliche
Botschaft wurde das ganze Sklaverei-System von innen her verändert und aufgebrochen; revolutionär abgeschafft wurde es
durch die christliche Gemeinde nicht. Solange diese soziale
(Un-)Rechtsform aber noch existierte, wurde Christen gezeigt,
wie sie sich in diesen Umständen dem Willen Gottes gemäß bewähren konnten. — Diese Zusammenhänge zu sehen, ist wichtig. Denn heute wird oft argumentiert, die Bibel habe die Sklaverei noch befürwortet, später habe man aber erkannt, daß diese
Einrichtung mit dem Geist des Evangeliums nicht zu vereinba-
ren sei und habe sie abgeschafft. Gefolgert wird dann, daß es
auch andere biblische Aussagen geben könne (z.B. die Einsetzung der Ehe als einziger Form des intimen Zusammenlebens
von Mann und Frau, das Verbot homosexueller Praktiken oder
die Ablehnung des gemeindlichen Lehr- und Leitungsamtes
von Frauen), die wir heute ›im Geist des Evangeliums‹ korrigie-

ren und überwinden könnten. Im Unterschied dazu ist aber zu beachten, 1. daß das Neue Testament die Sklaverei nirgends geboten hat, 2. daß das Neue Testament ausdrücklich befürwortet, daß der Sklave die Gelegenheit zur Freiheit wahrnimmt, sobald ihm diese geboten wird, und 3. daß Stellen wie Eph 6,5-8 nicht das Sklavensystem rechtfertigen, sondern zeigen, wie ein Christ innerhalb eines solchen Systems zur Ehre Gottes leben kann, solange es existiert. Dies sind ganz andere Voraussetzungen als bei den angedeuteten (und ähnlichen) Themen.

(f) Gottes Ordnung für die Herren (6,9)

(9) Und ihr Herren, handelt ebenso gegen sie, laßt das Drohen, weil ihr wißt, daß sowohl ihr als auch euer Herr im Himmel ist und daß es bei ihm kein Ansehen der Person gibt.

Die Pflichten im Verhältnis Sklaven — Herren sind nicht einseitig verteilt. In einer bestimmten Hinsicht gilt für die christlichen Herren das gleiche wie für die Sklaven (*»Ihr Herren, handelt ebenso gegen sie«*). Beide stehen — je an ihrem sozialen Standort — in Verantwortung gegenüber Gott als ihrem himmlischen Herrn. Dies soll jeweils ihr Handeln bestimmen (*»... weil ihr wißt, daß sowohl ihr als auch euer Herr im Himmel ist«*). Für die Herren heißt das ganz konkret, daß sie ihre soziale Machtstellung nicht zur Androhung — geschweige denn zum Vollzug — von Gewalt gegenüber ihren (christlichen oder nicht-christlichen) Sklaven ausnutzen sollen. *»Laßt das Drohen«* (vgl. Apg 9,1: »Saulus schnaubte noch mit Drohen und Morden gegen die Jünger«) verbietet dieses Androhen von Gewalt, der ein Sklave in der Antike sonst schutz- und rechtlos ausgeliefert war. Mit solch einem neuen Verhalten der Herren verändert der christliche Glaube das ganze Sklaverei-System von innen, indem es den Aspekt der Bedrohung wegnimmt und so die Person des Sklaven schützt. Mehr noch: Der Sklave wird in seiner Würde als ein Mensch anerkannt, der gleichermaßen wie sein Herr dem himmlischen Herrn untersteht. Und bei diesem himmlischen Herrn gibt es *»kein Ansehen der Person«* (vgl. 3Mo 19,15; Rö 2,11; Kol 3,25; Jak 2,1).

Gott ist unparteiisch. Vor ihm sind alle Menschen gleich. Da kann der Herr nicht machen, was er will; und da kann man einen Sklaven nicht behandeln, wie man will. So, wie der Sklave sein Verhalten einmal vor Gottes Gericht verantworten muß (vgl. V. 8), wird auch der Herr seinen Umgang mit den Sklaven einmal vor seinem himmlischen Herrn vertreten müssen.

Das schwierige soziale Spannungsfeld, in dem sich beide bewegen, wird damit zum Bewährungsfeld für ihr Christsein. Wer sich in diesem Raum nach der Ordnung Gottes verhält, gibt dem Geist Gottes Raum in seinem Leben und verhält sich weise im neutestamentlichen Sinn (vgl. den Kontext ab 5, 15 ff).

Vorschlag zur Bibelarbeit über Epheser 6, 5 - 9

---

1. Einleitung

Bei einer Bibelarbeit oder Predigt stellt sich besonders für diesen Abschnitt die Frage: Auf welche heutigen Situationen können wir diese Verse übertragen? Mancher macht es sich einfach und sagt: Hier geht es schlicht um das richtige Verhältnis von Arbeitnehmern und Arbeitgebern. Aber heutige Arbeitnehmer sind keine Sklaven! Und sie sollen auch keine sein. Wer z.B. unter Hinweis auf V. 5 (»gehorcht . . . mit Furcht und Zittern«) heutigen Arbeitnehmern die betriebliche Mitbestimmung verbieten will, verwechselt die rechtliche Situation eines Sklaven mit der einer Arbeitskraft in der freien Wirtschaft. Eph 6 ordnet nicht die Sklaverei an, sondern zeigt Christen, die in solch einem System leben, wie sie sich unter diesen rechtlichen und sozialen Bedingungen bewähren können. Wer in einem anderen System lebt, hat andere Rahmenbedingungen, in denen sich sein Christsein bewähren muß.

Bei der Übertragung auf heutige Situationen fragen wir: Wo kennen meine Hörer schwierige Umstände, aus denen sie (wie der Sklave damals) nicht einfach ausbrechen können und

in denen sie sich jetzt bewähren müssen? Vor einigen Jahren
hätte man z.B. auf die Christen in der DDR verwiesen, die mit
der dortigen Unfreiheit zurechtkommen mußten. Natürlich
wird man manches, was in Eph 6 gesagt ist, auch auf das Verhalten von Christen in der Arbeitswelt übertragen können —
vorausgesetzt, man bedenkt immer die veränderten Rahmenbedingungen. Vom Text her geht es jedenfalls um Be-
währungssituationen, denen ich (wie der Sklave damals)
machtlos ausgeliefert bin, oder in denen ich (wie die Herren
damals) mit anvertrauter Macht recht umgehen muß.
Am besten wird es sein, den Text zunächst von der damaligen Sklavenproblematik her auszulegen und ihn dann auf
heutige Situationen zu übertragen.

2. Durchführung

Thema: *Wie kann ich mich als Christ in herausfordernden
Lebensumständen bewähren?*

a)   *Bewährung in den Herausforderungen der Ohnmacht (6,5-8)*

Was tut der christliche Sklave, solange ihm die Freiheit
nicht ermöglicht ist? 1. Er tut in der Situation seine Pflicht:
Er gehorcht und zeigt Respekt. 2. Er versteht die Situation einzuordnen: Er weiß, daß es hier nur um die irdischen Herren geht. 3. Er findet von innen heraus ein Ja zu
der Situation: Er bringt sich mit ungeteiltem Herzen ein
und muß deshalb nach außen keine Maskerade tragen.
4. Er tut, was er tut, für Gott: Er dient den ›Herren‹, wie er
Christus dient, und tut so den Willen Gottes von Herzen.
5. Er gewinnt so mitten in schwierigen Umständen eine
positive Einstellung zu den Dingen. 6. Er weiß, daß nicht
die irdischen Umstände das Letzte sind: Viel wesentlicher ist, was sich einmal im Gericht Gottes entscheidet.
Wir haben diese Gesichtspunkte absichtlich so formuliert, daß sie sich auf die jeweiligen Situationen ganz verschiedener Hörer übertragen lassen.

b) *Bewährung in den Herausforderungen der Macht (6,9)*

Nicht nur die Situationen der Ohnmacht stellen vor schwierige Bewährungsproben. Auch, wo mir Macht über andere gegeben ist — als Chef im Betrieb, als Leiter einer Gruppe, als Vermieter, usw. —, steht mein Christsein auf dem Prüfstand. Wesentlich wird dabei folgendes sein: 1. Ich muß in meiner Position immer in Verantwortung vor Gott handeln: Er ist mein ›Vorgesetzter‹ im Himmel. 2. Ich darf meine Position nicht ausnützen, um die mir anvertrauten Menschen zu unterdrücken: Von mir soll in Wort und Tat keine willkürliche Bedrohung ausgehen. 3. Ich will die Würde der mir unterstellten Menschen achten, denn ich weiß: Vor Gott gibt es kein Ansehen der Person.

C) Die Standhaftigkeit der Gemeinde gegenüber den Mächten der Finsternis ist nur mit geistlichen Waffen möglich (6, 10 – 20)

Der praktische Teil des Eph (Kap. 4 - 6) hat drei große Abschnitte. Zunächst ging es um die Einheit der Gemeinde (4, 1 - 16), dann um die Reinheit der Gemeinde (4, 17 - 6, 9). Abschließend spitzen sich die Aussagen des Briefes auf den Kampf der Gemeinde zu (6, 10 - 20). So sehr der Eph insgesamt die Segnungen entfaltet, mit denen Gott seine Gemeinde bereits gegenwärtig beschenkt hat (Kap. 1 - 3), bleibt doch ganz deutlich im Blickfeld, daß diese jetzt noch eine kämpfende Schar und eben nicht das vollendete Gottesvolk ist. In sich selbst ist die Gemeinde schwach. In Christus ist sie stark. Unter diesem Blickwinkel werden die Gemeindeglieder aufgerufen:

(10) Schließlich, laßt euch kräftigen durch den Herrn und durch die Macht seiner Stärke.

(11) Zieht die Waffenrüstung Gottes an, damit ihr den Betrügereien des Teufels standhalten könnt.

(12) Denn unser Kampf geht nicht gegen Fleisch und Blut, sondern gegen die Mächte, gegen die Gewalten, gegen die Weltbeherrscher dieser Finsternis, gegen die bösen Geister in den Himmeln.

(13) Deshalb nehmt die Waffenrüstung Gottes, damit ihr an dem bösen Tag widerstehen und, wenn ihr alles vollbracht habt, standhalten könnt.

(14) Steht nun, eure Hüfte umgürtet mit Wahrheit und angezogen mit dem Brustpanzer der Gerechtigkeit;

(15) und die Füße beschuht mit der Bereitschaft für die Freudenbotschaft vom Frieden;

(16) bei all dem ergreift den Schild des Glaubens, mit dem ihr alle Brandpfeile des Bösen auslöschen könnt;

(17) und nehmt den Helm des Heils und das Schwert des Geistes – das ist das Wort Gottes;

(18) wobei ihr bei allem Beten und Bitten zu jeder Zeit im Geist

**betet und im Blick darauf wachsam bleibt bei allem Einstehen
und Bitten für alle Heiligen**
**(19) und für mich, damit mir (von Gott) das Wort gegeben werde,
wenn ich meinen Mund öffne, um in Freimütigkeit das Geheimnis des Evangeliums bekannt zu machen,**
**(20) für das ich ein Botschafter in Ketten bin, damit ich dabei
freimütig so rede, wie ich muß.**

Wie das einleitende »*Schließlich*« erkennen läßt, kommt der
Eph mit diesem Abschnitt zum Schluß. Abschließendes Thema
ist der geistliche Kampf, für den die Gemeinde mobilisiert werden soll. Der Abschnitt zerfällt in drei Hauptteile: Vv. 10-12 enthalten den grundsätzlichen Aufruf zum Kampf; Vv. 13-17 den
Ruf zu den geistlichen Waffen; und Vv. 18-20 den Ruf zum Gebet.

1) Der Ruf zum geistlichen Kampf (6,10 – 12)

»*Laßt euch kräftigen durch den Herrn und durch die Macht seiner
Stärke!*« Mit diesem Aufruf wird der Gemeinde deutlich gemacht, daß sie Stärkung braucht. Schon am Anfang des Briefes
(1,17-19) hatte Paulus in seinem Fürbittegebet um den Geist
der Weisheit und Offenbarung für seine Leser gebetet, damit sie
die unendliche Größe der Macht Gottes erkennten, die für sie
da ist und die sich in der Auferstehung und Erhöhung Christi
manifestiert hat. Diese göttliche Macht ist also für den Menschen gar nicht so ohne weiteres erkennbar, sondern kann nur
von Gott erbeten und durch den Geist gewirkt sein. Auch später
im Brief war diese Macht Gottes im Blickfeld. So sprach Paulus
in 3,7 von der göttlichen Macht der Gnade, die selbst ihn errettet und zu einem Diener des Evangeliums gemacht hat. Hier in
6,10f ist nun wieder von dieser Macht Gottes die Rede; diesmal
von der Macht Gottes zur Bewahrung. Die Stärke, die sie als angefochtene Christen brauchen, kann nicht aus ihnen selbst
kommen. Sie bedürfen der Kräftigung »durch den Herrn« und
»durch die Macht seiner Stärke«. Sie bedürfen der Bewahrung
(der »Waffenrüstung«, V.11a), die nur Gott selbst schenken
kann.

V. 11b macht ganz klar, wozu die Glieder der Gemeinde diese bewahrende Macht Gottes brauchen: »*damit ihr den Betrügereien des Teufels standhalten könnt*«. Der Teufel (griech. *diabolos* = der Durcheinanderwerfer) versucht die Gemeinde zu verführen (vgl. 4,14). Die Irrlehre, die sich in den Gemeinden der Provinz Asia gerade ausbreitet und die Paulus im etwa gleichzeitig verfaßten Kolosserbrief beschreibt, ist solch ein betrügerischer Schlich des Teufels: sehr fromm, sehr feierlich, sehr asketisch, sehr übernatürlich, sehr scheinheilig kann es da zugehen (vgl. Kol 2,16-23) – und doch ist alles nur satanischer Betrug! Wen der Teufel nicht zu einem heidnischen Sündenleben verführen kann (vgl. Eph 2,1-3), den versucht er zu hochreligiöser Irrlehre zu verführen. Diesem Betrug soll die Gemeinde aber in keiner Weise nachgeben; sondern sie soll standhalten in der Kraft ihres Herrn.

Die tiefere Begründung für diesen Aufruf zum Kampf bietet V. 12: »*Denn unser Kampf geht nicht gegen Fleisch und Blut*«, d.h. nicht gegen Menschen als schwache, hinfällige Geschöpfe, »*sondern gegen die Mächte, gegen die Gewalten, gegen die Weltbeherrscher dieser Finsternis, gegen die bösen Geister in den Himmeln.*« Das Wort »Kampf« meint nicht die offensive Kriegsführung, sondern mehr das hautnahe Ringen mit einem Gegner. Paulus hat in seinem Dienst immer wieder die Widerstände und Anfechtungen des Teufels zu spüren bekommen (2Kor 12,7; 1Thess 2,18; 1Tim 5,15). Er rechnet ganz real mit der Wirklichkeit des Teufels und seiner dunklen Mächte, die etwas ganz anderes sind als »Fleisch und Blut«. Nein, biblisch gesehen wird man diese Mächte nicht umdeuten können auf irgendetwas Innerweltliches bzw. auf menschliche oder gesellschaftliche Widerstände, wie das manche Ausleger versuchen, die meinen, Paulus würde hier mythologisch denken. Der Teufel und seine dunklen Mächte sind für den Apostel eine Realität. Sie sind als »Mächte« und »Gewalten« unendlich stärker als der schwache Mensch, sind als »Weltbeherrscher dieser Finsternis« mit einem Einfluß ausgestattet, der sich über die ganze von der Sünde bestimmte Welt erstreckt, sind als »böse Geister« das Gegenstück zu den guten Engeln Gottes und sind als Wesen, die »in den Himmeln« ihren Ort haben, jenseitige Mächte und damit eben nicht nur eine altertümliche Umschreibung für das innerweltlich Böse. Im Kolosserbrief werden diese Mächte zum Teil auch »Elemente der Welt« genannt (Kol 2,8; vgl. außerbiblisch das sog. Testament Salomos 8,2 u. 18,2, wo die »Elemente« als »Weltbeherrscher der Finsternis« und »Weltherrscher der Finsternis dieses Äons« bezeichnet werden). Gegen diese Mächte gilt es zu kämpfen. Ihr Einfluß wird nicht einfach hingenommen, vor ihrer Macht nicht ängstlich kapituliert. Nein, »unser Kampf« geht gegen diese Mächte! Woher nimmt Paulus diesen Mut? Nochmals sei an Vv. 10+11 erinnert. Gestärkt »durch den Herrn und durch die Macht seiner Stärke« und geschützt durch »die Waffenrüstung Gottes« geht der Christ, der selbst ja auch nur ›Fleisch und Blut‹ — und das heißt: ein schwacher Mensch — ist, in diesen Kampf. Ihm sind im Glauben die Augen für die Realitäten geöffnet, die Paulus schon in 1,19-22 geschildert hat: nämlich für das Übermaß der Größe der Kraft Gottes, die in Christus wirksam wurde, als er ihn von den Toten auferweckte und zur Rechten Gottes einsetzte, hoch über allen Mächten und Gewalten und Kräften und Herrschaften, und diesem Herrn alles unterworfen hat. Von diesem Siegesboden aus erfolgt der Kampf. Aber — und auch das ist zu beachten — trotz dieses in Kap. 1 schon proklamierten Sieges ist der tägliche Kampf für den Christen immer noch zu führen! Eins hebt da das andere nicht auf.

2) Der Ruf zu den geistlichen Waffen (6,13 – 17)

»Deshalb«, weil ihr es mit solch starken bösen Mächten zu tun habt, »nehmt die Waffenrüstung Gottes« (V. 13a). Bildhaft wird der Schutz, den Gott seinen Kindern für den geistlichen Kampf gibt, als eine Waffenrüstung geschildert (vgl. 1Thess 5,8; Rö 13,12b; 2Kor 6,7). Das hier gebrauchte Wort für »Waffenrüstung« (wörtl.: Vollwappnung) bezeichnet sonst die Ausrüstung des voll bewaffneten Fußsoldaten. Da Paulus im folgenden vornehmlich defensive Ausrüstungsgegenstände nennt, könnte man auch erwägen, ob ihm hier die Arenakämpfer vor Augen standen, die sich im Zirkus gegen wilde Tiere oder hochgerüstete Gladiatoren zu verteidigen hatten. Am einfachsten ist vielleicht sich vorzustellen, daß Paulus von seiner Gefängniszelle aus die römischen Wachsoldaten im Blickfeld hatte, die diese Ausrüstung trugen; und er beginnt nun das, was er da sieht, auf die Ausrüstung zu übertragen, die der Christ von Gott für den geistlichen Kampf erhält. Ziel dieser ›geistlichen Aufrüstung‹ ist, daß sie, die schwachen Menschen, diesen weltbeherrschenden finsteren Mächten »widerstehen« und siegreich »standhalten« können (V. 13b). Dieser Widerstand und dieses Durchstehen des Kampfes bis zum Sieg ist nötig »an dem bösen Tag«. Was ist damit gemeint? Die letzte böse Zeit vor dem Wiederkommen Christi? Vom Zusammenhang des Eph her weist nichts auf diese spezielle Bedeutung hin. Nach 5, 16 sind jetzt schon »die Tage böse«. Die Endzeit hat längst begonnen. Innerhalb dieser »bösen Tage« ist »der böse Tag« wohl immer der, an dem der Christ den Betrügereien (V. 11) des Teufels ausgesetzt ist und ihnen widerstehen muß. Kosmisch gesehen ist jetzt nicht Friedenszeit; und der Tag des Kampfes ist nicht auf irgendeinen fernen Tag verschoben. Nein, jetzt gilt es für die Christen, die Waffen aufzunehmen und jederzeit zum Widerstand bereit zu sein, ob der Angriff nun heute oder in der Zukunft erfolgt.

Ab V. 14 werden nun im Vergleich zur Soldatenrüstung einzelne Elemente der Ausrüstung des Christen genannt. Die Waffen, die erwähnt werden, sind — mit Ausnahme des Schwerts — Schutzwaffen, nicht Angriffswaffen. Die Christen müssen nicht selbst den Kampf mit den (nach Kap. 1 durch Christus schon besiegten) Mächten suchen. Sie müssen aber auf der Hut sein. Im einzelnen deutet Paulus die Rüstungsgegenstände nicht allegorisch aus; lediglich bei den Schuhen (V. 15) und dem Schild (V. 16) wird deren natürliche Funktion ins Geistliche übertragen. Das bedeutet für die Auslegung, daß wir nicht Punkt für Punkt untersuchen müssen, inwiefern die einzelnen geistlichen Elemente in typischer Weise der Form oder Funktion des ihnen zugeordneten Rüstungsteils entsprechen.

Wenn Paulus den römischen Legionär vor Augen hat, fällt ihm zunächst ganz zentral der lederne Leibgurt auf, den dieser um die Hüften trägt. Dabei denkt er als Kenner des Alten Testaments an eine Stelle aus dem Propheten Jesaja, wo von dem

Messias gesagt wird: »Gerechtigkeit wird der Gurt seiner Lenden sein und die Wahrheit (so die griech. Übersetzung des AT) der Gurt seiner Hüften« (Jes 11,5). Entsprechend sollen auch die Christen ihre »*Hüfte umgürtet (haben) mit Wahrheit*« (V. 14a). Ohne die »Wahrheit«, die von Gott kommt, kann der Christ im geistlichen Kampf nicht bestehen. Diese im Evangelium geoffenbarte Wahrheit rettet (1, 13 f) und heiligt (4, 24) ihn. Wo er in der Lüge bleibt, wird er verwundbar bleiben; wo er aber – mit seinen Sünden und seinem Versagen – ans Licht kommt, wird er unangreifbar sein (vgl. 5, 9: »Die Frucht des Lichts ist … Wahrheit«). Er ist dann lauter und echt, ohne irgendwelche ›Leichen im Keller‹, vor deren Entdeckung er Angst haben müßte. Wer so in der Wahrheit steht, ist bereit für den Kampf (beachte, daß Sich-Gürten in der Bibel oft ein Ausdruck für Bereitschaft ist; vgl. Lk 12,35 f; 1Pt 1,13).

Gleich über dem Ledergurt des Soldaten war unübersehbar der so wichtige Brustpanzer zu sehen. Bei den Römern war dies entweder ein Ketten- oder Muskelpanzer. Wieder kommt dem Apostel ein Prophetenwort in den Sinn. Nach Jes 59, 17 wird Gott »Gerechtigkeit« anziehen »wie einen Panzer«, wenn er der Sünde, dem Abfall und dem Bösen in seinem Volk entgegentreten wird. Entsprechend sollen auch die Christen »*angezogen (sein) mit dem Brustpanzer der Gerechtigkeit*« (V. 14b). Der Christ steht im Kampf mit dem Bösen weder da in fadenscheiniger Selbstgerechtigkeit noch mit einem unrechten Leben, das ihn wie ein Skandal disqualifiziert. Er ist vielmehr gerechtgesprochen von Gott um Jesu willen; und kraft dieser Gerechtigkeit steht er in einem ganz neuen Leben (4, 24). Da können der Teufel und seine bösen Mächte nichts hervorholen, womit er angeklagt und erledigt werden könnte. Als einer, dessen Leben recht ist vor Gott, ist er geschützt.

Nun wandert der Blick auf die Füße des Kämpfers. Ins Auge fallen die Sandalen mit den fest geschnürten Lederriemen bis zum Knie. Damit kann er vorangehen. Wenn Paulus an die Füße denkt, fallen ihm die Worte über die Friedensboten aus dem Alten Testament ein, die dem geschlagenen Gottesvolk die frohe Botschaft von der Hilfe Gottes verkündigen: »Wie lieblich sind … die Füße der Freudenboten, die Frieden verkündigen« (Jes 52,7). Paulus greift daraus die Stichworte »Füße«, »Freudenboten« und »Frieden« auf und überträgt sie auf geistliche Ausrüstung der Christen: Ihre *»Füße (sollen) beschuht (sein) mit der Bereitschaft für die Freudenbotschaft vom Frieden«* (V. 15). Der Christ steht im geistlichen Kampf nicht ängstlich zurückgezogen in einer Verteidigungsstellung, ungewiß über den Ausgang des Konflikts. Nein, indem er den Frieden (Schalom) verkündet, proklamiert er bereits mitten im Kampf den Sieg Gottes, der Geborgenheit, Heil und Ruhe bringt. Und so geht er voran im Kampf, indem er schon über den Streit hinaus das Ende sieht und bereit ist, davon zur Ermutigung anderer weiterzusagen.

Bei all dem darf der Christ aber nicht selbstsicher und unvorsichtig werden. Wie der Soldat seinen Schild zum Schutz, so braucht er die Bewahrung durch den Glauben: *»Bei all dem ergreift den Schild des Glaubens, mit dem ihr alle Brandpfeile des Bösen auslöschen könnt«* (V. 16). Der »Schild«, den der Apostel hier vor Augen hat, ist der große Schutz- oder Langschild des römischen Soldaten, hinter dem er mit seinem ganzen Körper in Deckung gehen konnte, wenn die feindliche ›Infanterie‹ mit Brandpfeilen schoß. Dieser Schild war aus Holz, mit Leder überzogen und mit Eisenbeschlägen rundum verstärkt. In diesem festen Schild blieben die Brandpfeile stecken und verlöschten, bevor sie den Schild in Brand stecken konnten. So geschützt müssen — im übertragenen Sinn — auch die Christen sein im geistlichen Kampf. Für sie ist der entsprechende Schutz der »Glaube«, d.h. das unbedingte Vertrauen auf die Macht Jesu. (In 1 Thess 5,8 wird der Glaube übrigens mit dem Brustpanzer verglichen — wieder ein kleiner Hinweis für die Echtheit des Eph: Denn ein Fälscher, der für Paulus gehalten werden wollte, würde sich sklavisch genau an die paulinische Formulierung von 1 Thess 5 gehalten haben.) Wollte der Christ sich im Kampf mit den »Weltbeherrschern der Finsternis« (V. 12) auf die eigene Stärke verlassen, wäre er bald verloren. »Glauben« heißt in dieser Situation, auf Jesus vertrauen, sich ihm anvertrauen, alle Hilfe von ihm erwarten. An diesem Schutz müssen alle ›Fernwirkungen‹ des Bösen abprallen. Denn der Glaube birgt sich bei dem allmächtigen Herrn, der hoch erhöht ist über alle Mächte und Gewalten und dem alle bösen Mächte unterworfen sind (1,21f).

Nun geht der Blick auf den Kopf des Legionärs. Was nützen ihm Schuhe, Panzer und Schild, wenn er keinen Helm hat? Römische Soldaten trugen einen Metallhelm mit Nackenschutz, der den Kopf rundum schützte und nur das Gesicht frei ließ. Wieder fällt Paulus die Beschreibung der göttlichen Rüstung in Jesaja 59 ein. Dort ist von dem »Helm des Heils« die Rede (Jes 59,17b), womit im Zusammenhang ausgedrückt ist, daß Gott sich für sein unterdrücktes Volk einsetzen wird, um ihm Heil und Rettung zu geben. Diese göttliche Rettung vor dem Feind brauchen auch die Glieder des neutestamentlichen Gottesvolkes. Deshalb ermahnt der Apostel sie: *»Nehmt den Helm des Heils«* (V.17a) — womit gemeint ist: Nehmt als euren geistlichen Schutz die Rettung, das Heil, die Hilfe in Anspruch, die Gott euch in eurem Kampf anbietet. Es geht hier also weniger um die Gewißheit des ewigen Heils (vgl. 1Thess 5,8b), so wichtig diese auch ist und so klar Paulus von diesem Heil als Gnadengeschenk auch im Eph andernorts spricht (2,5+8). Vom Zusammenhang und vom alttestamentlichen Hintergrund her scheint vielmehr die konkrete Rettung Gottes aus wirklicher Anfechtung und Not gemeint zu sein.

Und noch eine weitere Aufforderung folgt. Natürlich hat der römische Soldat auch sein Kurzschwert als kombinierte Stich- und Hiebwaffe. Damit kann er sich verteidigen und einen Angriff führen. Auch dem Christen hat Gottes Geist eine solche ›Waffe‹ gegeben: *»das Schwert des Geistes — das ist das Wort Gottes«* (V.17b). Streng genommen ist es seine einzige wirkliche Waffe! Das vom Geist Gottes inspirierte Wort (vgl. 1Kor 2,9-13; 2Tim 3,16) ist ihm zum Kämpfen und Widerstehen gegen die Verführungen des Satans (V.11) gegeben. Einen direkten alttestamentlichen Hintergrund für diese bildhafte Aussage gibt es nicht. Zwar klingt in Jes 11,4 an, daß der Messias mit dem »Stab seines Mundes« und dem »Geist seiner Lippen« Gericht üben wird; und in Jes 49,2 wird gesagt, daß Gott den Mund seines Knechtes »wie ein scharfes Schwert« gemacht hat (vgl. auch Hos 6,5), wohl auch um Gericht zu bringen. Aber das ist nicht die gleiche Aussage wie in Eph 6,17. Schon etwas ähnlicher klingt die Aussage in dem apokryphen Buch der Weisheit 18,15f+22: »Da sprang dein allmächtiges Wort vom Himmel her von (Deinem) Königsthron wie ein wilder Krieger mitten in das dem Verderben geweihte Land. Als scharfes Schwert trug er deinen unwiderruflichen Befehl, und so dastehend erfüllte er alles mit Tod . . . Er überwand die Menge nicht mit Körperkraft, noch mit Waffenwirkung, sondern mit dem Wort . . .« Hier wird das vom Himmel her gegebene Wort Gottes geschildert, das dem bedrängten Gottesvolk zu Hilfe kommt und die Feinde in die Flucht schlägt. In Eph 6 sagt Paulus nichts über die konkrete Wirkung des Wortes aus. Er sagt im Zusammenhang nur, daß wir dieses »Schwert des Geistes« für den Kampf brauchen. Ein Beispiel dafür, wie diese Waffe gebraucht werden kann, dürfte aber Jesus selbst sein, der den Versuchungen des Teufels Mal um Mal mit einem entschiedenen »Es steht geschrieben« entgegentrat und so den geoffenbarten Willen Gottes der Versuchung entgegensetzte (Mt 4,4 - 10). So soll auch der Christ mit dem Wort Gottes der Verführung begegnen und sie damit überwinden.

3) Der Ruf zum Gebet (6,18 – 20)

In den folgenden Versen verläßt Paulus zwar das Bild der Rüstung; aber sein Gedankengang ist noch nicht zu Ende. Es beginnt noch nicht einmal ein neuer Satz, sondern V.18 schließt sich als (partizipialer) Nebensatz an das mit V.14 begonnene Satzgefüge an. Auch die Vv.18-20 machen also noch immer deutlich, was im geistlichen Kampf nötig ist, damit es mit der Sache des Evangeliums vorangeht. Am besten läßt sich die Beziehung von Vers 18(ff) zu den vorangehenden Versen so erklären, daß gesagt werden soll, daß die Zurüstung zum geistlichen Kampf begleitet sein muß vom Gebet (»wobei ihr . . . betet . . . für alle Heiligen und für mich . . .«).

Wenn wir den V.18 genauer anschauen, sehen wir, daß es Paulus in den Herausforderungen des geistlichen Kampfes um eine bestimmte Qualität des Gebetslebens geht. »Bei allem (ihrem) Beten und Bitten« sollen sie »zu jeder Zeit im Geist bete(n)«. Gebet

(hier ist zunächst das allgemeinste Wort »beten« überhaupt verwandt), und speziell das Bittgebet zu Gott, ist nicht eine Pflicht-
übung oder eine Formel, die aufgrund ihres bloßen Vollzugs
helfen könnte im geistlichen Kampf. Gebet soll vielmehr jederzeit Gebet »im Geist« sein (vgl. Jud 20). Das Gebet »im Geist«
ist das durch den Heiligen Geist ermöglichte und durch ihn gewirkte Gebet. Schon Jesus hat verheißen, es werde mit dem
Kommen des Geistes nicht mehr entscheidend sein, an einem
bestimmten heiligen Ort in die Gegenwart Gottes zu treten und
so zu ihm zu beten; vielmehr werden ihn diejenigen, die »im
Geist und in der Wahrheit« anbeten, überall anbeten können
und so durch den Geist direkten Zugang zu Gott haben (Joh
4,20-24). Im Römerbrief hat Paulus deutlich gemacht, wie wir
durch den Geist befähigt werden, Gott vertrauensvoll im Gebet
als unseren lieben Vater anzusprechen (Rö 8,15), und daß dieser
Geist unserer Gebetsschwachheit zu Hilfe kommt und gegenüber Gott für uns einsteht (Rö 8,26f). Ähnlich konnte es im Judentum schon in Qumran heißen: »Und ich will dein Antlitz besänftigen durch den Geist, den du (in mich) gegeben hast«
(1QH 16,11). »Gebet im Geist« ist im Neuen Testament also das
durch Gottes Geist ermöglichte Gebet der Kinder Gottes, das
den himmlischen Vater direkt erreicht. Dieses Beten muß den
geistlichen Kampf begleiten; bloße Formeln und gebetsmüh-
lenhafte Riten helfen im Ernstfall nicht weiter. — »Im Blick darauf«, nämlich auf dieses geistgewirkte Beten, sollen sie »wachsam bleib(en)«, V.18b, und zwar »bei allem Einstehen und Bitten
für alle Heiligen«. Wie der Soldat auf der Wache, so sollen die
Christen im geistlichen Kampf wach auf dem Posten bleiben,
wenn es um das Gebet geht. Schon Jesus hatte seine Jünger ermahnt: »Wacht und betet, damit ihr nicht in Versuchung
kommt!« (Mt 26,41). Die Gefahr ist immer da, daß der Christ im
Gebet nachläßt und sein Gebetsleben einschläft. Weil im geistlichen Kampf aber alle Hilfe nur von Gott erwartet werden
kann, darf gerade an diesem vorgeschobenen Posten nicht die
Müdigkeit siegen. Und das gilt nicht nur für das private Bittgebet. Unsere eigenen Bedürfnisse vergessen wir kaum. Paulus
geht es aber um die ganze kämpfende Gemeinde: Seine Leser
sollen beständig das geistgewirkte Gebet pflegen »bei allem

Einstehen und Bitten für alle Heiligen« (V. 18b). Das »Einstehen« ist das ausdauernde Gebet; das »Bitten« (wie schon in V. 18a) das eindringliche Bittgebet. Solche dringliche Fürbitte soll »für alle Heiligen« geübt werden, d.h. für die weltweite Gemeinde Jesu. Christen beten füreinander. Gerade an Paulus haben wir ein Beispiel dafür, wie er auch für Gemeinden betete, die er selbst noch nie besucht hatte (Kol 1,3ff; 2,1ff). So unterstützt sich die Gemeinde Jesu gegenseitig im geistlichen Kampf, indem sie Gottes Hilfe und Eingreifen für die die Glaubensgeschwister erbittet.

Dieses fürbittende Gebet bleibt allerdings nicht allgemein. Es zielt, wie Vv. 19-20 deutlich machen, auch auf ganz spezielle Situationen. So ruft der Apostel die Gläubigen auf, auch für ihn zu beten, »*damit mir (von Gott) das Wort gegeben werde, wenn ich meinen Mund öffne, um in Freimütigkeit das Geheimnis des Evangeliums bekannt zu machen, für das ich ein Botschafter in Ketten bin, damit ich dabei freimütig so rede, wie ich muß*« (Vv. 19-20). Zunächst: Für Bestreiter der paulinischen Verfasserschaft des Eph ist dies — ähnlich wie 3,1ff — ein ganz schwieriger Abschnitt. Sie müssen annehmen, daß der gleiche Verfasser, dem so sehr an der Wahrheit und an einem ›Wandel im Licht‹ gelegen ist (4,25; 5,8ff), hier seine Leser hinters Licht führt, indem er ihre Fürbitte für seine — vermeintliche — Gefangenschaft einfordert und damit den Eindruck zu erwecken versucht, er, der namenlose Pseudepigraph, sei der Apostel. (Zur Verfasserschaftsfrage vgl. die Einleitung zu diesem Kommentar.) — Tatsächlich braucht Paulus die Fürbitte der Christen. Er ist zur Zeit »*Botschafter in Ketten*«, d.h. Gefangener (vgl. 3,1). Aber eben: Auch als Gefangener ist er »Botschafter«! Daß auch in dieser Situation seine Berufung noch gilt, steht für den Apostel außer Frage. Es geht ihm nur darum, wie er in der jetzigen Situation seine Berufung ausführt. Grundsätzlich ist sein Auftrag klar: »das Geheimnis des Evangeliums bekannt zu machen« (V. 19b). Dieses Geheimnis ist ihm schon bei seiner Bekehrung vor Damaskus geoffenbart worden (vgl. 3,4-8). Der Sache nach ist ihm das Wort also längst anvertraut. Und trotzdem ruft er nun seine Leser auf, für ihn zu beten, »*damit mir (von Gott) das Wort gegeben werde, wenn ich meinen Mund öffne*« (V. 19a). Gott hat sein

Wort gegeben — und Gott »gibt« dieses sein Wort bei der Verkündigung des geoffenbarten Wortes. In dieser Spannung erfolgt der Botschafterdienst derer, die das Evangelium weitersa-
gen. Gott könnte sein Wort ja auch entziehen, selbst wenn einer
ganz richtig Evangeliumsinhalte weitersagt. Dies wäre ein Gericht Gottes für Prediger oder Hörer. Wenn Gott aber seinem
Boten, dem das geoffenbarte Wort anvertraut ist, »das Wort
gibt«, dann wird das Ergebnis sein, daß das Evangelium *»in Freimütigkeit«* bekanntgemacht wird (V. 19b) und folglich der Bote
»dabei freimütig so rede(t), wie (er) muß« (V. 20b). ›Parrhesie‹,
Freimütigkeit — d.h. ein unerschrockenes, vollmächtiges Wort —
ist für die Evangeliumsverkündigung zu erbitten. Nicht die äußere Freiheit ist dem gefangenen Paulus das wichtigste, sondern
die innere Freiheit, das Wort Gottes in Kraft und Freude zu sagen. Denn nur so wirkt das Wort wie ein Schwert (V. 17b) im
geistlichen Kampf, und es kommt zu Siegen für die Sache des
Evangeliums. »So gib dein Wort mit großen Scharen, die in der
Kraft Evangelisten sein; laß eilend Hilf uns widerfahren und
brich in Satans Reich mit Macht hinein...«: Genau diese Art
von Gebet wünscht sich der Apostel hier.

Vorschlag zur Bibelarbeit über Epheser 6,10-20

---

1. Einleitung

Viele Christen leben ausgesprochen ›harmlos‹. Theoretisch
wissen sie um die bösen Mächte. Sie singen auch immer wieder mit Luther: »... Der altböse Feind, mit Ernst er's jetzt
meint; groß Macht und viel List sein grausam Rüstung ist,
auf Erd ist nicht seinsgleichen. Mit unsrer Macht ist nichts
getan, wir sind gar bald verloren...« Aber praktisch leben
wir in unseren Gemeinden, als gäbe es diesen geistlichen
Kampf nicht. Wir rechnen allenfalls mit äußeren menschlichen Problemen.

Ein führender Christ aus Indien sagte mir einmal: »Ihr im Westen glaubt als Evangelikale zwar, daß es Mächte gibt, die die Gemeinde anfechten, weil es in der Bibel steht. Aber das bleibt bibelkundliches Wissen. Eure Praxis ist mehr, als ihr merkt, von der aufgeklärten Vernunft bestimmt, die nur mit dem rechnet, was man sehen kann.«

Seit den 80er Jahren nimmt auch in unserer Kultur das Interesse am Übernatürlichen, an Okkultismus, Satanismus und allen Formen der Esoterik wieder zu. Aber nicht nur, wo die gegengöttlichen Machenschaften so deutlich greifbar werden, wogt der geistliche Kampf. Verführung, Irrlehre und Anfechtungen aller Art sind Teil des Szenarios, in dem die christliche Gemeinde auf dem Prüfstand steht. Anhand von Eph 6, 10-20 kann sie lernen, wie sie sich im geistlichen Kampf bewährt.

2. Durchführung

Thema: *Der geistliche Kampf*

Wir können für die Bibelarbeit die gleichen Überschriften wählen wie oben in der Auslegung:

a)   Der Ruf zum geistlichen Kampf (Vv. 10-12)

Stellen wir uns die lange Entwicklung eines Autos vor: In den Ingenieurbüros des Konzerns wurde es geplant, dann wurden die einzelnen Teile hergestellt und zusammengebaut, so daß sie harmonisch zusammen funktionieren. Ganz ähnlich hat Gott es mit der Gemeinde gemacht, wie uns die vorangehenden Kapitel des Eph gezeigt haben. Irgendwann muß das Auto dann aber auf den Prüfstand: Es wird harten Tests unterworfen, muß durch Hitze und Kälte und Dauerprüfungen, um zur Serienreife zu kommen. So kommt auch die Gemeinde von der Planung über die Entstehung nicht gleich in den Himmel. Sondern sie kommt auf einen harten Prüfstand — den geistlichen Kampf.

Da sind die Betrügereien des Teufels und ein Kampf ›nicht mit Fleisch und Blut‹ (V.11f). Jesus hat um die Versuchungen des Teufels gewußt (Mt 4,1ff); Paulus spürte diese Mächte (2Kor 12,7f; 1Thess 2,18); und die Bibel warnt Christen vor seinen gegenwärtigen und künftigen Verführungen (1Kor 7,5; 2Kor 11,14; 2Thess 2,9). Die Gemeinde — jedes einzelne Gemeindeglied — muß wachsam sein.

Überlegen wir, wo in unserer Umgebung, in unserer Gemeindesituation, aber auch im ganz persönlichen Leben die Anfechtung erkannt und der geistliche Kampf in der Kraft Gottes aufgenommen werden muß!

b) *Der Ruf zu den geistlichen Waffen (Vv. 13-17)*

Immer wieder haben christliche Esoteriker besondere ›Geheimwaffen‹ für den geistlichen Kampf feilgeboten: Da sollten irgendwelche Formeln ›in den drei höchsten Namen‹ gegen alles erdenkliche Böse helfen; bestimmte Lossagegebete mit dem ›richtigen‹ Wortlaut wurden als Befreiungsmittel aus okkulten Problemen empfohlen; manche versuchen, ›prophetisch‹ die Namen der für irgendein Territorium ›zuständigen‹ Geistermächte herauszufinden und dann einen ›Jesusmarsch‹ zu organisieren, um die enttarnten Geister durch anhaltenden Lobpreis zu vertreiben. So verkommt »geistliche Kampfführung« leicht selbst zu semiokkulten Ritualen. Die gänzlich ausreichenden ›Waffen‹, die Gott für den geistlichen Kampf anbietet, sind in Vv. 13-17 genannt: Wahrheit — Gerechtgesprochen-Sein vor Gott — Bereitschaft, den Sieg Gottes zu proklamieren — Glauben — Rettung und Schutz durch Gott — und schließlich das Wort Gottes. Es sind nicht menschliche Tugenden; auch nicht besondere Geistesgaben, sondern Elemente, die im Leben eines jeden Christen unverzichtbar sind.

Diese gesamte Grundausrüstung braucht jeder Christ. Ist, beispielsweise, alles da, aber die Wahrheit fehlt, ist er angreifbar und verwundbar. Es lohnt sich daher, über

die einzelnen Punkte in der Bibelarbeit zu sprechen und
bei jedem Element zu fragen: Ist es da in Deinem Leben? Ist es da in Deiner Gemeinde?
Zu beachten ist auch: Dies sind keine Angriffswaffen.
Der Christ hat von sich aus nicht den Kampf mit den
finsteren Mächten aufzunehmen. Er kann vom schon
vollbrachten Sieg Christi ausgehen (vgl. 1, 20-22), muß
aber selbst wachsam und auf der Hut sein, um in der
Kraft Gottes widerstehen zu können.

c) *Der Ruf zum Gebet (Vv. 18-20)*

Ohne Gebet läuft nichts im geistlichen Kampf! Die
ganze Zurüstung zum Kampf, von der oben die Rede
war, muß begleitet sein vom Gebet. Dabei geht es aber
nicht um ein gebetsmühlenhaftes ›Plappern, wie die
Heiden‹ (vgl. Mt 6, 7), das durch den formelhaften Wort-
schwall — oder gar die Lautstärke — etwas bewirken will,
sondern um das geistgewirkte und vom Heiligen Geist
ermöglichte erhörliche Gebet zu Gott.
Gebet ist der vorgeschobene Wachposten im geistlichen
Kampf (»... wacht darin ...«, V. 18b). Vielleicht ist es
nützlich, das Bild vom einschlafenden Soldaten auf dem
Wachposten an der Front in der Bibelarbeit ein wenig zu
vertiefen. So wird der Ernst des Rufs zur Wachsamkeit im
Gebet deutlich. Schon früh kannten Christen auch sogenannte ›Gebetswachen‹ (Vigilien), d.h. Stunden in der
Nacht, die man aufblieb, um zum Gebet Muße zu haben. Heute pflegen manche Christen in besonderen Situationen ›Gebetsnächte‹, um Zeit zum Gebetskampf zu
haben. Wie immer die Form sein mag, wesentlich ist, daß
unser Gebetsleben nicht einschläft, sondern wir den Herausforderungen des geistlichen Kampfes im Gebet begegnen. »Gebet ist nicht die Vorbereitung zum Kampf —
Gebet ist vielmehr schon der Kampf«, schrieb jemand
vor einiger Zeit. Er hat wohl recht damit.
Gebet hat zum einen einen weiten Horizont (»... für
alle Heiligen«, V. 18b). Gebet ist zum andern aber auch

sehr konkret und spezifisch (»... betet auch für mich, damit mir von Gott gegeben werde...«, V.19f). Zu beidem sollten wir aufrufen: wegzukommen von dem Scheuklappengebet, das ausschließlich um die eigenen Anliegen kreist; und wegzukommen von zu allgemeinen Gebeten (»Herr, segne die ganze Welt! Amen«), die sich nicht konkret in den geistlichen Kampf einmischen.

Es lohnt sich, über Beispiele für geistliches Kämpfen und Beten nachzudenken. Sie finden sich in der Bibel, in der Kirchengeschichte — und sicher auch unter Christen unserer Tage. Zwei solcher Beispiele zu finden, wäre sicher gut für unsere Bibelarbeit.

D) Schlußinformationen und Gruß (6,21 - 24)

Seine eigene schwierige Lage als Gefangener hat der Apostel in den vorangehenden Vv.19-20 nicht als Gebetsanliegen genannt. Dort, wo es um das Gebet im geistlichen Kampf ging, traten persönliche Anliegen für ihn ganz zurück. Trotzdem aber wollen und sollen die Leser etwas über seine augenblicklichen Lebensumstände erfahren. Wie, das sagt er ihnen nun in einer kurzen Schlußinformation:

(21) Damit ihr aber auch, was mich betrifft, wißt, wie es mir geht, wird euch Tychikus, der geliebte Bruder und treue Diener im Herrn, alles berichten.
(22) Ihn sende ich zu euch gerade dazu, daß ihr unsere Lage kennenlernt und daß er eure Herzen ermuntere.

In der Kurzen Einleitung (Abschn. 3) zu diesem Kommentar haben wir Gründe dafür angeführt, daß der Eph ein Rundschreiben an die Gemeinde in Ephesus und andere Gemeinden in der Provinz Asia ist. Der Bote, der vom Gefangenschaftsort des Paulus aus zu den Gemeinden reisen sollte, war Tychikus, den Paulus auf der persönlichen Ebene als »geliebten Bruder« und auf der dienstlichen Ebene als »treuen Diener im Herrn« bezeichnet (wie auch in Kol 4,7, wo er zusätzlich als »Mitsklave im Herrn« gelobt wird). Den Eph hatte Tychikus im Gepäck dabei, um ihn in jeder Gemeinde vorzulesen. (Vermutlich hatte er auf der gleichen Reise auch den Kolosserbrief und möglicherweise den Philemonbrief dabei; Kol 4,7f.15f; Phlm 1ff. Mehr dazu wieder in der Kurzen Einleitung.) Mündlich sollte Tychikus zudem jeder Gemeinde berichten, wie es dem Paulus in der Gefangenschaft erging, damit sie über seine persönliche Lage informiert wären. Ein Bericht zum Kopf-Hängen-Lassen sollte das sicher nicht werden. Die Linie für die persönlichen Nachrichten gibt Paulus selbst vor: »... *daß er eure Herzen ermuntere*« (V.22b). Gewiß, der Apostel war in einer äußerlich unangenehmen Lage. Aber deswegen ging es ihm noch lange nicht innerlich schlecht. Denken wir nur daran, welcher Ton der Anbetung und der Dankbarkeit den Eph durchdringt (1,3ff; 1,15ff; 3,1+

14 ff; 5, 18 ff) und ähnlich auch andere Gefangenschaftsbriefe des Apostels (Kol 1, 3 ff; 1, 24 ff; 4, 2; Phil 1, 3 ff; 1, 18 - 21; 1, 29 f; 3, 8 - 11; 4, 4+12 f; u. ö.)! Mitten im Leiden wußte sich Paulus von seinem Herrn gehalten — und so gab es keine Trauergesänge, sondern Lobgesänge mitten in Not und Nacht (vgl. Apg 16, 25). So konnte der Gefangenschaftsreport, den Tychikus gab, für die Gemeinden zum Trost und zur Ermunterung werden. Mit diesem persönlichen positiven Hinweis schließt Paulus seinen Brief.

Was folgt, ist ein abschließender Segensgruß:

(23) Friede (sei) mit den Geschwistern und Liebe samt Glauben von Gott, dem Vater, und dem Herrn Jesus Christus.
(24) Die Gnade (sei) mit allen, die unseren Herrn Jesus Christus lieben, in Unvergänglichkeit.

Der Segensgruß gilt »*den Geschwistern*« (V. 23a). Meist wird dieser Ausdruck mit »den Brüdern« übersetzt. Nun richtet sich der Eph ja nicht nur an »Brüder« im Sinn von ›christlichen Männern‹, sondern allgemein an die »Heiligen« und »Gläubigen« — und damit an christliche Männer und Frauen. Im Griechischen gibt es aber kein eigenes Wort für »Geschwister«. Ob das hier gebrauchte Wort mit »Brüder« oder mit »Geschwister« übersetzt werden muß, ist jeweils vom Zusammenhang her zu entscheiden. Es kann jedenfalls beides bedeuten, wie das Beispiel eines Briefes deutlich macht, der sich in einer Sammlung griechisch verfaßter Urkunden aus Ägypten (ÄgU.G / Berlin, 423) findet: Es ist der erste Brief des ägyptisch-römischen Flottensoldaten Apion, der zunächst seinem Vater sowie seiner Schwester und seinem Bruder Glück und Wohlergehen wünscht (Zl. 3 - 6). Wenn er sich später in dem Brief auf diese beiden Geschwister bezieht und sich (Zl. 14) nach ihrem Ergehen erkundigt bzw. ihnen Grüße bestellt (Zl. 19), gebraucht er für sie jeweils dieses Wort »Brüder«, das sich damit auf Bruder und Schwester bezieht und eindeutig die Bedeutung »Geschwister« hat. Diese Wortbedeutung sollte man immer beachten, wenn im NT scheinbar nur von »Brüdern« die Rede ist. Die christliche

Gemeinde ist und war kein bloßer Männerclub und der christliche Glaube keine Männerreligion. Es ist auch nicht einfach ein modernes Zugeständnis, wenn der eine oder andere Ausleger vermutet, wenn im NT von »Brüdern« die Rede ist, seien ›die Schwestern bestimmt auch mit gemeint‹. Sie sind mit gemeint – und richtigerweise sollte das Wort gleich mit »Geschwister« übersetzt werden.

Im abschließenden Segenswunsch finden sich in den Paulusbriefen sehr unterschiedliche Grußformen. Ein Vergleich aller Segensformeln ergibt folgendes Bild (wobei ich – abgesehen von 1/2Tim und Tit, für deren Frühdatierung einiges zu sagen wäre – von der Reihenfolge ausgehe, in der die Briefe möglicherweise entstanden sind):

Gal: »Die Gnade unseres Herrn Jesus Christus sei mit eurem Geist, Geschwister. Amen« (Gal 6,18).

1Thess: »Die Gnade unseres Herrn Jesus Christus sei mit euch« (1Thess 5,28).

2Thess: »Die Gnade unseres Herrn Jesus Christus sei mit euch allen« (2Thess 3,18).

1Kor: »Die Gnade des Herrn Jesus sei mit euch! Meine Liebe ist mit euch allen in Christus Jesus« (1Kor 16,23f).

2Kor: »Die Gnade unseres Herrn Jesus Christus und die Liebe Gottes und die Gemeinschaft des Heiligen Geistes sei mit euch allen« (2Kor 13,13).

Rö: »Der Gott der Hoffnung erfülle euch mit aller Freude und Frieden im Glauben, so daß ihr überfließt in der Hoffnung in der Kraft des Heiligen Geistes« (15,13). »Der Gott des Friedens sei mit euch allen. Amen« (15,33). »Der Gott aber des Friedens wird den Satan unter eure Füße treten in Kürze. Die Gnade unseres Herrn Jesus sei mit euch« (16,20). »Dem allein weisen

Gott, durch Jesus Christus, sei die Herrlichkeit in Ewigkeit. Amen« (Rö 16,27).

Kol: »Die Gnade sei mit euch« (Kol 4,18b).

Eph: »Friede sei mit den Geschwistern und Liebe samt Glauben von Gott, dem Vater, und dem Herrn Jesus Christus. Die Gnade sei mit allen, die unseren Herrn Jesus Christus lieben, in Unvergänglichkeit« (Eph 6,23f).

Phlm: »Die Gnade unseres Herrn Jesus Christus sei mit eurem Geist« (Phlm 25).

Phil: »Die Gnade unseres Herrn Jesus Christus sei mit eurem Geist« (Phil 4,23).

1Tim: »Die Gnade sei mit euch« (1Tim 6,21b).

Tit: »Die Gnade sei mit euch allen« (Tit 3,15b).

2Tim: »Der Herr sei mit deinem Geist. Die Gnade sei mit euch« (2Tim 4,22).

Es zeigt sich: Zu allen Zeiten hat Paulus recht unterschiedliche Grußformeln verwendet. Eine starre Form, von der man ausgehen und etwa alle Abweichungen als nicht-paulinisch erkennen könnte, gibt es nicht. Am häufigsten wünscht Paulus seinen Lesern einfach »Gnade« (achtmal). In seinen beiden grundsätzlichen Briefen, dem Rö, in dem er das Evangelium von der Rechtfertigung entfaltet, und dem Eph, in dem er das Evangelium von der Gemeinde entfaltet, finden sich die vielfältigsten Segenswünsche. Daß der Apostel gerade in diesem Gemeinde-Brief einen solchen Strauß von Segnungen entfaltet, ist kaum ein Zufall. Denn den ganzen Brief hindurch hat er schon deutlich gemacht, daß die Gemeinde nicht nur ein Ensemble der Bettler ist, sondern ganz wesentlich schon jetzt eine Schar der reich Beschenkten.

So wünscht er nun in Vv. 23-24 den ›Ephesern‹ eine Reihe
von Dingen, die nur »von Gott, dem Vater, und dem Herrn
Jesus Christus« (V. 23a) geschenkt werden können: Zuerst
spricht er seinen Lesern den Schalom bzw. *»Frieden«* Gottes zu,
d.h. seine Bewahrung, die rundum geborgen macht; aber auch
die versöhnte Harmonie, die Glaubensgeschwister unterschied-
lichster Art und Herkunft in der Gemeinde verbindet und eint
(vgl. 2,17). Dann wünscht er ihnen die *»Liebe«*, von der in diesem Brief so häufig schon die Rede war (4,2.16; 5,1f.25ff), zusammen mit dem *»Glauben«*, der grundlegend ist für den Heilsstand (2,8; 4,5). Und schließlich wünscht er ihnen *»Gnade«*
ohne Ende (»in Unvergänglichkeit«), und zwar nicht als Exklu-
sivgut nur für sie, sondern als etwas, das alle brauchen, »die unseren Herrn Jesus Christus lieben«. Denn ohne diese Gnade,
d.h. die unverdiente schenkende Zuwendung Gottes, können
Christen nicht leben. Sie sind darauf angewiesen — nicht nur
am Anfang ihres Glaubenslebens, sondern eben ohne Ende.
    Ohne diese Segenszuwendung — den Frieden, die Liebe, den
Glauben und die Gnade — können auch wir nicht leben. Wir
schließen darum diese Auslegung des Eph mit einem Gebet:
»Du, unser Herr, hast deiner Gemeinde eine herrliche Berufung gegeben. Du hast sie reich beschenkt mit allem, was sie zu
einem Leben in Einheit, Reinheit und Standhaftigkeit braucht.
Daß wir an den Segnungen deiner Gemeinde teilhaben dürfen,
schenkt deine nicht endende Gnade. Wir danken dir dafür.
Amen.«

Vorschlag zur Bibelarbeit über Epheser 6,21-24

---

1. Einleitung

Mancher meint, mit abschließenden Informationen und
Grüßen könne man für die Bibelarbeit nichts anfangen. Das
ist aber nicht so. Kein Teil des Wortes Gottes ist unnütz. —

Hier, am Ende des Eph, sehen wir, wie sich Paulus um seine Mitchristen Gedanken macht und auf das bedacht ist, was sie brauchen.

2. Durchführung

Thema: *Auf das bedacht sein, was andere brauchen*

a) *Für manches, was andere brauchen, können wir selbst etwas tun (Vv. 21-22)*

Paulus ahnt, daß sich seine Mitchristen um ihn Sorgen machen werden. Ihre Herzen sind beschwert, weil sie wissen, daß er im Gefängnis ist. Kümmert das den Apostel? Oder ist er so ›geistlich‹, daß er die Gedanken, Sorgen und Bedürfnisse seiner Umgebung gar nicht mehr wahrnimmt bzw. nicht ernst nimmt?
Diese Verse zeigen, daß Paulus nicht nur seine ›Theologie‹ im Kopf hatte. Ihn kümmern die Menschen und was sie bewegt. Und so schickt er extra einen engen Mitarbeiter mit dem Brief zu ihnen, damit sie Antwort auf ihre Fragen bekommen und ihre Herzen durch seinen Bericht »ermuntert« werden.
Kennen wir die Sorgen und Wünsche der Menschen, mit denen wir zu tun haben? Sind wir darauf bedacht, was sie brauchen? Und setzen wir uns selbst dafür ein, daß sie bekommen, was sie brauchen?

b) *Für manches, was andere brauchen, kann nur Gott etwas tun (Vv. 23-24)*

Es gibt auch vieles, was Menschen brauchen, das wir ihnen nicht geben können, sondern das nur Gott geben kann. Damit dürfen wir sie segnen. Ein segnender Mensch spricht andern im Namen Gottes zu, was nur Gott ihnen geben kann. Segnen darf man nicht eigenmächtig, denn Gott läßt nicht über sich verfügen. Einen

Segen muß man empfangen, um ihn weitergeben zu
können. Segnen besteht deshalb in erster Linie darin,
dem anderen zuzusprechen, was Gott für ihn verheißen
hat. Denen, die den Herrn Jesus lieben, hat Gott seinen
Frieden, seine Liebe, seine Gnade verheißen; und auch
Glauben will Gott schenken, denn er will, daß alle ihm
vertrauen und sich ihm anvertrauen.

Vielleicht sollten wir — wie Paulus — im Licht der Verheißungen einmal über unsere Glaubensgeschwister
und Mitmenschen nachdenken, und ihnen dann von
Gott her segnend das wünschen, was sie von Gott her
wirklich brauchen.

Heinz-Werner Neudorfer
Apostelgeschichte, 1. Halbband
280 S., Nr. 55.908
ISBN 3-7751-1125-5

Heinz-Werner Neudorfer
Apostelgeschichte, 2. Halbband
384 S., Nr. 55.909
ISBN 3-7751-1445-9

Heiko Krimmer
Römer-Brief
420 S., Nr. 55.910
ISBN 3-7751-0827-0

Heiko Krimmer
Erster Korinther-Brief
400 S., Nr. 55.911
ISBN 3-7751-1015-1

Heiko Krimmer
Zweiter Korinther-Brief
280 S., Nr. 55.912
ISBN 3-7751-1207-3

Heiko Krimmer
Galater-Brief
204 S., Nr. 55.913
ISBN 3-7751-0578-6

Helge Stadelmann
Epheser-Brief
290 S., Nr. 55.914
ISBN 3-7751-1860-8

Paul Murdoch
Philipper-Brief
180 S., Nr. 55.915
ISBN 3-7751-1097-6

Heiko Krimmer
Kolosser-Brief
170 S., Nr. 55.916
ISBN 3-7751-1786-5

Eberhard Hahn
Erster und zweiter Thessalonicher-Brief
ca. 300 S., Nr. 55.917
ISBN 3-7751-1995-7

Fritz Grünzweig
1. Timotheus-Brief
300 S., Nr. 55.918
ISBN 3-7751-1543-9

Fritz Grünzweig
2. Timotheus-, Titus- und Philemon-Brief
310 S., Nr. 55.919
ISBN 3-7751-1544-7

Heiko Krimmer / Martin Holland
Erster und zweiter Petrusbrief
ca. 300 S., Nr. 55.920
ISBN 3-7751-1599-4

Heiko Krimmer
Johannes-Briefe
192 S., Nr. 55.921
ISBN 3-7751-1420-3

Sören Ruager
Hebräer-Brief
300 S., Nr. 55.922
ISBN 3-7751-1096-8

Gerhard Maier / Martin Holland
Jakobus- und Judas-Brief
156 S., Nr. 55.923
ISBN 3-7751-1380-0

Fritz Grünzweig
Offenbarung des Johannes, 1. Halbband
384 S., Nr. 55.924
ISBN 3-7751-0596-4

Fritz Grünzweig
Offenbarung des Johannes, 2. Halbband
324 S., Nr. 55.925
ISBN 3-7751-0643-X

Bitte fragen Sie in Ihrer Buchhandlung nach diesen Büchern!
Oder schreiben Sie an den Hänssler-Verlag, Postfach 1220,
D-73762 Neuhausen.

BIBELWISSEN

Friedrich Hauss

Biblische Begriffe und Gestalten

Stichwort- und Personenkonkordanz zur Bibel
Gb. mit Schutzumschlag, 432 S.,
Nr. 391.775
ISBN 3-7751-1775-X

Mit diesem Buch liegen die beiden bewährten Bücher »Biblische Taschenkonkordanz« und »Biblische Gestalten« in einem
Band vor. Das Buch ist keine Wortkonkordanz im üblichen
Sinne. Vielmehr werden über 300 biblische Zentralbegriffe
(z. B. Barmherzigkeit, Gerechtigkeit, Güte, Hoffnung, Liebe)
und über 200 biblische Gestalten in ihren verschiedenen Aspekten übersichtlich dargestellt und durch die entsprechenden Bi-
belstellen belegt. Eine handliche Fundgrube und ein prakti-
sches Nachschlagewerk zu Bibelstudium, Predigtvorbereitung
usw. für Pfarrer, Prediger, Hauskreisleiter und alle anderen
Christen, die mit der Bibel arbeiten.

Bitte fragen Sie in Ihrer Buchhandlung nach diesem Buch!
Oder schreiben Sie an den Hänssler-Verlag, Postfach 1220,
D-73762 Neuhausen.

Leseprobe
aus »Biblische Begriffe und Gestalten« von Friedrich Hauss

Gnade, gnädig, in Gnaden erlassen, verzeihen, Gnadengabe, Gnadenstuhl.

Im Alten Testament: Gottes Huld und Geneigtheit zum auserwählten
Volk.

Im Neuen Testament: Gottes Geneigtheit zu dem Sünder ohne Verdienst und Würdigkeit ohne jeglichen Rechtsanspruch.

Im profanen Griechisch hat das Wort, das Luther mit Gnade übersetzt,
die Bedeutung: 1.) gefälliges Wesen, Anmut einer Person oder Sache
(Luk. 4, 22: Holdselige Rede, Kol. 3, 16). 2.) Gunst, Huld, Geneigtheit
(Apgsch. 25, 3: Sie baten um Gunst. Luk. 1, 30; 2, 40). In 1 Kor. 16, 3 wird
das Wort von der Liebesgabe der Korinther gebraucht. Im Neuen
Testament gewinnt das Wort eine neue Bedeutung: Gottes Geneigtheit zum Sünder trotz allem Gegensatz gegen die Sünde, ohne alles
Verdienst und Würdigkeit des Sünders, eine Geneigtheit, die Vergebung und Rechtfertigung schenkt. Im christlichen Lebenskreise ist das
Wort »Verzeihen, in Gnaden erlassen« (Kol. 2, 13: Er hat uns alle unsere Sünden geschenkt) neugebildet worden, ebenso das Wort Gnadengabe als Resultat der Gnadenerweisung Gottes (Röm. 5, 15; 1, 11),
die einem einzelnen widerfahren ist, und als spezielle Gnadengabe des
Geistes (1 Kor. 12, 7).

I. Im Alten Bund.

1. Gottes Huld und Erbarmen mit den Elenden.

2 Mose 34, 6	Herr, Herr Gott, barmherzig und gnädig und geduldig und von großer Güte und Treue.
Ps. 130, 7	Bei dem Herrn ist die Gnade und viel Erlösung bei ihm.
62, 13	Du, Herr, bist gnädig und bezahlst einem jeden, wie er's verdient.
2 Mose 33, 19	Wem ich gnädig bin, dem bin ich gnädig.
Ps. 119, 132	Sei mir gnädig, wie du pflegest zu tun denen, die dich fürch- ten.
Jerem. 16, 5	Ich habe meinen Frieden von diesem Volk weggenommen samt meiner Gnade und Barmherzigkeit.
Ps. 77, 10	Hat Gott vergessen, gnädig zu sein, und seine Barmherzig- keit vor ihnen verschlossen?
103, 8	Barmherzig und gnädig ist der Herr.
Jes. 54, 8	Ich habe mein Angesicht im Augenblick des Zorns ein we- nig vor dir verborgen, aber mit ewiger Gnade will ich mich dein erbarmen.

Jona 4, 2   Ich weiß, daß du gnädig, barmherzig bist . . ., und läßt dich des Übels reuen.

2. Gottes Huld währt durch die Zeiten, wirkt an allen Orten.

Ps. 100, 5   Seine Gnade währet ewig.
2 Mose 34, 7   Der da Gnade bewahrt in tausend Glieder.
Jes. 54, 10   Es sollen wohl Berge weichen . . ., meine Gnade soll nicht von dir weichen.
Ps. 108, 5   Deine Gnade reicht, soweit der Himmel ist.

3. Sie wird erbeten und gepriesen, sie kann verlassen werden.

4 Mose 6, 25   Der Herr sei dir gnädig!
Ps. 90, 14   Fülle uns frühe mit deiner Gnade!
Ps. 51, 3   Gott sei mir gnädig nach deiner Güte.
109, 21   Deine Gnade ist mein Trost, errette mich.
89, 2   Ich will singen von der Gnade des Herrn.
Jona 2, 9   Die da halten an dem Nichtigen, verlassen ihre Gnade.

4. Sie ist verheißen.

Jes. 61, 2   Zu verkündigen ein gnädiges Jahr des Herrn.
Sacharja 12, 10   Über das Haus Davids und über die Bürger Jerusalems will ich ausgießen den Geist der Gnade und des Gebets.

5. Sie ist einzelnen Frommen zugewandt.

1 Mose 6, 8   Noah fand Gnade vor dem Herrn.
2 Mose 33, 12   Mose.
2 Sam. 15, 25   David.
Jes. 55, 3   Die gewissen Gnaden Davids.

II. Im Neuen Bund.

1. Gottes Geneigtheit zu dem Sünder ohne Verdienst und Würdigkeit.

a) In Jesu offenbart.
2. Kor. 8, 9   Ihr wisset die Gnade unseres Herrn Jesu Christi, daß, ob er wohl reich ist, ward er doch arm um euretwillen.
Röm. 3, 25   Welchen Gott hat vorgestellt zu einem Gnadenstuhl durch den Glauben in seinem Blut (Die goldne Platte, die am Versöhnungstag mit Blut besprengt ward).
5, 15   Gottes Gnade ist vielen reichlich widerfahren durch die Gnade des einen Menschen Jesus Christus.
Eph. 1, 6   Zu Lob seiner herrlichen Gnade, durch welche er uns hat angenehm gemacht in dem Geliebten.

b) Gnade im Gegensatz zu Verdienst, Werk, Gesetz und Sünde.

Röm. 3, 24	Sie werden ohne Verdienst gerecht aus seiner Gnade.
9, 12	Nicht aus Verdienst der Werke, sondern aus Gnade des Berufers.
11, 6	Ist's aber aus Gnade, so ist's nicht aus Verdienst der Werke.
4, 4	Dem aber, der mit Werken umgeht, wird der Lohn nicht aus Gnade zugerechnet, sondern aus Verdienst.
2 Tim. 1, 9	Nicht nach unseren Werken, sondern nach der Gnade.
Gal. 5, 4	Ihr habt Christum verloren, die ihr durch das Gesetz gerecht werden wollt und seid von der Gnade gefallen.
Röm. 5, 20	Wo die Sünde mächtig geworden ist, da ist doch die Gnade viel mächtiger geworden.
Eph. 2, 5	Da wir tot waren in Sünden (Aus Gnade seid ihr selig geworden).

c) Die Gnade gilt allen Menschen.

Joh. 3, 16	Auf daß alle, die an ihn glauben, nicht verloren werden.
Röm. 11, 32	Gott hat alle beschlossen unter den Unglauben, auf daß er sich aller erbarme.
Titus 2, 11	Es ist erschienen die heilsame Gnade Gottes allen Menschen (2 Petr. 3, 9).

d) Die Gnadengabe Gottes.

Eph. 4, 7	Einem jeglichen ist gegeben unter uns die Gnade nach dem Maß der Gabe Christi.
1 Petr. 4, 10	Dienet einander, ein jeglicher mit der Gabe, die er empfangen hat.
2 Petr. 3, 18	Wachset in der Gnade.
Luk. 2, 52	Jesus nahm zu an ... Gnade bei Gott.
1 Kor. 3, 10	Ich nach Gottes Gnade, die mir gegeben ist, habe den Grund gelegt.
15, 10	Von Gottes Gnade bin ich, was ich bin.
2 Kor. 12, 9	Laß dir an meiner Gnade genügen.
Eph. 3, 8	Mir, dem allergeringsten, ... ist gegeben diese Gnade.

2. Wie der Mensch der Gnade teilhaftig wird und ihrer verlustig geht.

Röm. 4, 16	Derhalben muß die Gerechtigkeit durch den Glauben kommen, auf daß sie sei aus Gnade.
1 Petr. 1, 13	Setzet eure Hoffnung ganz auf die Gnade, die euch angeboten wird durch die Offenbarung Jesu Christi.
Hebr. 4, 16	Darum lasset uns hinzutreten mit Freudigkeit zu dem Gnadenstuhl.
Röm. 16, 20	Die Gnade sei mit euch! (Fürbitte) Ebenso 1 Kor. 16, 23; 2 Kor. 13, 13; Kol. 4, 18.
Hebr. 12, 15	Daß nicht jemand Gottes Gnade versäume.
Judä 4	Die ziehen die Gnade Gottes auf Mutwillen.

BIBELWISSEN

John F. Walvoord

Brennpunkte biblischer Prophetie

Was kommt auf uns zu?

Gb. mit Schutzumschlag, 420 S.,
Nr. 391.842
ISBN 3-7751-1842-X

Die 90er Jahre haben gewaltige Erschütterungen mit sich gebracht. Die ganze Welt ist im Umbruch. Machtkonstellationen verschieben sich, neue Machtblöcke werden gebildet. Die aktuellen Ereignisse machen Christen hellhörig, ein neues Fragen nach endzeitlicher Prophetie bricht an. Der Autor deutet biblische Prophetie klar und verständlich für jeden, ohne dabei in Spekulationen zu fallen.
Ein geradezu fesselndes Buch, das erfüllte und noch ausstehende Prophetie umfassend behandelt.

Bitte fragen Sie in Ihrer Buchhandlung nach diesem Buch!
Oder schreiben Sie an den Hänssler-Verlag, Postfach 1220,
D-73762 Neuhausen.